Rüdiger Gockel

NotarFormulare Sonderfälle Testamentsgestaltung

N O T A R F O R M U L A R E

H E R A U S G E G E B E N V O M
D E U T S C H E N N O T A R V E R E I N

NotarFormulare Sonderfälle Testamentsgestaltung

Muster – Vereinbarungen – Erläuterungen

---

4. Auflage 2026

von
Notar a.D., Rechtsanwalt und FA für Erbrecht
Rüdiger Gockel,
Beckum

DeutscherNotarVerlag

Zitiervorschlag:
Gockel, NotF Sonderfälle Testamentsgestaltung § 1 Rn 1

Benutzer-Hinweis für Muster
Für den Download der Mustertexte gehen Sie auf
https://www.notarverlag.de/notarformulare-sonderfaelle
Dort erhalten Sie Zugriff auf das zip-Archiv: nv_6344_musterdownload.zip

Hinweis
Die Ausführungen in diesem Werk wurden mit Sorgfalt und nach bestem Wissen erstellt. Sie stellen jedoch lediglich Arbeitshilfen und Anregungen für die Lösung typischer Fallgestaltungen dar. Die Eigenverantwortung für die Formulierung von Verträgen, Verfügungen und Schriftsätzen trägt der Benutzer. Herausgeber, Autoren und Verlag übernehmen keinerlei Haftung für die Richtigkeit und Vollständigkeit der in diesem Buch enthaltenen Ausführungen und der per Download bereitgestellten Daten.

Anregungen und Kritik zu diesem Werk senden Sie bitte an
info@notarverlag.de
Autoren und Verlag freuen sich auf Ihre Rückmeldung.

Umschlaggestaltung: gentura, Holger Neumann, Bochum
Satz: Reemers Publishing Services, Krefeld
Druck: Hans Soldan Druck GmbH, Essen
ISBN 978-3-95646-344-0

Bibliografische Information der Deutschen Bibliothek
Die Deutsche Bibliothek verzeichnet diese Publikation in der Deutschen Nationalbibliografie; detaillierte bibliografische Daten sind im Internet über
http://dnb.d-nb.de abrufbar.

Vorwort zur 4. Auflage

Für die 4. Auflage wurde aktuelle Literatur und Rechtsprechung eingearbeitet.

Die Formulierungsvorschläge wurden überarbeitet und ergänzt, ebenso zum Zwecke der leichteren Auffindbarkeit die Gliederung. Es finden sich zusätzliche Ausführungen zur Frage der Ergänzungsbetreuung zum Zwecke der Überprüfung von Pflichtteilsansprüchen beim Behindertentestament sowie Erläuterungen zu den Gefahren vorausgehender bindender Erklärungen beim Behindertentestament sowie bei einer Patchworkfamilie.

So ist zu hoffen, dass das Werk in der Praxis eine hilfreiche Unterstützung bei der Wahl, der jeweils zu regelnden Problematik darstellt.

Autor und Verlag sind für ergänzende Hinweise und Wünsche dankbar.

Beckum im Juli 2025 Rüdiger Gockel

Vorwort zur 3. Auflage

Nach drei Jahren war das Werk zu überarbeiten. Neue Rechtsprechung wurde eingearbeitet. Wenngleich im Vordergrund Formulierungsbeispiele stehen, wurde jetzt noch näher auf die einzelnen Gestaltungsvarianten eingegangen. Dem Benutzer der Formulare soll damit noch mehr Verständnis für die einzelnen Elemente vermittelt werden. So wurden zusammenfassende Formulierungsvorschläge an das Ende der jeweiligen Erläuterung gesetzt. Gesamtformulare sind nach wie vor abrufbar. Der Autor hofft, dass damit die praktische Nutzbarkeit des Werks erhöht wird.

Für konstruktive Kritik und Verbesserungsvorschläge sind Verlag und Autor dankbar.

Beckum im Januar 2022 Rüdiger Gockel

Vorwort zur 2. Auflage

Nach der erfreulich guten Resonanz des Werks in 1. Auflage ist die 2. Auflage auf den neusten Stand gebracht worden. Sie berücksichtigt die neue Rechtsprechung, insbesondere die des OLG Hamm zur Frage der Sittenwidrigkeit eines Behindertentestamentes bei sogenannten Nachlässen. Auf die Frage wie es einem Testamentsvollstrecker im Rahmen der Dauertestamentsvollstreckung gestattet werden kann, gegebenenfalls auch auf die Substanz des Nachlasses zurückgreifen zu dürfen, wird näher erörtert.

Da in der sogenannten Niedrigzinsphase die Anweisung, ausdrücklich nur die Erträge des Nachlasses verwenden zu dürfen, nicht mehr zielführend sein kann.

Die Stellung des Testamentsvollstreckers wird weiter konkretisiert, aufgearbeitet und mit Beispielen untermauert. Erweitert wurden zudem die Erörterungen zur Erbauseinandersetzung im Bereich des Behindertentestamentes.

Autor und Verlag sind wie immer für kritische Stellungnahmen sowie Ergänzungswünsche dankbar.

Beckum im März 2018 Rüdiger Gockel

Vorwort zur 1. Auflage

Wir befinden uns in einer stets älter werdenden Gesellschaft. Diejenigen, die im Erbrecht als Gestalter und Berater tätig sind, werden ohne weiteres bestätigen, dass nicht nur ein fast täglich steigender Bedarf an Beratung im Erbrecht zu verzeichnen ist, sondern angesichts der Demografie der Bevölkerung eben auch zu beobachten ist, dass die Testierenden selbst immer älter werden. So ist der mit der Beurkundung einer letztwilligen Verfügung beauftragte Notar häufig mit alten, gebrechlichen, teilweise schon schwer kranken Beteiligten konfrontiert und muss in seiner Praxis regelmäßig Fragen zur Testierfähigkeit beantworten bzw. dafür sorgen, dass die von ihm veranlassten Testamente auch einer späteren gerichtlichen Überprüfung Stand halten. Die an die Gestaltungspraxis gerichteten Anforderungen steigen damit an, denn es ist in aller Regel nicht möglich, bei den hier beschriebenen Beteiligten die übliche Form der Gestaltung einer letztwilligen Verfügung zu wählen, ohne auf die Besonderheiten einzugehen, die die Behinderung der Beteiligten für die Beurkundung mit sich bringen.

Aber selbst sehr alten oder auch sehr kranken Beteiligten muss es natürlich möglich sein, noch wirksam ein Testament zu errichten, solange die Testierfähigkeit noch gegeben ist. Der Notar darf die Beurkundung nur dann ablehnen, wenn die Testierunfähigkeit zweifelsfrei feststeht. Darin zeigt sich bereits das Dilemma, ist der Notar doch nicht darin geschult, Fragen der Testierfähigkeit auch nur annähernd zutreffend beantworten zu können.

Wie geht man also mit schwer kranken, behinderten (tauben, blinden, schreibunfähigen) Beteiligten um und erreicht, dass letztlich doch noch eine wirksame letztwillige Verfügung zustande kommt.

Diese Problematik wird im ersten Teil des Buches abgehandelt.

Im Weiteren beschäftigt sich das vorliegende Buch mit den Besonderheiten des Behindertentestamentes, also einer letztwilligen Verfügung von Eltern mit meist einem Behinderten und weiteren gesunden Kindern. Die hierzu ergangene Rechtsprechung, insbesondere die jüngere Rechtsprechung des BGH, eröffnet Möglichkeiten zu einer wirksamen Testierung. Obgleich die Problematik des Behindertentestamentes häufig schon Gegenstand von Abhandlungen war, findet man leider in der notariellen Praxis immer noch unzureichende Versuche, hier eine wirksame Testierung zu vollziehen. Auch dazu soll dieses Buch weitere Hilfestellungen bieten, insbesondere durch entsprechende Formulierungsvorschläge.

Ebenso häufig ist der Notar mit Bedürftigen konfrontiert, denen Eltern durchaus etwas zukommen lassen wollen, wobei jedoch verhindert werden soll, dass ein Durchgriff von Gläubigern oder seitens des Staates auf entsprechende Nachlassgegenstände erfolgen kann. Fragen des Bedürftigentestamentes gilt es also ebenfalls abzuhandeln.

Schließlich sind die Besonderheiten der – gescheiterten – Ehe zu beleuchten, die zu der Problematik des Testamentes für Geschiedene führt. Auch hier sind besondere Schutzmechanismen einzuziehen, um zu verhindern, dass der Ex-Partner im weiteren Verlaufe durch eine ungeschickte Gestaltung etwa Zugriff auf den Nachlass erhält. Das gilt dann schließlich auch für die Patchwork-Situation, eine familienrechtliche Ausgangslage, die wir in unserem heutigen Notariat fast täglich antreffen.

Der Verfasser hat sich bemüht, den Stand der Rechtsprechung möglichst aktuell einzuarbeiten, wenngleich nicht verkannt werden darf, dass die Rechtsprechung zu den hier abgehandelten Problemkreisen regelmäßig im Flusse ist. Vor diesem Hintergrund kann natürlich auch eine irgendwie geartete Haftung für die vorgeschlagenen Formulierungen nicht übernommen werden.

Für Kritik, Verbesserungsvorschläge oder Anregungen anderer Art bin ich dankbar und würde sie gern aufgreifen.

Beckum im Juni 2015 Rüdiger Gockel

Inhaltsverzeichnis

Vorwort zur 4. Auflage 5
Vorwort zur 3. Auflage 5
Vorwort zur 2. Auflage 5
Vorwort zur 1. Auflage 6
Musterverzeichnis 15
Literaturverzeichnis 17
Abkürzungsverzeichnis 19

§ 1 Die Beteiligung Behinderter bei der Errichtung letztwilliger Verfügungen 25
A. Vorbemerkung 25
B. Die Amtspflichten des Notars 25
I. Die Bedeutung des § 11 BeurkG 25
II. Inhaltliche Fragen 27
1. Abgrenzung zur Unterschriftsbeglaubigung 27
2. Die „erforderliche" Geschäftsfähigkeit 27
3. Kostenanspruch des Notars bei Geschäftsunfähigkeit? 27
4. Pflicht des Notars zu weiteren Nachforschungen im Zusammenhang mit der Geschäftsfähigkeit? 28
C. Die erforderliche Geschäftsfähigkeit 30
I. Allgemeines 30
II. Feststellungen des Notars 31
III. Bedeutung der Feststellungen des Notars 33
IV. Zweifel des Notars 34
V. Vermerke des Notars 34
1. Muster: Hinweis bei Schwerkranken 36
2. Muster: Hinweis bei bettlägerigen Beteiligten 36
3. Muster: Hinweis bei verbleibenden Zweifeln des Notars 36
D. Testier-/Geschäftsunfähigkeit 38
I. Abgrenzung Testierfähigkeit/Geschäftsfähigkeit 38
II. Sonderfall: Demenzerkrankte 39
III. Das sogenannte luzide Intervall 40
E. Hör-, sprach- und sehbehinderte Beteiligte 42
I. Die Grundregel des § 22 BeurkG 42
1. Allgemeines 42
2. Einzelheiten 43
3. Zeuge/Zweiter Notar 45

4. Das Hinzuziehen ... 46
5. Verzicht der Beteiligten und Vermerk ... 47
II. Besonderheiten für hör- und sprachbehinderte Beteiligte, mit denen eine schriftliche Verständigung nicht möglich ist ... 49
1. Die Ausgangslage ... 49
2. Folgen eines Verstoßes ... 51
3. Beispielsfall aus der Rechtsprechung ... 52
III. Schreibunfähige Beteiligte ... 53
IV. Musterformulierungen ... 55
1. Muster: Testamentserrichtung Schreibunfähiger ... 55
2. Muster: Testamentserrichtung Sehbehinderter ... 55
3. Muster: Testamentserrichtung Hörbehinderter ... 55
4. Muster: Testamentserrichtung Sprachbehinderter/Stummer ... 56
5. Muster: Testamentserrichtung Hör-/Sprechbehinderter ... 56
6. Muster: Testamentserrichtung durch Taub-Blinden ... 56
V. Zusätzliche Besonderheiten bei Beurkundung eines Erbvertrages ... 57

§ 2 Das Behindertentestament ... 59
A. Allgemeines ... 59
B. Die Pflichtteilsstrafklausel ... 60
I. Pflichtteilstrafklausel bei offener Schlusserbeneinsetzung ... 60
II. Pflichtteilsstrafklausel bei verbindlicher Schlusserbeneinsetzung ... 62
III. Zusammenfassung ... 65
C. Der Pflichtteilsverzicht ... 66
D. Die Ausschlagung als Reparaturmöglichkeit bei ungewollter Erbfolge? ... 69
I. Ausschlagungserklärung durch den Betreuer ... 69
II. Überleitungsrecht des Sozialhilfeträgers? ... 71
E. Reparaturmöglichkeiten nach missglücktem ersten Erbfall: Vereinbarungen zwischen Betreuer und Längerlebendem? ... 74
F. Kleine und große Nachlässe ... 76
I. Kleine Nachlässe ... 76
II. Große Nachlässe ... 76
G. Die Gestaltung durch die sog. Erbschaftslösung ... 81
I. Die Anordnung der Vor- und Nacherbschaft ... 81
1. Allgemeines ... 81
2. Abgrenzung zum Nießbrauchsrecht ... 82
3. Befreite oder nicht befreite Vorerbschaft? ... 84
a) Allgemeines ... 84
b) Was ist beim Behindertentestament sinnvoll? ... 85
4. Die Quote des nicht befreiten Vorerben ... 86

5. Der Nacherbe 88
a) Einsetzung des Heims? 88
b) Die Person des Nacherben 90
6. Die Folgen des Erbfalls 91
a) Entstehen einer Erbengemeinschaft 91
b) Dauertestamentsvollstreckung 91
c) Ergänzungsbetreuung (Prüfung von Pflichtteilsansprüchen)? 92
7. Der Schutz des Nacherben bei nicht befreiter Vorerbschaft 93
8. Zusammenfassung 95
II. Die Testamentsvollstreckung 95
1. Allgemeines 95
2. Die Art der Testamentsvollstreckung 97
3. Die Verwaltungsanordnungen gem. § 2216 BGB 98
a) Allgemeines 98
b) Außerkraftsetzen der Anordnungen 99
4. Behindertentestament und fehlende Verwaltungsanweisungen an den Testamentsvollstrecker 102
5. Die Person des Testamentsvollstreckers 103
a) Rechtsanwälte und Notare als Testamentsvollstrecker 103
aa) Rechtsanwälte 103
bb) Notare 105
b) Andere Personen als Testamentsvollstrecker 106
c) Personenidentität von Testamentsvollstrecker und gesetzlichem Vertreter des Erben 108
6. Befugnisse des Testamentsvollstreckers 108
a) Testamentsvollstreckung und Surrogationserwerb 109
b) Testamentsvollstreckung und Verteilung der Erträgnisse 110
c) Der Zugriff auf die Substanz 111
d) Testamentsvollstreckung und Erbauseinandersetzung 112
7. Die Vergütung des Testamentsvollstreckers 114
III. Besondere Gefahrenquelle: Lebzeitige Schenkungen 115
1. Allgemeines 115
2. Zusätzlich anzuordnen: Bedingtes Vorausvermächtnis 116
a) Warum Vorausvermächtnis? 116
b) Vorausvermächtnis als Vorvermächtnis 117
c) Dauertestamentsvollstreckung 117
d) Aufschiebende Bedingung 117
e) Höhe des Vermächtnisses 117
f) Verschaffungsvermächtnis? 118

3. Sonderproblem: Lebensversicherungen ... 118
IV. Musterformulierung „Erbschaftslösung“ ... 119
H. Die sogenannte Trennungslösung ... 123
I. Die Vermächtnislösung ... 125
I. Vorteile der Vermächtnislösung ... 127
II. Nachteile der Vermächtnislösung ... 127
III. Die Testamentsvollstreckung bei der Vermächtnislösung ... 130
J. Die sogenannte umgekehrte Vermächtnislösung ... 133
I. Vorteile der umgekehrten Vermächtnislösung ... 134
II. Nachteile der umgekehrten Vermächtnislösung ... 134
K. Einfache Vermächtnislösung ... 134
L. Die Differenzierungslösung ... 136
M. Achtung: Bindungswirkung ... 137
I. Grenzfälle ... 137
1. Beispiel 1 ... 137
2. Beispiel 2 ... 140
II. Feststellungen ... 141

§ 3 Das Bedürftigentestament ... 143
A. Allgemeines ... 143
I. Der Zugriff des Sozialhilfeträgers ... 143
II. Der Wille des Erblassers ... 145
III. Die Entscheidung des Sozialgerichts Dortmund ... 146
1. Die Problematik ... 147
2. Überlegungen zur Sittenwidrigkeit ... 148
3. Ein erstes Urteil des Bundessozialgerichts ... 150
B. Unterschiede zwischen Behinderten- und Bedürftigentestament ... 152
I. Einfluss des Vorerben auf die Auswahl des Testamentsvollstreckers ... 152
II. Zeitliche Begrenzung der Belastung durch Vorerbschaft und Testamentsvollstreckung ... 153
C. Musterformulierungen ... 154
I. Muster: Eröffnung der Anfechtungsmöglichkeiten ... 154
II. Muster: Auflösend bedingte Vor- und Nacherbfolge ... 155
III. Muster: Ausschluss der Anfechtung wegen Übergehen eines Pflichtteilsberechtigten ... 156
IV. Grundsätzliche Gestaltung ... 156
V. Muster: Auseinandersetzungsverbot ... 157
VI. Der Einbau auflösender Bedingungen ... 157

§ 4 Das Überschuldetentestament ... 159
A. Allgemeines ... 159
B. Grundsätzliche Reaktionsmöglichkeiten des Erblassers ... 159
I. Die vollständige Enterbung ... 159
II. Die Erbeinsetzung mit dem sogenannten gestuften Ausschlagungsrecht 160
III. Vermächtnisanordnungen ... 162
IV. Zuwendung nicht pfändbarer Vermögensgegenstände ... 162
V. Die Pflichtteilsbeschränkungen in guter Absicht (§ 2338 BGB) ... 162
VI. Das klassische Überschuldetentestament ... 164

§ 5 Das Geschiedenentestament/Stationen am Ende einer Ehe ... 167
A. Getrenntleben der Ehegatten ... 167
B. Das Scheidungsverfahren (§ 1933 BGB) ... 169
C. Nach der Scheidung ... 171
I. Gemeinschaftliches Testament ... 171
II. Erbvertrag ... 174
D. Inhalt des Geschiedenentestamentes ... 174
I. Das Vor- und Nacherbenmodell ... 174
1. Der Vorerbe ... 175
2. Befreiung des Vorerben? ... 176
3. Der Nacherbe ... 177
4. Muster: Auflösende Bedingung Nacherbfolge ... 179
5. § 2109 BGB ... 179
6. Vererblichkeit des Anwartschaftsrechts? ... 179
7. Ausschlagungsmöglichkeit ... 180
II. Das Vermächtnismodell ... 181
1. Kein Sondervermögen ... 182
2. Auflösende Bedingung ... 182
3. Vermächtnis auf den Überrest ... 182
4. Die Person des Vermächtnisnehmers ... 183
5. Vor- und Nachvermächtnis? ... 183
6. Die Gefahr lebzeitiger Verfügungen ... 184
III. § 1638 BGB ... 184
1. Allgemeines ... 184
2. Fragen zur elterlichen Sorge ... 185
3. Sonderfall Lebensversicherung ... 186
4. Rechtsfolgen des Entzugs ... 187
5. Die Person des Ergänzungspflegers ... 188
6. Der Erwerb unter Lebenden ... 189

IV. Die Testamentsvollstreckung ... 189
1. Allgemeines ... 189
2. Dauertestamentsvollstreckung neben § 1638 Abs. 1 BGB ... 190
V. Kombinationslösung ... 191
VI. Gesamtmuster ... 191
1. Formulierungsvorschlag (Geschiedenentestament (Vor-/Nacherbeneinsetzung)) ... 191
2. Formulierungsvorschlag (Geschiedenentestament (Vermächtnislösung)) ... 193
3. Formulierungsvorschlag (Geschiedenentestament (Kombinationslösung)) ... 194

§ 6 Patchworkgestaltungen ... 197
A. Die Ausgangslage ... 197
I. Bindung des/der neuen Partner? ... 197
1. Anfechtung nach § 2079 BGB ... 197
2. § 2077 BGB bei vorausgegangener Ehescheidung ... 198
3. Beseitigung bestehender Bindungen durch Zuwendungsverzicht ... 198
II. Ist Längerlebender nur Vorerbe? ... 199
B. Die unterschiedlichen Gestaltungsziele ... 199
I. Die kinderlose Zweitehe ... 199
II. Gestaltungsziel: Gleichbehandlung aller Kinder ... 201
1. Wenn alle mitwirken ... 201
2. Fehlende Mitwirkung aller vorhandenen Abkömmlinge ... 203
a) Das bedingte Quotenvermächtnis ... 203
b) Einfache Pflichtteilsstrafklauseln & Jastrow'sche Klausel ... 206
III. Gestaltungsziel: Ausschluss des Stiefkindes ... 207
1. Allgemeines ... 207
2. Der Königsweg: Pflichtteilsverzicht ... 207
3. Die Anordnung der Vor- und Nacherbschaft ... 208
4. Aufschiebend bedingtes Herausgabevermächtnis ... 208
IV. Gestaltungsziel: Ausschluss des geschiedenen Ehepartners ... 210
C. Anhang: Übersicht Vor- und Nacherbschaft ... 212

Stichwortverzeichnis ... 215
Benutzerhinweise für den Download ... 219

Musterverzeichnis

§ 1 Die Beteiligung Behinderter bei der Errichtung letztwilliger Verfügungen 25

1.1: Allgemeiner Hinweis bei schwer erkranktem Beteiligten 36

1.2: Hinweis bei im Bett liegendem Beteiligten 36

1.3: Hinweis bei verbleibenden Zweifeln des Notars 36

1.4: Errichtung eines öffentlichen Testamentes durch Schreibunfähigen mit Zeugen 55

1.5: Öffentliches Testament durch einen Sehbehinderten, der seinen Namen schreiben kann. 55

1.6: Errichtung eines öffentlichen Testamentes durch einen Hörbehinderten. 55

1.7: Errichtung eines öffentlichen Testamentes durch einen Stummen. 56

1.8: Errichtung eines öffentlichen Testamentes durch einen Hör- und Sprechbehinderten 56

1.9: Errichtung eines öffentlichen Testamentes durch einen Beteiligten, der taub und blind ist. 56

§ 2 Das Behindertentestament 59

2.1: Formulierungsvorschlag „Erbschaftslösung“ 119

2.2: Formulierungsvorschlag (Vermächtnislösung). 131

§ 3 Das Bedürftigentestament. 143

3.1: Konstruktives Abberufungsverlangen. 153

3.2: Eröffnung der Anfechtungsmöglichkeit 154

3.3: Auflösend bedingte Vor- und Nacherbfolge. 155

3.4: Ausschluss der Anfechtung wegen Übergehen eines Pflichtteilsberechtigten. 156

3.5: Auseinandersetzungsverbot 157

§ 4 Das Überschuldetentestament. 159

4.1: Nacherbschaft für den Fall der Ausschlagung 161

4.2: Vorerbschaft für den Fall der Ausschlagung 161

4.3: Formulierungsbeispiel zu § 2338 BGB. 163

§ 5 Das Geschiedenentestament/Stationen am Ende einer Ehe 167
5.1: Auflösende Bedingung der Nacherbfolge 179
5.2: Formulierungsvorschlag Vermächtnis auf den Überrest 182
5.3: Formulierungsvorschlag Vor- und Nachvermächtnis 184
5.4: Gesamtmuster des Geschiedenentestamentes, Variante Vor- und Nacherbeneinsetzung 191
5.5: Die Vermächtnislösung 193
5.6: Die Kombinationslösung 194

§ 6 Patchworkgestaltungen 197
6.1: Patchworkfamilie (hier: Bedingtes Quotenvermächtnis) 205
6.2: Formulierungsvorschlag Herausgabevermächtnis auf den Überrest 209

Benutzerhinweise für den Download 219

Literaturverzeichnis

Kommentare, Hand- und Lehrbücher

Beck'scher Online Kommentar BeurkG, 74. Edition Stand: 01.05.2025

Beck'scher Online-Kommentar BGB, 74. Edition Stand: 01.05.2025

Beck'sches Formularbuch Erbrecht, 5. Auflage 2023

Beck'sche Online Formulare Erbrecht, 48. Edition Stand 2025

Beck'sche Online Formulare Vertrag, 73. Edition Stand 2025

Bengel/Reimann/Holtz/Röhl, Handbuch der Testamentsvollstreckung, 8. Auflage 2023

Braun, Nachlassplanung bei Problemkindern, 3. Auflage 2022

Damrau/Tanck, Praxiskommentar Erbrecht, 4. Auflage 2020

Enzensberger, Testamente für Geschiedene und Patchworkehen, 5. Auflage 2023

Frenz/Miermeister, BNotO Kommentar, 6. Auflage 2024

Ganter/Hertel/Wöstmann, Notarhaftung, 5. Auflage 2023

Grüneberg, BGB Kommentar, 84. Auflage 2025

Grziwotz/Sauer/Heinemann, BeurkG Kommentar, 4. Auflage 2024

Hammann, Die Gestaltung von Behindertentestamenten, 1. Auflage 2025

Juchem, Vermögensübertragung zugunsten behinderter Menschen, 2001

Kappler/Kappler, Handbuch der Patchworkfamilie, 2. Auflage 2018

Kössinger/Najdecki/Zintl, Handbuch der Testamentsgestaltung, 7. Auflage 2024

Langenfeld/Fröhler, Testamentsgestaltung, 5. Auflage 2015

Müller/Renner, Betreuungsrecht und Vorsorgeverfügungen in der Praxis, 5. Auflage 2017

Münchener-Kommentar zum Bürgerlichen Gesetzbuch Band 10, 9. Auflage 2022

Münchener Vertragshandbuch Band 6 (Bürgerliches Recht II), 8. Auflage 2020

Reimann/Bengel/Mayer, Testament und Erbvertrag, 8. Auflage 2023

Ruby/Schindler/Wirich, Das Behindertentestament, 2. Auflage 2014

Scherer, Münchener Anwaltshandbuch Erbrecht, 6. Auflage 2024

Staudinger, Kommentar zum Bürgerlichen Gesetzbuch – Buch 5: Erbrecht Neubearbeitung 2023 *von Dickhuth-Harrach*, Handbuch der Erbfolgegestaltung, 2010

Weyland, BRAO Kommentar, 11. Auflage 2024

Winkler, BeurkG Kommentar, 21. Auflage 2023

Zimmermann, Die Testamentsvollstreckung, 6. Auflage 2023

Aufsätze

Cording, Beweismittel zur Klärung der Testierfähigkeit, ZEV 2010, 23 ff.

Döring-Strienig, Der Sozialhilfeempfänger als Erbe, ZErb 2004, 105 ff.

Gockel, Nachlassplanung bei überschuldeten Kindern, notar 2020, 64 ff.

Grziwotz/Zwiesel, Das „Patchworktestament“, ErbR 2018, 62 ff.

Schmoeckel, Die Geschäfts- und Testierfähigkeit von Demenzerkrankten, NJW 2016, 433 ff.

Wirich, Betreuungsrechtliche Probleme des Behindertentestamentes, ZErb 2013, 249 ff.

Abkürzungsverzeichnis

a.A.	anderer Auffassung
a.a.O.	am angegebenen Ort
Abs.	Absatz
Abt.	Abteilung
abw.	abweichend
a.E.	am Ende
a.F.	alte Fassung
AfA	Absetzung bzw. Abschreibung für Abnutzung
AG	Aktiengesellschaft; Amtsgericht; Arbeitgeber; Auftraggeber; Ausführungsgesetz
AGB	Allgemeine Geschäftsbedingungen
allg.	allgemein
Alt.	Alternative
a.M.	anderer Meinung
Anh.	Anhang
Anm.	Anmerkung
Aufl.	Auflage
ausdr.	ausdrücklich
BayObLG	Bayerisches Oberstes Landesgericht
Bd.	Band
Beschl.	Beschluss
bestr.	bestritten
BGH	Bundesgerichtshof
Bl	Blatt
BMJ	Bundesministerium der Justiz
BRAK	Bundesrechtsanwaltskammer
bspw.	beispielsweise
BVerfG	Bundesverfassungsgericht

bzgl.	bezüglich
bzw.	beziehungsweise
ca.	circa
DAV	Deutscher Anwaltverein
ders.	derselbe
d.h.	das heißt
Diss.	Dissertation
DNotI	Deutsches Notarinstitut
Drucks	Drucksache
ebd.	ebenda
Einf.	Einführung
einschl.	einschließlich
entspr.	entsprechend
Entw.	Entwurf
etc.	et cetera
EuGH	Europäischer Gerichtshof
EuGHMR	Europäischer Gerichtshof für Menschenrechte
EUR	Euro
e.V.	eingetragener Verein
evtl.	eventuell
f., ff.	folgende, fortfolgende
Fa.	Firma
FA	Finanzamt
FamG	Familiengericht
Fn	Fußnote
FS	Festschrift

G	Gericht, Gesetz, Gesellschaft
GBl	Gesetzblatt
GbR	Gesellschaft des bürgerlichen Rechts
geänd.	geändert
gem.	gemäß
ggf.	gegebenenfalls
grds.	grundsätzlich
GVBl	Gesetz- und Verordnungsblatt
Hinw.	Hinweis(e)
h.L.	herrschende Lehre
h.M.	herrschende Meinung
Hrsg.	Herausgeber
hrsg.	herausgegeben
Hs.	Halbsatz
i.A.	im Auftrag
i.d.F.	in der Fassung
i.d.R.	in der Regel
i.d.S.	in diesem Sinne
i.H.v.	in Höhe von
inkl.	inklusive
insb.	insbesondere
insg.	insgesamt
i.S.d.	im Sinne des
i.S.v.	im Sinne von
i.Ü.	im Übrigen
i.V.	in Vertretung
i.V.m.	in Verbindung mit
i.W.	in Worten
i.w.S.	im weiteren Sinne

Jg.	Jahrgang
Kap.	Kapitel
krit.	kritisch
KV	Kostenverzeichnis
lfd.	laufend
LG	Landgericht
Lit.	Literatur
LS	Leitsatz
MdE	Minderung der Erwerbsfähigkeit
m.E.	meines Erachtens
mind.	mindestens
Mio.	Million
m.w.N.	mit weiteren Nachweisen
MwSt	Mehrwertsteuer
ne.	nichtehelich
n.F.	neue Fassung
Nr.	Nummer
n.r.	nicht rechtskräftig
n.v.	nicht veröffentlicht
o.a.	oben angegeben/angeführt
o.Ä.	oder Ähnliches
o.g.	oben genannt
OLG	Oberlandesgericht

p.a.	pro anno
PKH	Prozesskostenhilfe
PKV	Prozesskostenvorschuss
RA	Rechtsanwalt
Rdn	Randnummer, intern
RegEntw	Regierungsentwurf
Rn	Randnummer, auf externe Werke bezogen
Rspr.	Rechtsprechung
S.	Satz; Seite
s.	siehe
s.a.	siehe auch
s.o.	siehe oben
sog.	sogenannte/r/s
str.	streitig
st.Rspr.	ständige Rechtsprechung
s.u.	siehe unten
u.a.	unter anderem
urspr.	ursprünglich
Urt.	Urteil
usw.	und so weiter
u.U.	unter Umständen
u.V.m.	und Vieles mehr
Verf.	Verfassung; Verfasser
VerfGH	Verfassungsgerichtshof
Veröff.	Veröffentlichung
Verz.	Verzeichnis
Vfg.	Verfügung

vgl.	vergleiche
VGrS	Vereinigter Großer Senat
VO	Verordnung
VOBl	Verordnungsblatt
Vor	Vorbemerkung
vorl.	vorläufig
VormG	Vormundschaftsgericht
z.B.	zum Beispiel
Ziff.	Ziffer
zit.	zitiert
z.T.	zum Teil
zust.	zustimmend
zzgl.	zuzüglich

§ 1 Die Beteiligung Behinderter bei der Errichtung letztwilliger Verfügungen

A. Vorbemerkung

Im Rahmen der Gestaltung und Beurkundung letztwilliger Verfügungen hat es der Notar häufig mit Personen zu tun, die über körperliche und/oder psychische Beeinträchtigungen verfügen. Für den Praktiker ist es wichtig, einschätzen zu können, welche Feststellungen er treffen muss, bevor er eine Beurkundung veranlasst. 1

- Wie muss er anschließend mit den getroffenen Feststellungen umgehen, erscheinen diese Feststellungen in der Urkunde, wenn ja, wo?
- Wann kann er eine Beurkundung ablehnen?
- In welchen Fällen muss er beurkunden und wann muss er ablehnen?
- Welche Möglichkeiten hat der Notar in der Praxis, die notwendige Testier-/Geschäftsfähigkeit einigermaßen zuverlässig festzustellen?
- Welche Feststellungen dazu finden sich in der Urkunde?

B. Die Amtspflichten des Notars

I. Die Bedeutung des § 11 BeurkG

Fehlt einem Beteiligten nach Überzeugung des Notars die erforderliche Geschäftsfähigkeit, so soll die Beurkundung abgelehnt werden. Zweifel an der erforderlichen Geschäftsfähigkeit eines Beteiligten soll der Notar in der Niederschrift feststellen (§ 11 Abs. 1 BeurkG). 2

Der Wortlaut der Vorschrift belegt, dass es sich lediglich um eine Sollvorschrift handelt. Das hat Folgen für die Frage der Behandlung notarieller Urkunden, in denen diese Feststellungen fehlen. 3

Wenn ein Notar die notwendigen Feststellungen in der Urkunde nicht trifft, kann das allenfalls haftungsrechtliche Folgen haben, berührt aber die Wirksamkeit der Beurkundung nicht.[1] Allerdings handelt es sich bei den in § 11 BeurkG beschriebenen Pflichten um Amtspflichten des Notars. Es liegt also ein Dienstvergehen vor, das mit Disziplinarmaßnahmen geahndet werden kann.[2]

Es stellt sich als eine wichtige Aufgabe des Notars dar, eine wirksame Beurkundung zu veranlassen und im Nachhinein den Beteiligten auch hinreichende Möglichkeiten zu geben, die Wirksamkeit nachweisen zu können. Tun sich für den Notar mithin vor der 4

1 BeckOK-BeurkG/*Litzenburger*, § 11 Rn 12.

2 OLG Frankfurt – 2 Not 1/13; Grziwotz/Sauer/Heinemann/*Heinemann*, BeurkG § 11 Rn 35; a.A. *Lerch*, § 11 Rn 17.

Beurkundung bereits entsprechende Zweifel auf, sollte er weitergehende Feststellungen in der Urkunde treffen. Er steigert damit den Beweiswert seiner Urkunde, wenngleich nicht verkannt werden darf, dass sowohl dem Urkundsinhalt als auch den notariellen Feststellungen lediglich Indizwirkung zukommt. Der Notar ist nun mal kein Sachverständiger, der mit der notwendigen Fachkenntnis die medizinischen Feststellungen treffen könnte. Allerdings sollte er sich auch nicht auf formelhafte Wendungen beschränken, wenn sich ihm die Notwendigkeit weitergehender Feststellungen aufdrängt.

5 Der Notar soll die Beurkundung ablehnen, wenn er davon überzeugt ist, dass die notwendige Geschäftsfähigkeit fehlt (§ 11 Abs. 1 S. 1 BeurkG). Er hat also eine eigene Überprüfungskompetenz. Hierbei ist er wie ein Richter in seiner Beweiswürdigung frei.[3] Im Ergebnis bedeutet das: Bei Zweifeln besteht eine Vermerk- und Beurkundungspflicht, bei Gewissheit der fehlenden Geschäftsfähigkeit eine Ablehnungspflicht. Angesichts der in der Regel fehlenden Kompetenz des Notars, eindeutige Feststellungen treffen zu können, wird er in der Regel beurkunden und – mehr oder weniger eindeutige – Vermerke aufnehmen. Hat er jedoch keinen Zweifel an der fehlenden Geschäftsfähigkeit, darf er nicht beurkunden.

Die Vorschrift wird bei letztwilligen Verfügungen durch § 28 BeurkG ergänzt. Danach soll der Notar bei der Beurkundung letztwilliger Verfügungen seine Wahrnehmungen über die erforderliche Geschäftsfähigkeit des Erblassers in der Niederschrift vermerken. Solche Wahrnehmungsvermerke sollen eine Beweisfunktion erfüllen.[4]

6 Überdies wird in der Literatur die Frage, welche Bedeutung die sogenannten Sollvorschriften im Zusammenhang mit den Amtshandlungen eines Notars überhaupt haben, kontrovers diskutiert. Zum Teil wird vertreten, dass auch die Sollvorschriften den Notar binden.

Überwiegend wird jedoch die Auffassung vertreten, dass eine solche Bindung an Sollvorschriften nur diejenigen Vorschriften umfassen kann, die sich unmittelbar mit dem Verfahren zur Herstellung einer Urkunde befassen.[5] Ansonsten hängt die Wirksamkeit der Beurkundung von der Beachtung der Sollvorschriften nicht ab, denn § 11 BeurkG ist eine reine Ordnungsvorschrift, allerdings kann bei Verstoß ein Dienstvergehen vorliegen.[6]

7 Wenn der Notar also seiner Verpflichtung zur Prüfung der Geschäftsfähigkeit nicht nachkommt, ist die aufgenommene Urkunde gleichwohl wirksam. Die Feststellungen des Notars binden die Gerichte nicht.[7] Allerdings kann der Notar im Falle einer pflichtwidrig

3 OLG Frankfurt DNotZ 1989, 640.
4 Frenz/Miermeister/*Baumann*, § 28 BeurkG Rn 1.
5 *Kanzleiter*, DNotZ 1993, 434 ff.
6 Grziwotz/Sauer/Heinemann/*Heinemann*, § 11 Rn 35
7 OLG Düsseldorf BeckRS 2013, 6209 (Erbscheinsverfahren); BayObLG MittBayNot 1975, 18 (Grundbuchverfahren).

unterlassenen Feststellung der Geschäftsfähigkeit für die entstehenden Prozess- und Vollstreckungskosten nach § 19 BNotO in die Haftung geraten.[8]

II. Inhaltliche Fragen

1. Abgrenzung zur Unterschriftsbeglaubigung

8 Im Gegensatz zu einer Unterschriftsbeglaubigung, bei der der Notar gemäß § 40 Abs. 2 BeurkG nur zu prüfen hat, ob Gründe zur Versagung der Amtstätigkeit bestehen, hat er bei Beurkundungen gemäß § 11 BeurkG die Verpflichtung, die Geschäftsfähigkeit des Beteiligten genau zu prüfen. Bei fehlender Geschäftsfähigkeit muss er die Beurkundung ablehnen. Bei Beglaubigungen würde man einen Grund zur Versagung der Amtstätigkeit nur dann bejahen können, wenn der Notar von der mangelnden Geschäftsfähigkeit überzeugt ist (§ 4 BeurkG).[9] Daraus kann man ableiten, dass den Notar im Rahmen von Unterschriftsbeglaubigungen keine Verpflichtung zur Überprüfung der Geschäftsfähigkeit trifft.

9 Allerdings dürfte für die Praxis empfehlenswert sein, auch vor einer Unterschriftsbeglaubigung die Geschäftsfähigkeit des Beteiligten festzustellen und die Beglaubigung abzulehnen, wenn die fehlende Geschäftsfähigkeit nach Überzeugung des Notars vorliegt. Ansonsten ist es wohl ratsam, die Zweifel an der Geschäftsfähigkeit im Beglaubigungsvermerk deutlich zu machen.

Insgesamt wird man jedoch einer beurkundeten Erklärung im Hinblick auf die Geschäftsfähigkeit des Erklärenden einen höheren Beweiswert zusprechen dürfen.[10]

2. Die „erforderliche" Geschäftsfähigkeit

10 Der Wortlaut des § 11 BeurkG weist darauf hin, dass es auch nach dem Beurkundungsrecht unterschiedliche Anforderungen an die Geschäftsfähigkeit gibt, da dort die Rede von der „erforderlichen" Geschäftsfähigkeit ist. Durch diese Formulierung wird bereits auf Besonderheiten bei der Testierfähigkeit hingewiesen.

3. Kostenanspruch des Notars bei Geschäftsunfähigkeit?

11 Mit der Sonderproblematik, ob einem Notar ein Kostenanspruch zusteht, wenn er das Testament eines Geschäftsunfähigen beurkundet hat, hat sich das OLG München beschäftigt.[11] Allerdings betrifft der entschiedene Sachverhalt eine besondere Konstellation:

8 OLG Oldenburg DNotZ 1974, 19; Beck-OK BGB/*Litzenburger*, BeurkG § 11 Rn 12.
9 *Baumann*, MittRhNotK 1998, 1 ff.
10 So zu Vorsorgevollmachten *Müller/Renner*, Rn 579.
11 OLG München ZEV 2012, 109.

Der Notar hätte vor der Beurkundung Zweifel haben müssen, er hatte sich mit einem wenig aussagekräftigen Attest eines Allgemeinarztes zufriedengegeben, aus dem sich die Geschäftsfähigkeit ergab. Deswegen hatte das Beschwerdegericht angenommen, dass der Notar auf einer psychiatrischen Begutachtung hätte bestehen müssen.

12 Das OLG München vertrat demgegenüber die Auffassung, es liege nur dann eine die Kostenerhebung ausschließende unrichtige Sachbehandlung vor, wenn der Notar entgegen seiner Überzeugung hinsichtlich der Geschäftsfähigkeit eine Beurkundung vornehme, da ja dann auch das beurkundete Testament unwirksam sei. Wenn jedoch die Geschäftsunfähigkeit nicht zweifelsfrei feststehe, liege in der gleichwohl vorgenommenen Beurkundung keine unrichtige Sachbehandlung. Unter Hinweis auf § 11 Abs. 1 BeurkG, wonach der Notar die Beurkundung ja nur dann ablehnen soll, wenn er von der Geschäftsunfähigkeit überzeugt ist, wird man annehmen dürfen, dass das nur dann der Fall ist, wenn an der Geschäftsunfähigkeit kein vernünftiger Zweifel besteht.[12]

13 Im Regelfall darf ein Notar von der Geschäftsfähigkeit der Beteiligten ausgehen. Angesichts der Vorlage eines, zwar nicht besonders aussagekräftigen, aber ärztlichen Attestes sei der Notar nicht gehalten gewesen, die Beurkundung vom Ergebnis weiterer Überprüfungen der Geschäftsfähigkeit abhängig zu machen.

Im Übrigen darf darauf hingewiesen werden, dass in der Rechtsprechung anerkannt ist, dass auch der unerkannt geschäftsunfähige Auftraggeber die Kosten der Beurkundungstätigkeit zu tragen hat.

4. Pflicht des Notars zu weiteren Nachforschungen im Zusammenhang mit der Geschäftsfähigkeit?

14 Das OLG Celle[13] hat ausgeführt, der Notar sei zu weiteren Nachforschungen im Zusammenhang mit der Geschäftsfähigkeit verpflichtet, wenn er aufgrund des Verhaltens des Beteiligten oder wegen sonstiger Umstände Zweifel an dessen Geschäftsfähigkeit haben müsse. Insbesondere bei einer schweren Erkrankung, wozu nicht nur körperliche, sondern auch psychische Erkrankungen zählten, gelte dies im besonderen Umfang.

15 Im entschiedenen Fall hatte ein Notar im Urkundseingang seiner Überzeugung Ausdruck verliehen, dass die Beteiligte zweifelsfrei geschäftsfähig sei, obwohl sich ihm hinreichende Anhaltspunkte hätten aufdrängen müssen, dass Zweifel an der Geschäftsfähigkeit gerechtfertigt gewesen wären. Entsprechendes wurde auch im Rahmen eines Zivilverfahrens festgestellt. Der Notar hatte im Rahmen des gegen ihn gerichteten Disziplinarverfahrens angegeben, für ihn hätten sich bei der Beurkundung keine Anhaltspunkte für eine Geschäfts- oder Testierunfähigkeit ergeben. Er habe sich bei der Beteiligten nach Personen-

12 Grziwotz/Sauer/Heineman/*Heinemann*, BeurkG § 11 Rn 16.
13 OLG Celle MittBayNot 2008, 492.

stand, Kindern, Beruf, Urlaub und einigen Belanglosigkeiten erkundigt, darauf habe er plausible Antworten erhalten. Eine Verpflichtung, ohne konkrete weitere Anhaltspunkte ergänzende Überprüfungen vorzunehmen, sehe er nicht. Gleichwohl meinte das OLG, dass der Notar in zwei Fällen fahrlässig gegen seine Amtspflichten gemäß § 11 BeurkG verstoßen habe, und verhängte gegen ihn eine Geldbuße. Es sei zwar richtig, dass ein Notar bei der Beurkundung von Erklärungen eines Volljährigen im Grundsatz davon ausgehen dürfe, dass der Beteiligte geschäftsfähig sei. Er sei jedoch zu weiteren Nachforschungen verpflichtet, wenn er aufgrund des Verhaltens des Beteiligten oder wegen sonstiger Umstände Zweifel an der Geschäftsfähigkeit haben müsse. Die Testier- und Geschäftsunfähigkeit sei für den fraglichen Zeitraum von Ärzten, Betreuern, Richtern und Sachbearbeitern von Behörden festgestellt worden. Dementsprechend sei es auch für den Notar als medizinischem Laien bei hinreichend sorgfältiger Prüfung möglich gewesen, die Testier- und Geschäftsunfähigkeit festzustellen. Es liege außerhalb jeder Lebenswahrscheinlichkeit, dass nur den genannten Personen, nicht aber dem Notar die erheblichen demenzbedingten Einschränkungen der Beteiligten aufgefallen seien.

Im Verfahren wurde deutlich, dass die Urkundsbeteiligte tatsächlich vollkommen verwirrt gewesen sein muss und nicht mehr in der Lage war, nachvollziehbare Angaben zur Person, Zeit und Ort zu machen. 16

Die Entscheidung des OLG Celle kann nur als Warnung dienen. Notare sollten keine Gefälligkeitsbeurkundungen vornehmen, die einer anschließenden Überprüfung nicht standhalten. Bei einem sich bietenden Krankheitsbild, insbesondere bei einer psychischen Erkrankung, und speziell bei Demenzerkrankungen, ist davon auszugehen, dass während dieses Zeitraums beurkundete Erklärungen einer späteren – richterlichen – Kontrolle unterworfen werden. Hier ist der Notar also zur Zurückhaltung aufgerufen und sollte eine Beurkundung nur dann veranlassen, wenn ihm die Testier- bzw. Geschäftsfähigkeit durch ein psychiatrisches Gutachten nachgewiesen wird.

Anderseits gilt allerdings auch, dass der Notar die Beurkundung nur ablehnen darf, wenn 17
er von der Geschäftsunfähigkeit überzeugt ist. **Wenn der Notar aufgrund eines längeren Vorgesprächs mit einem Beteiligten keine Zweifel an dessen Geschäftsfähigkeit hat, kann und darf er auch keine Zweifel beurkunden.** Ablehnen darf er die Beurkundung nur, wenn für ihn die Geschäftsunfähigkeit zweifelfrei feststeht. Lehnt er etwa ohne Grund eine Beurkundung ab, weil nach seiner Auffassung Geschäftsunfähigkeit vorliegt, kann er sich sogar regresspflichtig machen. Es ist daher unbillig, den Notar, der in diesem Haftungsgefüge agieren muss, für eine vertretbare Entscheidung zu belangen.[14]

Nur bei Vorliegen von konkreten Anhaltspunkten, die Anlass zu Zweifeln an der Testier- 18
fähigkeit des Erblassers im Zeitpunkt der Testamentserrichtung geben, ist die Hinzuzie-

14 OLG München, 1 U 3063/05 – juris.

hung eines psychiatrischen Sachverständigen erforderlich. Allein der Umstand, dass der Erblasser sich im fortgeschrittenen Stadium einer Krebserkrankung befunden hat, stellt keinen solchen Anhaltspunkt dar.[15] In dieser Entscheidung, die zu einem Erbscheinerteilungsverfahren erging, wurde sogar die Einholung eines psychiatrischen Sachverständigengutachtens zur Testierfähigkeit als nicht veranlasst bezeichnet, obwohl sich der Testator bereits im fortgeschrittenen Krankheitsstadium befand. Es wurde hier Wert auf die Stellungnahme des Notars gelegt, der dem Erblasser die uneingeschränkte Fähigkeit zur Willensbildung bestätigte. Daraus wird noch einmal deutlich, dass die Wahrnehmungen des Notars, die er zur Frage der Geschäftsfähigkeit protokolliert, nicht unerhebliche Bedeutungen haben.

C. Die erforderliche Geschäftsfähigkeit

I. Allgemeines

19 Geschäfts- und Testierfähigkeit setzen voraus, dass der Testierende die Fähigkeit besitzt, die Tragweite seiner Erklärungen zu verstehen und nach dieser Einsicht in freier Willensbestimmung zu handeln.[16]

20 Da § 11 BeurkG nicht schlicht auf die volle, sondern auf die für das jeweilige Beurkundungsgeschäft erforderliche Geschäftsfähigkeit abstellt, ist zu prüfen, welcher Grad der Geschäftsfähigkeit für das jeweilige Rechtsgeschäft notwendig ist. Diese Prüfung richtet sich ausschließlich nach materiellem Recht.

21 Die Testierfähigkeit beginnt bereits mit Vollendung des 16. Lebensjahres (§ 2249 Abs. 1 BGB). Für gewöhnlich allerdings kann nur der voll Geschäftsfähige rechtswirksame Willenserklärungen abgeben. Auch im materiellen Recht gibt es keine abgestufte Geschäftsfähigkeit.[17]

Beweisrechtlich gilt, dass der Verfügende so lange als geschäftsfähig anzusehen ist, wie nicht die Geschäftsunfähigkeit nachgewiesen ist.

22 Diese Frage wird gerade im Erbrecht sehr häufig diskutiert. So wollen es in aller Regel diejenigen, die von einer letztwilligen Verfügung des Erblassers negativ betroffen sind, oft nicht wahrhaben, dass der Erblasser im Zeitpunkt der Verfügung noch testierfähig war. Es ist eine der am häufigsten vorgetragenen Einwendungen gegen letztwillige privatschriftliche Verfügungen, dass der Testierende nicht mehr wusste, was er tat. Im Rahmen dieser, im Testamentsrecht oft notwendigerweise zu führenden, Diskussionen tut man als Beteiligter gut daran, sofort darauf hinzuweisen, dass im Rahmen eines Prozesses derje-

15 OLG Bamberg ZErb 2012, 2012.
16 *Zimmermann*, BWNotZ 2000, 97.
17 OLG München DNotZ 2008, 296.

nige, der sich auf die Geschäftsunfähigkeit beruft, mit den nach der ZPO zur Verfügung stehenden Mitteln beweisen muss, dass der Erblasser nicht mehr testierfähig war. Die Erfahrung zeigt, dass derartige für ein Zivilverfahren ausreichende Feststellungen nur selten getroffen werden können. So gelingt es zwar häufig, Ärzte und Psychiater zu der Feststellung zu bringen, der Betroffene sei mit hoher Wahrscheinlichkeit testierunfähig gewesen. Die notwendige Sicherheit, dass der Erblasser zu einem bestimmten Zeitpunkt tatsächlich geschäftsunfähig war, wird allerdings nur selten erreicht.

II. Feststellungen des Notars

Da der Notar qua Amtspflicht gehalten ist, Zweifel an der erforderlichen Geschäftsfähigkeit eines Beteiligten in der Niederschrift festzuhalten, ist er mithin gezwungen, zumindest routinemäßig „durch die Unterredung" die Geschäftsfähigkeit der Erschienenen zu überprüfen. Das betrifft alle Arten der Beurkundung. Allerdings ist der Notar häufig überfordert, Feststellungen zur fehlenden Geschäftsfähigkeit eines Volljährigen zu treffen. Die Prüfungspflicht des Notars beginnt in dem Augenblick, in dem für ihn aufgrund des ihm gebotenen Bildes konkrete Bedenken an der Geschäftsfähigkeit des oder der Erschienenen gerechtfertigt sind. 23

Hat der Notar aufgrund des äußeren Erscheinungsbildes keine Bedenken, muss er nicht ohne Veranlassung etwa danach fragen, ob einer der Erschienenen unter Betreuung steht.

Hinweis 24

Eine angeordnete Betreuung hat zunächst grundsätzlich keine Auswirkungen auf die Geschäftsfähigkeit des Betroffenen.

Die Bestellung eines Betreuers führt, sofern der Betreute nicht bereits geschäftsunfähig oder nur beschränkt geschäftsfähig ist, auch im Aufgabenkreis des Betreuers nicht zur Geschäftsunfähigkeit nach § 104 BGB. Innerhalb des Wirkungskreises ist der Betreuer gesetzlicher Vertreter mit der Folge des Zustandekommens einer Doppelzuständigkeit. Der Betreuer vertritt den Betreuten innerhalb des ihm übertragenen Aufgabenkreises unabhängig von dessen Geschäftsfähigkeit. Bei der Anordnung der Betreuung kommt es nicht auf die Geschäftsunfähigkeit an, sondern auf die mangelnde Fähigkeit zur Besorgung der eigenen Angelegenheiten. Die Anordnung der Betreuung hat somit auch keinen Einfluss auf die Geschäftsfähigkeit des Betreuten. Sie ist auch kein Indiz für das Vorliegen einer Geschäftsunfähigkeit und begründet keine dementsprechende Vermutung. Die Anordnung der Betreuung bietet allerdings Anlass zur Prüfung der Geschäftsfähigkeit durch den Notar.[18]

18 MüKo-BGB/*Sticherling*, § 2229 Rn 17 m.w.N.

Der Betreuer kann indes keinerlei Verfügung von Todes wegen für den Betreuten errichten (§§ 2064, 2274 BGB). Das gilt auch bei einem gegebenenfalls angeordneten Einwilligungsvorbehalt (§ 1825 Abs. 2 BGB).[19]

25 Die Anforderungen an die Aufmerksamkeit eines Notars steigen, sobald sich ihm Bedenken an der Geschäftsfähigkeit aufdrängen müssen. Gerade bei der Beteiligung behinderter oder alter, kranker bzw. gebrechlicher Menschen wird vom Notar verlangt, dass er die entsprechende Prüfung durchführt. Es wird allseits empfohlen, in den Fällen, in denen sich die Geschäftsunfähigkeit aufdrängt, jedenfalls mit einem Arzt zu sprechen. Ob generell verlangt werden kann, ein derartiges Gespräch bei Patienten, die im Krankenhaus liegen, zu führen, ist fraglich. Das Gesetz sieht eine Prüfungspflicht des Notars nur für Fälle schwerer Erkrankung vor. Das äußere Erscheinungsbild des Betroffenen muss für den Notar zu konkreten Anhaltspunkten führen, dass die erforderliche Geschäftsfähigkeit des Betroffenen möglicherweise nicht gegeben ist.[20]

Dem Notar steht allerdings ohne Einverständnis des Beteiligten kein Fragerecht gegenüber einem behandelnden Arzt oder medizinischem Personal zu, ebenso wenig dürfen diese Personen ohne Zustimmung des Beteiligten Auskünfte erteilen.[21]

26 Allerdings ist es eigene Pflicht des Notars, entsprechende Feststellungen zu treffen. Liegt ein Fall der zweifelhaften Geschäftsfähigkeit vor, tut der Notar gut daran, etwas mehr Zeit auf ein Gespräch mit dem Betroffenen zu verwenden.

27 Der Notar darf sich jedoch nicht zum medizinischen Sachverständigen, der er nun einmal nicht ist, erklären. Er ist und bleibt Laie, seine Feststellungen haben, konsequenterweise, im Rahmen eines etwa sich anschließenden Verfahrens lediglich die Beweiskraft einer Zeugenaussage, und nicht das Gewicht eines Sachverständigengutachtens. Die Feststellungen des Notars, die in die Urkunde gehören, sollen dem Richter in einem späteren Prozess die Überprüfung der Geschäftsfähigkeit erleichtern.

28 Es gibt in der Regel einige wenige Ansatzpunkte für den Notar, relativ unauffällig die Geschäftsfähigkeit prüfen zu können. Hat man es einmal geschafft, mit dem Beteiligten alleine zu sein, sollte man zunächst das Gespräch auf außerhalb des Urkundsgeschäfts liegende Sachverhalte lenken, um festzustellen, ob der Beteiligte Dinge noch richtig einordnen kann. In diesem Zusammenhang kann der Notar also Fragen zur örtlichen und zeitlichen Orientierung stellen.

29 Auch die Merkfähigkeit kann unauffällig getestet werden. Der Notar hat letztlich lediglich festzustellen, ob der Beteiligte – noch – in der Lage ist, eigene Willensentschließungen zu fassen und diese in nachvollziehbarer Form zum Ausdruck zu bringen.

19 *Kössinger/Najdecki/Zintl*, § 7 Rn 7 m.w.N.

20 Grziwotz/Sauer/Heinemann/*Heinemann*, BeurkG § 11 Rn 12 ff.

21 Grziwotz/Sauer/Heinemann/*Heinemann*, BeurkG § 11 Rn 21.

III. Bedeutung der Feststellungen des Notars

Die Frage, ob im Zeitpunkt der Beurkundung – noch – Geschäfts- bzw. Testierfähigkeit vorgelegen hat, wird in aller Regel erst posthum im Rahmen der dann geführten Zivilprozesse aufgeworfen. Für die dann tätigen Sachverständigen sind Umfang und Qualität der Anknüpfungstatsachen und deren kompetente Auswertung von entscheidender Bedeutung.[22] Die Sachverständigen haben dazu die unterschiedlichsten Informationsquellen auszuwerten. Neben Betreuungsakten, Pflegeversicherungsgutachten, Dokumentationen und persönlichen Dokumenten des Erblassers spielen hier natürlich auch die Feststellungen des Notars anlässlich der Beurkundung eine nicht unerhebliche Rolle. *Cording*[23] weist zutreffend darauf hin, dass auch ein Facharzt für Psychiatrie nicht in der Lage wäre, lediglich aufgrund der während einer notariellen Beurkundung in Erfahrung zu bringenden Tatsachenbasis ein Gutachten zur Testierfähigkeit zu erstellen. Daher kann natürlich auch kein Notar zuverlässige Feststellungen allein aufgrund des sich ihm bietenden Bildes treffen. Hier wird den tatsächlichen Wahrnehmungen des Notars entscheidende Bedeutung zukommen, die er dann aber auch so konkret, anschaulich und ausführlich wie möglich dokumentieren sollte. Zu Recht wird darauf hingewiesen, dass der formelhafte Satz „ich habe mich im Gespräch davon überzeugt, dass der Erblasser zweifelsfrei voll geschäfts- und testierfähig ist" relativ wertlos ist und für spätere Rechtsstreitigkeiten nicht den geringsten Anhaltspunkt bietet (praktisch kein Beweiswert).[24] 30

Gelegentlich wurde in der Literatur diskutiert, ob bestimmte Screening-Verfahren von dem Notar zum Einsatz kommen sollen.[25] 31

Es sollte das in der Psychologie und Medizin entwickelte Screening-Verfahren für die Begutachtung der Testierfähigkeit durch einen Notar nutzbar gemacht werden. Dazu wurden unterschiedliche medizinische Verfahren und Tests mit den die Testierfähigkeit vornehmlich beeinflussenden Schwerpunkten Demenz, Depression und Delirium mit entsprechenden Mustern dargestellt. So wurden einige wenige Fragen formuliert, die nach Auffassung der Autoren mit Papier und Stift in maximal 10 Minuten zu bearbeiten waren. Die Auswertung sei einfach, die Tests würden von den Beteiligten in der Regel akzeptiert.

Von derartigen laienhaften Verfahren sollte man allerdings Abstand nehmen, da sie nur zu einer trügerischen Sicherheit führen, die bei der Komplexität der anzuwendenden Verfahrensordnung nicht gerechtfertigt ist. 32

22 Dazu eingehend: *Cording*, ZEV 2010, 23.

23 *Cording*, ZEV 2010, 23.

24 Beispielsweise OLG Hamm ZEV 1997, 75.

25 *Stoppe/Lichtenwimmer*, DNotZ 2005, 806.

Mittlerweile wird auch in der Literatur überwiegend vertreten, dass man derartige Verfahren in der Praxis nicht anwenden solle.[26]

IV. Zweifel des Notars

33 Stellt der Notar die Geschäftsfähigkeit fest, hat er zu beurkunden. Ist er davon überzeugt, dass Geschäftsunfähigkeit gegeben ist, hat die Beurkundung zu unterbleiben. Diese beiden eindeutigen Feststellungen des Notars sind einfach zu behandeln. Häufig allerdings verbleibt es bei Zweifeln des Notars an der Geschäfts- oder Testierfähigkeit.

34 Ablehnen darf der Notar die Beurkundung nur dann, wenn an der Geschäftsunfähigkeit des Beteiligten kein vernünftiger Zweifel mehr möglich ist. Das ist zum Beispiel der Fall, wenn eine Verständigung mit dem Betroffenen nicht mehr möglich ist.

Hat er lediglich Zweifel, muss er beurkunden, denn die Beteiligten haben einen Anspruch darauf, dass das von ihnen Gewollte auch beurkundet wird. Andererseits muss der Notar aber in diesen Fällen seine Zweifel in der Urkunde niederlegen.

35 In Zweifelsfällen ist es ratsam, die Begutachtung durch einen Facharzt (Neurologe, Psychologe) bei den Beteiligten anzuregen.[27]

In „leichteren" Fällen empfiehlt es sich, zumindest entsprechende Atteste von Hausärzten beizuholen oder das Gespräch mit dem Krankenhausarzt zu führen. Immer sollte der Notar die getroffenen Feststellungen vermerken. Auch wenn es dem Notar aufgrund der Umstände nicht möglich ist, jemanden zu erreichen (Krankenhaus), sollte er dies in der Urkunde festhalten.

Im Ergebnis lautet der Rat: „In dubio pro testamento",[28] auch damit den Beteiligten in einem späteren Verfahren die Möglichkeit gegeben wird, diesbezügliche Feststellungen durch ein Gericht bzw. einen Sachverständigen noch treffen zu können. Das setzt nicht blindes Agieren des Notars voraus, sondern im Gegenteil, dass er in seine Urkunde auch alle Feststellungen aufnimmt, die nach seiner Auffassung gegen eine Geschäftsfähigkeit sprechen, ansonsten geht er hier ein Haftungsrisiko bezüglich der Prozesskosten ein.[29]

V. Vermerke des Notars

36 Bei Rechtsgeschäften unter Lebenden ist ein Vermerk über Feststellungen zur Geschäftsfähigkeit grundsätzlich nicht erforderlich, anders ist dies bei Verfügungen von Todes wegen (§ 28 BeurkG).

26 *Müller*, DNotZ 2006, 325; *Cording/Forster*, DNotZ 2006, 329; *Winkler*, § 11 Rn 14 (mit dem zutreffenden Hinweis, dass derartige Verfahren abwegig sind).
27 *Müller*, DNotZ 2006, 325.
28 *Jerschke*, ZEV 1994, 305.
29 OLG Oldenburg DNotZ 1974, 19.

Liegt dem Notar ein ärztliches Gutachten oder Attest vor, kann – und sollte – dieses der Urkunde beigefügt werden.

Bei schwer Erkrankten sollte der Notar seine Feststellungen in der Niederschrift vermerken.

> *Hinweis*
>
> Ist ein Beteiligter schwer krank, so soll dies in der Niederschrift vermerkt und angegeben werden, welche Feststellungen der Notar über die Geschäftsfähigkeit getroffen hat (§ 11 Abs. 2 BeurkG).

Gerade aufgrund des Umstandes, dass man als Notar nach Jahren natürlich nicht mehr weiß, welche Feststellungen man genau getroffen hat, sollte man schon aus eigener Sicht und auch zur Absicherung der übrigen Beteiligten entsprechende Vermerke fertigen. Da das Gesetz dazu auffordert, den Vermerk in die Niederschrift aufzunehmen, finden sich derartige Feststellungen im Kopf der Urkunde bei der Feststellung zu Fragen der Geschäftsfähigkeit. Das ist auch für die Beteiligten unter Umständen von entscheidender Bedeutung, denn im Rahmen eines sich möglicherweise anschließenden Verfahrens wäre ja denkbar, dass einer der materiell Beteiligten den Notar nicht von der Schweigepflicht entbindet, sodass eine Zeugenaussage des Notars unmöglich gemacht wird. In diesen Fällen ist es hilfreich, wenn schon die Urkunde des Notars aussagekräftige Hinweise auf dessen Feststellungen enthält. Dementsprechend muss ein solcher Vermerk fallbezogen sein und darf sich nicht auf allgemeine Formulierungen beschränken. 37

> *Praxisproblem*
>
> Der Notar wird zur Beurkundung ins Krankenhaus gerufen und hat die vorformulierte letztwillige Verfügung schon dabei, da ihm die Eilbedürftigkeit entsprechend vorgetragen wurde. Die Feststellungen des Notars zur Geschäftsfähigkeit kann er allerdings erst im letzten Moment vor der Beurkundung treffen, so dass es schwierig wird, dies in angemessener Form als Vermerk in der Urkunde aufzunehmen.

Denkbar ist natürlich, dass der Notar diese Feststellungen handschriftlich seiner Urkunde hinzufügt, was zum einen eine entsprechende Formulierungskunst des Notars voraussetzt, zum anderen aber auch die Lesbarkeit seiner Schrift. Auch ist durchaus denkbar, dass er die Betroffenen nicht mit seinen Feststellungen durch Verlesen konfrontieren will, um deren Selbstwertgefühl nicht zu tangieren. So wird teilweise vertreten, der Notar könne in diesen Fällen in der Urkunde die Feststellungen zur Geschäftsfähigkeit und zur Schwere der Erkrankung nur mit einer kurzen Bemerkung treffen, die sonstigen Maßnahmen aber in einer genau und sorgfältig abgefassten Tatsachenbescheinigung außerhalb der Urkunde zusammenfassen.[30]

30 *Lichtenwimmer*, MittBayNot 2002, 240 (244).

Andere sind der Auffassung, die Feststellungen gehören sämtlich in die Urkunde selbst.[31] Schließlich wird die Meinung vertreten, dieses Verfahren sei nur in den Fällen anzuwenden, in denen das Einverständnis des Betroffenen mit der späteren Verwendung des Vermerks zu vermuten sei.[32]

1. Muster: Hinweis bei Schwerkranken

38 ▼

Muster 1.1: Allgemeiner Hinweis bei schwer erkranktem Beteiligten

Der Anwesende ist nach eigener Angabe/Überzeugung des Notars schwer erkrankt. Der Notar hat aber ein ausführliches Gespräch mit dem Erschienenen geführt und ist zu der Überzeugung gelangt, dass er voll geschäftsfähig ist.

▲

2. Muster: Hinweis bei bettlägerigen Beteiligten

39 ▼

Muster 1.2: Hinweis bei im Bett liegendem Beteiligten

Der Erschienene wurde im Bett liegend auf der Station   des Krankenhauses   angetroffen. Er war in seiner körperlichen Bewegungsfähigkeit krankheitsbedingt beeinträchtigt. Der Notar führte eine längere Unterredung mit dem Erschienenen. Er ist nach Überzeugung des Notars uneingeschränkt geschäftsfähig (testierfähig) und kann seinen Willen frei von Einflüssen Dritter zum Ausdruck bringen.[33]

▲

3. Muster: Hinweis bei verbleibenden Zweifeln des Notars

40 ▼

Muster 1.3: Hinweis bei verbleibenden Zweifeln des Notars

Der Erschienene wurde im Bett liegend auf der Station   des Krankenhauses   angetroffen. Von der erforderlichen Testier-/Geschäftsfähigkeit des Beteiligten konnte ich mich nicht abschließend überzeugen. Ich habe darauf hingewiesen, dass es zweckmäßig ist, ein fachärztliches Gutachten zur Überprüfung der Testier-/Geschäftsfähigkeit des Beteiligten einzuholen. Die Beteiligten bestanden gleichwohl auf sofortige

31 *Zimmermann*, BWNotZ 2000, 97 (100).
32 *Kanzleiter*, DNotZ 1993, 434 (439).
33 Weitere Vorschläge hierzu in BeckOGK-BeurkG § 11 Rn 32.

Beurkundung und nahmen das Risiko einer Unwirksamkeit der Urkunde, auf das ich hingewiesen habe, in Kauf.[34]

▲

Der Notar ist an sich gehalten, seine diesbezüglichen Feststellungen jeweils in der Urkunde selbst festzuhalten, also auch nicht ausnahmsweise in einem Aktenvermerk außerhalb der Urkunde.[35] Aus Gründen des Takts und der Menschenwürde wird indes für zulässig erachtet, dass der Notar in der Urkunde nur knappe Feststellungen trifft, erläuternde und ausführlichere Hinweise aber in einem gesonderten Vermerk außerhalb der Urkunde festhält, der dann dem Betroffenen nicht verlesen wird.[36] Dieser Vermerk ist dann der Niederschrift beizufügen. 41

In der Praxis taucht dann die Frage auf, wer derartige Tatsachenbescheinigungen anschließend wie verwerten kann.

Die Frage beantwortet sich nach § 51 BeurkG. Hiernach kann bei Niederschriften über Willenserklärungen derjenige eine Ausfertigung verlangen, der Rechtsnachfolger der Person ist, die die Erklärung abgegeben hat. Ein Testamentsvollstrecker oder ein Nachlasspfleger rücken in die Berechtigung ein, wenn und soweit sie Verfügungsbefugnisse des Beteiligten wahrnehmen.

Allerdings ist umstritten, ob sich dieses Einsichtsrecht auch auf die hier behandelten Tatsachenbescheinigungen erstreckt, denn diese Bescheinigung ist jedenfalls nicht von den Beteiligten verfasst oder auch nur autorisiert und enthält schließlich möglicherweise intimste personenbezogene Angaben. Andererseits darf man nicht verkennen, dass die Feststellungen eigentlich in der Urkunde hätten getroffen werden müssen und lediglich zur Vermeidung von Belastungen des Kranken außerhalb der Urkunde festgehalten wurden. Das Recht auf Erteilung von Abschriften/Ausfertigungen erstreckt sich im Zweifel nicht auf diese „Nebenvermerke", sodass hiervon nur Gebrauch gemacht werden darf, wenn der Notar von seiner Schweigepflicht entbunden wird, schließlich hat der Betroffene ja den Vermerk inhaltlich nicht zur Kenntnis genommen und autorisiert. Darin liegt die Gefahr, wenn die entsprechenden Feststellungen nicht in der Urkunde selbst festgehalten werden.[37] 42

Noch weniger verwertbar sind interne Aktenvermerke des Notars, die dann auch noch der Gefahr der Vernichtung der Hauptakte nach Ablauf der Aufbewahrungsfrist unterliegen.

Problemfall: Erbengemeinschaft 43

Wenn in der Erbengemeinschaft nur einer der Beteiligten nicht mit einer Einsicht in die Nebenakten einverstanden ist, stellt sich die Frage, ob die übrigen Beteiligten eine entsprechende Einsicht nehmen dürfen.

34 In Anlehnung an Grziwotz/Sauer/Heinemann/*Heinemann*, BeurkG § 11 Rn 25.

35 BayObLG DNotZ 1993, 471.

36 MüKo/*Sticherling*, BeurkG § 28 Rn 27; OLG München ZEV 2012, 542.

37 Grziwotz/Sauer/Heinemann/*Heinemann*, BeurkG § 11 Rn 29 ff; *Kanzleiter,* DNotZ 1993, 434.

Hier wird die Auffassung vertreten, dass jedem Mitglied der Erbengemeinschaft die entsprechende Einsicht zustehe,[38] und zwar mit folgender Begründung:

> *... Die Pflicht des Notars zur Erteilung von Urkundenabschriften (§ 51 BeurkG) geht seiner Verschwiegenheitspflicht (§ 18 BNotO) vor. Dem Notar steht insoweit kein Ermessen zu.*
>
> *Haben die Vertragsteile eines Erbvertrages nicht gemeinsam etwas anderes bestimmt, ist der die Vertragsurkunde verwahrende Notar jedem dies verlangenden Gesamtrechtsnachfolger eines Vertragsteils zur Erteilung einer Abschrift auch dann verpflichtet, wenn der andere noch lebende Vertragsteil dem widerspricht.*
>
> *Diese Grundsätze gelten auch dann, wenn der Erbvertrag ausschließlich eine letztwillige Verfügung des überlebenden und der Abschrifterteilung widersprechenden Vertragsteils enthält.*

D. Testier-/Geschäftsunfähigkeit

I. Abgrenzung Testierfähigkeit/Geschäftsfähigkeit

44 Die Testierfähigkeit ist ein Unterfall der Geschäftsfähigkeit, gleichwohl aber unabhängig von ihr geregelt.[39] Nach § 2229 Abs. 4 BGB kann ein Testament nicht errichten, wer wegen krankhafter Störung der Geistestätigkeit, wegen Geistesschwäche oder wegen Bewusstseinsstörung nicht in der Lage ist, die Bedeutung einer von ihm abgegebenen Willenserklärung einzusehen und nach dieser Einsicht zu handeln. Testierunfähig ist derjenige, dessen Erwägungen und Willensentschlüsse nicht mehr auf einer dem allgemeinen Verkehrsverständnis entsprechenden Würdigung der Außendinge und der Lebensverhältnisse beruhen, sondern durch krankhaftes Empfinden oder krankhafte Vorstellungen und Gedanken derart beeinflusst werden, dass sie tatsächlich nicht mehr frei sind, sondern vielmehr von diesen krankhaften Einwirkungen beherrscht werden. Diese Unfreiheit der Erwägungen und der Willensbildungen braucht nicht darin zu Tage zu treten, dass der Erblasser sich keine Vorstellung von der Tatsache der Errichtung eines Testaments und von dessen Inhalt oder von der Tragweite seiner letzten Anordnungen, insbesondere von ihrer Auswirkung auf die persönlichen und wirtschaftlichen Verhältnisse des Betroffenen, zu machen vermag, sie kann sich vielmehr darauf beschränken, die Motive für die Errichtung einer letztwilligen Verfügung entscheidend zu beeinflussen. Testierunfähig ist daher auch derjenige, der nicht in der Lage ist, sich über die für und gegen seine letztwillige Verfügung sprechenden Gründe ein klares, von krankhaften

38 OLG Karlsruhe Rpfleger 2007, 664; a.A. OLG Zweibrücken DNotZ 2003, 125.

39 OLG München ZErb 2007, 458.

Einflüssen nicht gestörtes, Urteil zu bilden und nach diesem Urteil frei von Einflüssen etwaig interessierter Dritte zu handeln. Dabei geht es nicht darum, den Inhalt der letztwilligen Verfügung auf seine Angemessenheit zu beurteilen, sondern nur darum, ob sie frei von krankheitsbedingten Störungen gefasst werden konnte.

Es gibt auch keine nach Schwierigkeitsgrad des Testaments abgestufte Testierfähigkeit; die Fähigkeit zur Testamentserrichtung ist entweder gegeben oder fehlt ganz.[40]

Diese Einordnung der Testierfähigkeit wird in der Praxis gelegentlich verkannt, wenn 45
man der Auffassung ist, dass ein einfach gelagertes Testament etwa durch alleinige Erbeneinsetzung des Ehepartners oder des einzigen Sohnes auch von jemandem abgefasst werden könnte, der sich im Grenzbereich der Geschäftsfähigkeit befindet. Das Urteil des OLG München empfiehlt sich allen Notaren zur Lektüre, die in diesem Bereich großzügig vorgehen. Es lag ein Sachverhalt zu Grunde, in dem der Erblasser nach Ausführung eines Sachverständigen an einer mittelschwer ausgeprägten Demenzerkrankung litt. Allein die Aussage der Zeugen, die bestätigt hatten, dass der Erblasser sich bei Brettspielen die Farbe der Steine habe merken können und dass er Zeitung gelesen habe, konnten weder das ursprünglich zuständige Amtsgericht noch die Instanzengerichte dazu veranlassen, eine Testierfähigkeit anzunehmen. Aus dem Protokoll der richterlichen Anhörung im Betreuungsverfahren ergab sich, dass der Erblasser nicht in der Lage gewesen war, relevante Zusammenhänge zu verstehen. Zudem war er, wie es in dem Urteil wörtlich heißt, öfter „ausgebüchst", um in seiner alten Wohnung nachzuschauen, was dort los sei. Dieses Verhalten des Erblassers reichte dem OLG aus, eine erhebliche Einschränkung der geistigen Fähigkeiten festzustellen.

Das Landgericht war auch nicht gehalten, die berichteten Fähigkeiten des Erblas- 46
sers, ein einfaches Gespräch zu führen, Brettspiele zu spielen und in der Zeitung zu lesen, dahin zu werten, dass er testierfähig gewesen sei. Testierunfähigkeit kann auch dann vorliegen, wenn noch einzelne rudimentär vorhandene intellektuelle Fähigkeiten erhalten sind.

II. Sonderfall: Demenzerkrankte

Der tägliche Umgang des Notars mit alten und erkrankten Beteiligten macht es erforder- 47
lich, sich insbesondere mit dem Typus der Demenzerkrankten intensiver zu beschäftigen. Die Wissenschaft nimmt an, dass bei den über 65-jährigen in Deutschland der Anteil der Demenzerkrankten bis 2060 auf 34 % steigen könnte.[41] Man spricht hier auch von einer pandemischen Zunahme der Krankheitsfälle. Hinzu tritt, dass es eine Vielzahl von

40 OLG München ZErb 2007, 458.
41 Dazu ausführlich: *Schmoeckel,* NJW 2016, 433 ff.

Erkrankungen gibt, die zur Demenz führen. Welche Erkenntnismöglichkeiten muss ein Notar von einem Betroffenen, der unter einer Demenz leidet, also noch verlangen?

Die Schwierigkeiten liegen hier darin, dass das Krankheitsbild sich kontinuierlich ändert. Während man im Frühstadium wohl eher mit Vergesslichkeit und Unachtsamkeit zu tun hat, ist ab Vorliegen einer mittelschweren Form wohl von einer Beeinträchtigung der Geschäfts- und Testierfähigkeit auszugehen. Wie schon erwähnt, sollte der Notar in Zweifelsfällen – noch – beurkunden, um spätere Feststellungen in einem Verfahren durch entsprechende Sachverständige zu ermöglichen.

48 Hier stellt sich also nur die Frage, wann der Notar die Beurkundung ablehnen sollte, weil nach seiner festen Überzeugung Testierunfähigkeit eingetreten ist. Die Rechtsprechung verlangt, dass der Testator wissen muss, wer er ist, dass er eine letztwillige Verfügung errichtet (was er aber nicht muss) und wem er etwas hinterlassen möchte. Das Ganze muss eine sogenannte eigenverantwortliche und freie Entscheidung, also eine solche ohne fremde Einflüsse sein.[42]

Der Notar sollte von einer Geschäftsunfähigkeit ausgehen, wenn der Beteiligte vollkommen desorientiert ist, also nicht mehr einstufen kann, in welcher Situation er sich befindet und wer er ist (sogenannte Orientierungsstörung), aber auch dann, wenn beispielsweise schwerer Alkoholismus oder eben auch die Erkrankung zu starken Persönlichkeitsveränderungen geführt haben.[43] Es kann dem Notar nur geraten werden, in Zweifelsfällen das Gutachten eines Facharztes für Psychiatrie einzuholen, insbesondere deshalb, weil selbst eine etwa durch ein Gutachten diagnostizierte Geschäftsunfähigkeit ja kein Dauerzustand sein muss. Selbst die dementielle Erkrankung kann sich als vorübergehend darstellen (etwa im Falle der vaskulären und nicht der degenerative Demenzerkrankung, immerhin ein Anteil von ca. 15 % aller Demenzerkrankten).

Es bleibt dem Notar also nichts anderes übrig, als möglichst noch Feststellungen zum Verlauf und Stand der Krankheit treffen zu lassen (er selbst ist mit dieser Diagnose überfordert), oder aber, falls die Zeit es nicht mehr zulässt oder der Betroffene nicht einverstanden ist, zu beurkunden und einen entsprechenden aussagekräftigen Zweifelsvermerk aufzunehmen.

III. Das sogenannte luzide Intervall

49 Es entsprach bislang herrschender Literaturmeinung und Rechtsprechung, dass Testamente, die in einem sogenannten lichten Augenblick („lucidum intervallum") von Personen errichtet wurden, die über eine Bewusstseinsstörung verfügten, insbesondere an

42 OLG Hamm 10 U 76/16 – juris.

43 *Cording*, ZEV 2010, 115; *Schmoeckel*, NJW 2016, 433 ff., 436.

Demenz erkrankt waren, wirksam seien.[44] Man ging hier lediglich von einer Umkehr der Beweislast aus, sodass derjenige, der sich auf die Wirksamkeit des Testamentes berief, den sogenannten lichten Moment nachzuweisen hatte.

Die Rechtsprechung geht dazu allerdings mittlerweile neue Wege. So hat das OLG 50
München[45] gemeint, dass ein luzides Intervall praktisch ausgeschlossen sei, wenn eine chronisch-progrediente Demenz vorliege, denn dann sei von Testierunfähigkeit auszugehen. Im entschiedenen Sachverhalt hatte der Notar noch ausdrücklich vermerkt, dass bei der Testierenden trotz der zittrigen Unterschrift keine Zweifel an ihrer Testierfähigkeit bestünden. Unter Hinweis auf die Definition der Testierfähigkeit, die voraussetzt, dass der Testierende selbstbestimmt Handeln und eigenverantwortlich Entscheidungen treffen muss, er insbesondere in der Lage sein muss, den Inhalt des Testamentes von sich aus zu bestimmen und sich aus eigener Überlegung ein klares Urteil über die Tragweite der Anordnungen zu bilden, meinte das Gericht, dass dies bei Zugrundelegung einer Demenz (Creutzfeldt-Jacob-Krankheit) nicht mehr der Fall sein könne. Es müsse dem Testierenden auch möglich sein, sich an Sachverhalte und Ereignisse zu erinnern, Informationen aufzunehmen, Zusammenhänge zu erfassen und Abwägungen vorzunehmen. Dieses sei auch in einem lichten Moment für derart Erkrankte praktisch ausgeschlossen. Ursprünglich habe man unter den sogenannten luziden Intervallen symptomfreie Intervalle verstanden, die sich meist auf Monate oder auch Jahre erstreckt hätten. Erst nach einem Bedeutungswandel im 19. Jahrhundert werde der Begriff nun meist für kurzfristige Zustandsbesserungen während eines an sich chronischen Krankheitsprozesses verwendet. Bei chronischen und chronischen-progredienten Störungen (Demenzen, chronische hirnorganische Psychosyndrome bzw. Persönlichkeitsveränderungen oder chronische Schizophrenien) richte sich die Beurteilung der Testierfähigkeit nach den im fraglichen Zeitraum vorhandenen Dauerveränderungen, die sorgsam von den sich gegebenenfalls überlagernden passageren Zusatzsymptomen abzugrenzen seien. Bei derart erkrankten Personen bestehe selbst bei Annahme eines lichten Moments eine erhebliche Lücke in der geistigen und psychischen Repräsentanz relevanter Umweltinformationen und der eigenen Biografie.

Auch das OLG Düsseldorf[46] hat für den Fall einer chronisch-progredienten Demenz – 51
keiner vaskulären Demenz – angenommen, es entspreche mittlerweile der Erkenntnis in obergerichtlicher Rechtsprechung, dass in diesen Fällen ein lichter Moment praktisch ausgeschlossen sei.

Schließlich hat das OLG Hamm in einer viel beachteten, da einen Prominenten betreffenden, Entscheidung[47] sehr ausführlich die Frage geprüft, ob bei einer degenerativen mittel-

44 *Keim*, NJW-Spezial 2013, 455; BGHZ 30, 294.
45 OLG München ZEV 2013, 504.
46 OLG Düsseldorf ErbR 2014, 391.
47 OLG Hamm Beschluss v. 29.5.2024 – 10 W 8/23, ZEV 2025, 136.

schweren Demenz noch ein luzides Intervall möglich ist und dies – sachverständig beraten – überzeugend abgelehnt. In dem entschiedenen Fall war der Betroffene sogar in Begleitung des ihn behandelnden Arztes beim Notar erschienen, um ein Testament zugunsten seiner Ehefrau, die er kurz zuvor geheiratet hatte, zu errichten. Dazu stellte der Senat fest, dass bei einem Krankheitsbild der fortschreitenden mittelschweren Demenz, die degenerativer Art ist, die Annahme einer eingeschränkten Einsichtsfähigkeit im Sinne des § 2229 Abs. 4 BGB im Regelfall nahe liege und damit ein luzides Intervall praktisch ausgeschlossen sei.[48] Der damals den Beteiligten begleitende Arzt musste dann auch vor dem Senat einräumen, dass er mit den „heutigen Kenntnissen" bei der Beurkundung des Testaments hätte einschreiten müssen. Die Würdigung des Senats gipfelt in der Erkenntnis, dass derjenige, der in den Zustand dauerhafter Demenz eingetreten sei, keine zur Testierfähigkeit ausreichenden Zeiträume mehr erlebe.[49]

E. Hör-, sprach- und sehbehinderte Beteiligte

52 Das Beurkundungsrecht verfügt über einige Sondervorschiften, die sich mit der Beteiligung von Hör-, Sprach- und Sehbehinderten beschäftigen.

I. Die Grundregel des § 22 BeurkG

1. Allgemeines

53 § 22 BeurkG schreibt Folgendes vor:

> *Vermag ein Beteiligter nach seinen Angaben oder nach der Überzeugung des Notars nicht hinreichend zu hören, zu sprechen oder zu sehen, so soll zu der Beurkundung ein Zeuge oder ein zweiter Notar zugezogen werden, es sei denn, dass alle Beteiligten darauf verzichten. Auf Verlangen eines hör- oder sprachbehinderten Beteiligten soll der Notar einen Gebärdensprachdolmetscher hinzuziehen. Diese Tatsachen sollen in der Niederschrift festgestellt werden.*
>
> *Die Niederschrift soll auch von dem Zeugen oder dem zweiten Notar unterschrieben werden.*

54 In dem hier interessierenden Bereich der Beurkundung von rechtsgeschäftlichen Willenserklärungen ist § 22 BeurkG uneingeschränkt anwendbar. Die vorgeschriebene Zuziehung einer zweiten Person soll im Falle der Beteiligung entsprechend behinderter Personen

48 So auch MüKo-BGB/*Sticherling*, § 2229 Rn 43; OLG München Beschluss v. 1.7.2023 – 31 Wx 266/12, BeckRS 2013, 11657.

49 So auch Staudinger/*Baumann*, 2022, § 2229 Rn 71 m.w.N. – zitiert vom OLG Hamm

etwaige Missverständnisse oder Zweifel an der Ordnungsmäßigkeit der Beurkundung ausschließen, die aufgrund der Behinderung im Nachhinein auftreten könnten.

Die im Gesetz beschriebene Behinderung kann auch eine vorübergehende sein. Es kommt auf die konkrete Beeinträchtigung des Beteiligten im Zeitpunkt der Beurkundung an. Auch kann der Grad der Behinderung unterschiedlich sein. Durch geeignete technische Hilfsmittel kann allerdings die Behinderung unbeachtlich werden, so z.B. könnte eine an Taubheit grenzende Schwerhörigkeit durch Einsatz entsprechender technischer Mittel keine Rolle mehr spielen. Eine Sehbehinderung im Sinne der Vorschrift dürfte wohl auch dann vorliegen, wenn der Beteiligte zwar dem optischen Eindruck der Verhandlung folgen kann, wegen beeinträchtigter Sehfähigkeit aber die vorgelegte Niederschrift nicht lesen kann. Leseschwächen bleiben demgegenüber unbeachtlich. 55

Die Formulierung des Gesetzes „… nach Überzeugung des Notars nicht hinreichend …“ lässt bereits den Schluss zu, dass hier eine individuelle Beurteilung durch den Notar möglich ist, die ihm Flexibilität zubilligt.

Ein Verstoß des Notars gegen § 22 BeurkG aufgrund fehlender oder eingeschränkter Hör- oder Sehfähigkeit führt nicht zur Unwirksamkeit der notariellen Testamentserrichtung. Es handelt sich hier lediglich um eine Sollvorschrift.[50]

2. Einzelheiten

Allgemein gilt, dass derjenige **nicht hinreichend hören** kann, mit dem eine Verständigung von Mund zu Ohr, aus welchen Gründen auch immer, nicht in der Weise möglich ist, dass eine sichere Kommunikation des Inhalts der zu beurkundenden Erklärung erfolgt.[51] 56

Allerdings ist es dem Notar selbstverständlich nachgelassen, dem Schwerhörigen besonders laut und deutlich direkt ins Ohr zu sprechen, so dass der Beteiligte dann der Verhandlung folgen kann.

Nicht hinreichend sprechen kann nach allgemeinem Verständnis ein Beteiligter dann, wenn er seine Erklärung nicht durch gesprochene, verständliche Worte abgeben kann. Die Sprachfähigkeit dürfte spätestens dann fehlen, wenn kein einwandfrei verständliches „Ja“ mehr gesprochen werden kann. 57

Jemand, der nur zu einem unartikulierten, unverständlichen Lallen in der Lage ist, gilt als sprechunfähig. Unter Sprechen im Sinne der Vorschrift ist der Gebrauch der Lautsprache zu verstehen, die Verwendung von Gebärden oder Zeichen genügt nicht.[52]

50 AG Hameln Beschluss v. 14.11.2022 – 18 VI 199/21, ZEV 2023, 262.

51 Grziwotz/Sauer/Heinemann/*Heinemann*, BeurkG § 22 Rn 7.

52 BGHZ 2, 172 (ständige Rechtsprechung); Grziwotz/Sauer/Heinemann/*Heinemann*, BeurkG § 22 Rn 8 m.w.N.

Wer sich also durch Zeichen oder Gebärden verständlich machen kann, aber nicht hinreichend sprechen kann, gilt als sprachunfähig, selbst wenn man ihm von den Lippen lesen kann.

58 Mit Wirkung vom 1.8.2002 ist die Position des hör- oder sprachbehinderten Beteiligten ausdrücklich gestärkt worden. Hier soll der Notar jetzt auf Verlangen eines derartigen Beteiligten einen Gebärdensprachdolmetscher hinzuziehen.

59 § 22 Abs. 1 S. 2 BeurkG tritt hier neben den S. 1, so dass die Hinzuziehung des Gebärdensprachdolmetschers den Zeugen oder den zweiten Notar nicht ersetzt. Insbesondere scheidet der Gebärdensprachdolmetscher als Zeuge aufgrund seiner weiteren Verfahrensrolle aus.

Die Gebärdensprache ist als eigenständige Sprache anerkannt (§ 6 BGG[53]).

Die Gebärdensprache verwendet neben Mimik und Körperhaltung vor allem Handzeichen, nämlich die Gebärden, die nach Handform, Handstellung, Ausführungsstelle und Bewegung strukturiert sind und im sogenannten Gebärdenraum ausgeführt werden.[54]

60 Darüber hinaus sind gemäß § 6 Abs. 2 BGG lautsprachbegleitende Gebärden als Kommunikationsform der deutschen Sprache anerkannt. Hierbei handelt es sich nicht um die Anwendung der Gebärdensprache, sondern um eine Visualisierung der Lautsprache.

Der Beruf der Gebärdensprachdolmetschers kann erlernt werden und mit einem Master- und Bachelorstudium bzw. einem Diplom abgeschlossen werden. Entsprechende Hochschulabschlüsse bieten mittlerweile verschiedene Universitäten an. Die Hinzuziehung eines derartigen Gebärdensprachdolmetschers ist von einem entsprechenden Verlangen der Beteiligten abhängig. Anders als in § 22 Abs. 1 S. 1 BeurkG beruht das Erfordernis der Hinzuziehung also nicht auf Feststellungen des Notars. Es dürfte auch nicht verzichtbar sein, wie etwa die Hinzuziehung eines Zeugen oder zweiten Notars in § 22 Abs. 1 S. 1 BeurkG, sondern der Gebärdensprachdolmetscher auf Verlangen hinzuzuziehen sein.

61 Zwar schreibt § 22 Abs. 2 BeurkG nicht vor, dass die Niederschrift, deren Ergebnis von der Tätigkeit auch eines Gebärdensprachdolmetschers abhängig war, auch von diesem zu unterzeichnen ist (während geregelt ist, dass der hinzugezogene Zeuge oder zweite Notar unterschreiben soll), in der Praxis wird man aber den Gebärdensprachdolmetscher immer mit unterzeichnen lassen.

62 Auch fällt auf, dass für den Gebärdensprachdolmetscher keine Ausschließungsgründe enthalten sind und auch kein Mitwirkungsverbot (§ 26 BeurkG), wie dies etwa für den Dolmetscher gemäß § 16 Abs. 3 S. 3 BeurkG oder für die Verständigungsperson gemäß § 24 Abs. 2 BeurkG der Fall ist.

53 Behindertengleichstellungsgesetz.

54 Vgl. *von Dickhuth-Harrach*, FamRZ 2003, 496.

Die Regelung, dass überhaupt die Errichtung eines Testamentes unter Hinzuziehung eines Gebärdensprachdolmetschers möglich ist, dürfte Auswirkung der Entscheidung des Bundesverfassungsgerichts vom 19.1.1999[55] und der Kommunikationshilfeverordnung[56] sein. Im Umgang mit Ämtern hat ein Betroffener nach § 2 KHV einen Anspruch auf Bereitstellung eines Gebärdensprachdolmetschers, soweit eine solche Kommunikationshilfe zur Wahrung eigener Rechte in einem Verwaltungsverfahren erforderlich ist. Gemäß § 3 KHV ist die Kommunikation mittels eines Gebärdensprachdolmetschers als geeignete Kommunikationsform anzusehen, wenn sie im konkreten Falle eine für die Wahrnehmung eigener Rechte im Verwaltungsverfahren erforderliche Verständigung sicherstellt.

Auch dann, wenn etwa der Notar die Gebärdensprache selbst beherrscht, ist das Verfahren nach § 22 BeurkG einzuhalten, der Notar darf sich hier also nicht in eine Doppelrolle begeben.

Nicht hinreichend sehfähig ist jemand, der dem Beurkundungsvorgang nicht optisch folgen kann.[57] Es ist streitig, ob der Beteiligte noch in der Lage sein muss, Geschriebenes noch lesen zu können, um nicht unter die Sondervorschrift zu fallen.[58] Sicherheitshalber sollte der Notar daher auch in Zweifelsfällen die Besonderheiten der Beurkundung beachten. 63

3. Zeuge/Zweiter Notar

Nach § 22 Abs. 1 S. 1 BeurkG soll in den behandelten Fällen zu der Beurkundung ein Zeuge oder ein zweiter Notar zugezogen werden. 64

Insoweit enthält § 26 BeurkG weitere Mitwirkungsverbote.

Grundsätzlich obliegt allein dem Notar die Auswahl des Zeugen. Er muss sich nicht bestimmte Person aufdrängen lassen, er sollte jedoch den Wünschen der Beteiligten, wenn nichts dagegenspricht, folgen.

> *Praxistipp* 65
>
> Als Zeuge soll bei der Beurkundung nicht hinzugezogen werden, wer zu dem Notar in einem ständigen Dienstverhältnis steht, so dass also die Hinzuziehung der eigenen Angestellten als Zeugen ausgeschlossen ist.
>
> Als Zeuge oder zweiter Notar soll nicht hinzugezogen werden, wer aus einer zu beurkundenden Willenserklärung einen rechtlichen Vorteil erlangt. Nach § 27 BeurkG gilt das entsprechend für Personen, die in einer Verfügung von Todes wegen bedacht oder

55 BVerfG NJW 1999, 1853.
56 KHV Bundesgesetzblatt I 2650 vom 17.7.2002.
57 *Reimann/Bengel/Mayer*, § 22 BeurkG Rn 7.
58 Bejahend *Winkler*, § 22 BeurkG Rn 7; verneinend BeckOK-BeurkG/*Litzenburger*, § 22.

zum Testamentsvollstrecker ernannt werden. In diesem Sinne bedacht ist, wer vom Erblasser eine letztwillige Zuwendung erhält, sei es als Erbe (Vollerbe, Vorerbe, Nacherbe, Ersatzerbe), als Vermächtnisnehmer. Bedacht sind aber nicht die durch eine Auflage Begünstigten.[59]

66 Die Rechtsfolgen des Verstoßes gegen das Mitwirkungsverbot eines Schreibzeugens sind nach § 27 i.V.m. § 26 Abs. 1 Nr. 2 BeurkG zu bestimmen. Die Ausgestaltung des Mitwirkungsverbotes als Sollvorschrift lässt die Wirksamkeit der Beurkundung unberührt.[60] Im entschiedenen Sachverhalt hatte der Notar einen Schreibzeugen hinzugezogen, der selbst im Rahmen des notariellen Testamentes mit einem Vermächtnis begünstigt wurde. In diesem Zusammenhang stellte das OLG klar, dass der Ausschlussgrund nicht bereits deswegen bestand, weil der Vater des Schreibzeugens Miterbe und Testamentsvollstrecker wurde, und auch nicht deswegen, weil dem Bruder des Schreibzeugens ebenfalls ein Vermächtnis zugewandt wurde.[61] Das Mitwirkungsverbot nach §§ 27, 26 Abs. 1 Nr. 2 BeurkG kommt nämlich nur dann zum Zuge, wenn der Zeuge unmittelbar selbst Begünstigter ist, nicht aber bei einer Begünstigung seiner Verwandten.[62] Da aber dem Schreibzeugen selbst ebenfalls ein Vermächtnis zugewandt worden war, bestand ein Mitwirkungsverbot.

67 Die Beteiligten des Verfahrens hatten versucht, mit der Begünstigung des Schreibzeugens eine Unwirksamkeit der gesamten Beurkundung zu begründen. Der Notar habe damit außerhalb seiner Amtsbefugnisse gehandelt, seine Urkunde könne nicht mehr als öffentliche Urkunde angesehen werden, das Testament sei wegen der damit einhergehenden Minderung des Beweiswertes unwirksam, die testamentarischen Verfügungen seien dadurch sittenwidrig und unwirksam geworden. Das stellte das OLG zu Recht als abwegigen und untauglichen Versuch dar, aus einem Verstoß gegen eine Sollvorschrift einen Unwirksamkeitsgrund zu konstruieren. Hier kommt es darauf an, dass nicht der Schreibzeuge, sondern die Erblasserin selbst testiert hat und der Schreibzeuge eben nur die Willenserklärung des Testators wiedergibt, auf diese Willensbildung selbst aber keinen Einfluss hat. Die Beurkundung im Übrigen bleibt selbstverständlich wirksam.

4. Das Hinzuziehen

68 Das Hinzuziehen eines Zeugen setzt voraus, dass der betroffene Zeuge sich auch der Tatsache bewusst ist, dass er bei der Errichtung einer öffentlichen Urkunde mitzuwirken hat.[63]

59 Jedenfalls dann nicht, wenn der Begünstigte den Vollzug der Auflage nicht aus eigenem Recht verlangen kann, so auch BeckOGK/*Grziwotz*, § 27 BeurkG Rn 13, im Einzelnen streitig.

60 OLG Hamm DNotZ 2013, 233.

61 OLG Hamm DNotZ 2013, 233.

62 MüKo-BGB/*Sticherling*, § 27 BeurkG Rn 17.

63 So etwa BayObLG DNotZ 1985, 217.

Er muss also dem Vorgang der Urkundserrichtung aufmerksam folgen und der Verhandlung im Bewusstsein seiner Verantwortung beiwohnen. Eine bloß zufällige Anwesenheit des Zeugen reicht nicht dafür aus, dieser Person die Funktion etwa eines Schreibzeugen zuerkennen zu können. Auch muss der Zeuge der deutschen Sprache hinreichend mächtig sein, um der Beurkundung überhaupt folgen zu können.[64]

Demgegenüber reicht es, wenn der Zeuge bei der Verlesung und der Genehmigung der Niederschrift anwesend ist.[65]

Stellt also ein Notar etwa nach dem Verlesen oder anlässlich der Genehmigung der Niederschrift erstmals überhaupt fest, dass hier die Hinzuziehung eines Zeugen erforderlich ist, muss er die Niederschrift in Gegenwart des Zeugen nochmals verlesen und von den Beteiligten genehmigen lassen.

Der Zeuge muss also bewusst und gewollt in den Beurkundungsvorgang hineingenommen werden. Ob das der Fall ist, hängt von den Umständen des Einzelfalls ab.

5. Verzicht der Beteiligten und Vermerk

Wenn alle Beteiligten darauf verzichten, kann der Notar von der Zuziehung des Zeugen 69
oder zweiten Notars absehen.

Der Notar soll jedoch alle Umstände in der Niederschrift feststellen.

Auch hier gilt, dass die Wirksamkeit der Beurkundung bei Fehlen der entsprechenden Vermerke nicht berührt wird, die Beweiskraft der Urkunde aber wesentlich beeinträchtigt wird.

> *Praxistipp* 70
>
> Der Vermerk ist so zu fassen, dass er verdeutlicht, ob der Notar das Verfahren nach § 22 Abs. 1 S. 1 und 2 BeurkG eingeschlagen hat oder nicht. Teilweise wird vertreten,[66] der Notar solle nicht schreiben „Der Beteiligte kann nicht hinreichend hören“, sondern etwa:
>
> „Der Beteiligte erklärte: Ich kann nicht gut genug hören, um der Verhandlung hinreichend folgen zu können.“ oder „Der Beteiligte erschien im Beistand (…). Diese erklärte, dass (…) kaum noch hören könne. Der Notar überzeugte sich davon durch einige Fragen an den Beteiligten.“
>
> Nur so werde man dem Wortlaut des § 22 BeurkG gerecht. Allerdings reicht die Überzeugung des Notars, dass der Beteiligte entsprechend beeinträchtigt ist, aus, sodass auch die Formulierung:

64 OLG Köln 2 Wx 86/17 – juris.
65 BayObLG DNotZ 1985, 217 m.w.N.
66 Dazu im Einzelnen Grziwotz/Sauer/Heinemann/*Heinemann*, BeurkG § 22 Rn 36 m.w.N.

„Nach der Überzeugung des Notars vermag der Beteiligte nicht hinreichend zu …“ ausreichend ist.

Ferner hat der Notar darauf zu achten, dass die Niederschrift auch von dem Zeugen oder dem zweiten Notar unterschrieben werden muss. Es kann nicht schaden, einen etwa anwesenden Gebärdensprachdolmetscher ebenfalls unterzeichnen zu lassen.

71 Das OLG Frankfurt[67] hatte einen Fall zu entscheiden, in dem der Notar Folgendes vermerkte:

Die Erschienene ist nach ihren eigenen Angaben in ihrer akustischen Wahrnehmung eingeschränkt; sie ist nahezu gehörlos, trotzdem jedoch noch in der Lage, den Notar akustisch zu verstehen sowie von seinen Lippen abzulesen und damit der Beurkundung zu folgen, sofern laut vorgelesen wird. Der Notar hat insbesondere die Erschienene darauf hingewiesen, dass aufgrund ihrer nahezu bestehenden Gehörlosigkeit die Möglichkeit besteht, einen Zeugen oder zweiten Notar zu der Beurkundung hinzuzuziehen. Die Erschienene hat hierauf ausdrücklich verzichtet.

Vorsorglich wurde der Erschienenen diese Niederschrift auch zur Durchsicht vorgelegt und von ihr genehmigt (§ 23 BeurkG).

72 Die Beteiligte ließ von dem Notar alsdann eine General- und Vorsorgevollmacht nebst Patientenverfügung und ein Testament beurkunden, meinte aber im Nachhinein, die entstandenen Notarkosten seien nutzlose Aufwendungen gewesen, da sie aufgrund ihrer Gehörlosigkeit den Inhalt der Beurkundungen nicht habe verstehen können. Sie behauptet, es wäre nicht zu den Beurkundungen gekommen, wenn sie den Inhalt der beiden Urkunden verstanden hätte. Es sei für Gehörlose typisch, dass diese alles unterschrieben, obwohl sie nichts verstünden. Schließlich habe sie auch keine Kenntnis davon gehabt, dass sie die Hinzuziehung eines Gebärdensprachdolmetschers hätte verlangen können. Im Kostenbeschwerdeverfahren hatte sie mit diesen Einwendungen keinen Erfolg, denn sie hätte sich erfolgreich gegen die Kosten nur zur Wehr setzen können, wenn eine unrichtige Sachbehandlung nach § 21 Abs. 1 S. 1 GNotKG vorgelegen hätte. Eine solche liegt aber nach anerkannter Auffassung nur bei einem offen zu Tage getretenen Verstoß gegen eindeutige gesetzliche Normen oder bei einem offensichtlichen Versehen des Notars vor. Im vorliegenden Falle hatte der Notar keinen Anhaltspunkt dafür, von einer Geschäftsunfähigkeit der Beteiligten auszugehen. Allein ihr Vortrag, es sei typisch für Gehörlose, dass sie alles unterschreiben, auch wenn sie nichts verstehen, reichte noch nicht aus, hier eine Geschäftsunfähigkeit anzunehmen. Dem Notar hätte die Geschäftsunfähigkeit, an die ja bekanntlich strenge Anforderungen zu stellen sind, erkennbar sein müssen.[68]

67 OLG Frankfurt 20 W 391/15 n.v.

68 OLG München MittBayNot 2012, 68.

Darüber hinaus hatte die Beteiligte ja die Urkunden unterzeichnet, so dass der Notar das Verfahren korrekt eingehalten hatte. Immerhin reklamierte die Beteiligte in diesem Verfahren für sich, dass in einem anderen Verfahren für sie in einer Nachbarstadt ein Notar schon einmal einen Gebärdensprachdolmetscher hinzugezogen hatte. 73

Dieses Verfahren mag Warnung und Hinweis genug sein, bei Beteiligung von Behinderten eine besondere Sensibilität an den Tag zu legen und die nach dem Beurkundungsgesetz eröffneten Verfahren auch gewissenhaft durchzuführen.

II. Besonderheiten für hör- und sprachbehinderte Beteiligte, mit denen eine schriftliche Verständigung nicht möglich ist

1. Die Ausgangslage

Nach § 24 Abs. 1 BeurkG soll der Notar in der Niederschrift feststellen, dass ein Beteiligter nach seinen Angaben oder nach der Überzeugung des Notars nicht hinreichend hören oder sprechen kann und sich auch nicht schriftlich verständigen kann. Es handelt sich hierbei um einen Spezialfall zu §§ 22, 23 BeurkG, in dem auch eine schriftliche Verständigung nicht möglich ist. Dieser Fall liegt vor, wenn eine Verständigung zwischen dem Notar und dem Beteiligten selbst durch Lesen und Schreiben schlechthin ausgeschlossen ist, wenn also ein hörbehinderter Beteiligter auf schriftliche Fragen des Notars nicht antworten kann, ein Sprachbehinderter sich nicht schriftlich äußern kann und ein Hör- und Sprachbehinderter überhaupt keine Möglichkeit hat, dem Notar seinen Willen schriftlich zu vermitteln. 74

Die Handlungsanweisung an den Notar nach § 24 Abs. 1 S. 2 geht dahin, dass dann zu der Beurkundung eine Person zugezogen werden muss, die sich mit dem behinderten Beteiligten zu verständigen vermag und mit deren Zuziehung er nach der Überzeugung des Notars einverstanden ist. 75

Wenn der Notar die Feststellungen des § 24 Abs. 1 S. 1 getroffen hat und hierbei falsch liegt, muss gleichwohl allein aufgrund dieses Vermerks diese Vertrauensperson zugezogen werden. Auf die Zuziehung dieser Person können die Beteiligten nicht verzichten. Die Vertrauensperson macht auch nicht die Mitwirkung eines Zeugen oder eines zweiten Notars entbehrlich.[69] 76

Die zuzuziehende Person wird auch „Erklärungshelfer“ oder „Verständigungsperson“ genannt. Die Auswahl obliegt dem Notar, sein Auswahlermessen ist aber dahingehend eingeschränkt, dass es sich um eine Person handeln muss, die sich mit dem behinderten Beteiligten verständigen kann. Weitere Anforderungen sind an diese Person nicht zu rich- 77

69 BeckOK-BGB/*Litzenburger*, § 24 BeurkG Rn 4.

ten. Gegen den Willen des Beteiligten darf eine Verständigungsperson nicht ausgewählt werden. Der Notar selbst kann jedoch nicht zugleich als Verständigungsperson fungieren, wohl aber ein anderer Beteiligter, der nicht nach § 24 Abs. 2 ausgeschlossen ist (rechtlicher Vorteil!). Auch die hinzugezogenen Zeugen, Schreibzeugen oder Notare sind als Verständigungsperson ausgeschlossen, demgegenüber können sowohl der Dolmetscher wie auch der Gebärdensprachdolmetscher zugleich die Aufgabe der Vertrauensperson übernehmen.

78 Das Bundesverfassungsgericht hat in seiner Entscheidung vom 19.1.1999[70] festgestellt, dass die Formvorschrift der §§ 2232, 2233 Abs. 3 BGB – formgültige Testamentserrichtung nur durch Übergabe einer Schrift – nicht auf letztwillige Verfügungen schreib- und sprechunfähiger Personen, die geistig und körperlich zu einer Testamentserrichtung in der Lage sind, angewendet werden dürfen, soweit sie diese Personen von jeder Testierung ausschließen. Bis zu einer gesetzlichen Neuregelung könnten diese Personen künftig mit notarieller Hilfe letztwillige Verfügungen errichten, und zwar nach den Vorschriften der §§ 22 bis 26 BeurkG über rechtsgeschäftliche Erklärungen unter Lebenden. Der Gesetzgeber hat auf diese Entscheidung reagiert und die Vorschrift des § 31 a.F. BeurkG mit Wirkung vom 1.8.2002 aufgehoben. Der Notar hat danach Testamente nach Maßgabe der §§ 22 bis 29, 34, 35 BeurkG zu beurkunden, also insbesondere unter Zuziehung von Verständigungspersonen und Zeugen oder zweitem Notar.

Die Vorschrift des § 24 BeurkG gilt also auch im Rahmen der Errichtung von letztwilligen Verfügungen.

79 Trotz der damit gegebenen Erweiterung der Testiermöglichkeiten für derartig Behinderte führt die konsequente Anwendung der Vorschrift zu erheblichen Härten. Schwerstbehinderte der hier beschriebenen Art verfügen häufig nur über eine einzige Person, mit der sie sich verständigen können. Diese meist nächsten Angehörigen sind es auch, die entweder begünstigt werden oder als Testamentsvollstrecker dienen sollen. Da jedoch die Personen, denen ein rechtlicher Vorteil durch die letztwillige Verfügung verschafft werden soll, als Verständigungspersonen ausgeschlossen sind, ist dann mit großer Sorgfalt zu prüfen, ob nicht andere, unbeteiligte Dritte, als Verständigungspersonen in Betracht kommen. Da eine besondere Vertrauensbeziehung zwischen der Verständigungsperson und dem Behinderten nicht erforderlich ist, können auch Personen, die bis zur Beurkundung unbekannt waren, als Verständigungsperson in Betracht kommen.[71]

Ein denkbarer Ausweg wäre, Angehörige der Verständigungsperson zu bedenken, da diese nicht ausgeschlossen sind.

70 BVerfG NJW 1999, 1853 ff.
71 BT-Drucks 14/9266, S. 51.

Die Aufgabe des Notars in diesen Fällen ist es, sich zunächst einmal davon zu überzeugen, dass eine hinreichende zuverlässige Kommunikation zwischen dem Beteiligten und dem Erklärungshelfer gegeben ist. Hier wird man als Notar schnell an seine Grenzen stoßen. Eine solche Überprüfung erfordert ein Grundwissen über die Möglichkeiten und Grenzen der jeweils verwendeten Art verbaler Kommunikation und der verwendeten Kommunikationshilfen.[72] Die Prüfung ist deswegen so schwierig, weil der Notar natürlich eine inhaltliche Überprüfung der Kommunikation nicht vornehmen kann. In Zweifelsfällen soll der Notar entsprechende Vermerke fertigen. Er sollte dann aber auch vermerken, aus welchen Gründen er zweifelt, dass die Kommunikation in der behaupteten Art und Weise stattfindet und diesen Vermerk in einer Niederschrift separat im Rahmen eines Aktenvermerks festhalten. Diese Feststellungen müssen, da von § 24 BeurkG nicht gefordert, nicht in der Niederschrift erscheinen. 80

Für den Notar stellt sich aber noch das weitere Problem, dass er von der grundsätzlichen Geschäftsfähigkeit des Erschienenen, also desjenigen, der nicht kommunizieren kann, überzeugt sein muss. Hier wird man nicht umhinkommen können, einen Psychiater oder Neurologen hinzuzuziehen, der die grundsätzliche Möglichkeit nonverbaler Kommunikation mit einem Verständigungshelfer bejaht. 81

Nötigt die unzureichende Hörfähigkeit des Erblassers zur Vorlage der Niederschrift zum Zwecke der Durchsicht anstelle des Vorlesens, so gilt dies auch für die Frage an den Erblasser, ob er die Niederschrift als seinen letzten Willen gelten lassen wolle. Diese Frage muss ihm ebenfalls schriftlich vorgelegt werden. Geschieht das nicht, besteht nicht die nötige Gewähr dafür, ob der Erblasser die entsprechende mündliche Frage des Notars richtig verstanden und so zur Grundlage seiner festgestellten Antwort gemacht hat.[73] 82

2. Folgen eines Verstoßes

Hat der Notar in der Urkunde festgestellt, dass die Voraussetzungen des § 24 BeurkG vorliegen, greift § 24 Abs. 1 S. 2 BeurkG als Muss-Vorschrift! Das bedeutet, dass die Beurkundung der Erklärung des Beteiligten entgegen diesem Verfahren unwirksam ist. Das Aufeinandertreffen von Soll- und Muss-Vorschrift (§ 24 Abs. 1 S. 1 und S. 2 BeurkG) wurde in der Literatur auch als gesetzgeberische Ungereimtheit bezeichnet.[74] 83

Will der nach dem unwirksamen Testament Begünstigte wegen der Amtspflichtverletzung vom Notar Schadensersatz, muss er im Rahmen der haftungsausfüllenden Kausalität nachweisen, dass er ohne die Pflichtverletzung Erbe geworden wäre.[75]

72 *Von Dickhuth-Harrach*, S. 497.
73 OLG Hamm FamRZ 1989, 437.
74 *Krug*, FGPrax 2000, S. 154.
75 OLG Karlsruhe ZEV 2020, 221.

Im zitierten Fall konnte der erkennende Senat nicht feststellen, dass eine sog. Verständigungsperson überhaupt zur Verfügung gestanden hätte, ob diese zur Überzeugung des Notars eine Verständigung mit dem Erblasser hätte herbeiführen können und ob der Erblasser überhaupt noch testierfähig gewesen sei. Im Ergebnis hätte der Notar die Beurkundung ablehnen müssen, so dass der Begünstigte auch für den Fall, dass der Notar § 24 BeurkG beachtet hätte, nicht Erbe geworden wäre.[76]

3. Beispielsfall aus der Rechtsprechung

84 In einem vom OLG Hamm[77] entschiedenen Fall hatte der Notar zur Beurkundungsverhandlung im Hause des Erblassers den Steuerberater als Zeugen hinzugezogen, ferner den Betreuer und dann festgestellt, dass der Erblasser bedingt durch einen Schlaganfall sich nur schlecht verständlich ausdrücken konnte und seinen Namen nicht mehr schreiben konnte. Der Beteiligte gab seinen Willen auf entsprechende Fragen des Notars durch unverständliches Artikulieren zum Ausdruck, unterstützt durch eindeutige Zeichen (Nicken oder Schütteln des Kopfes). Daraus leitete der Notar die Erklärungen des Erblassers ab.

85 Dieser Fall kommt in der Praxis relativ häufig vor, insbesondere die Beeinträchtigung der Beteiligten durch einen Schlaganfall ist nicht selten. Dies ist die häufigste Ursache für ein Zusammentreffen von Sprech- und Schreibunfähigkeit.

Hier greifen etliche Sondervorschriften des Beurkundungsrechts ineinander.

Zunächst ist nach § 22 BeurkG ein Zeuge oder ein zweiter Notar hinzuzuziehen, es sei denn, alle Beteiligten verzichten darauf. Ferner ist nach § 22 Abs. 1 S. 2 BeurkG ein Gebärdensprachdolmetscher hinzuzuziehen.

86 Nach § 25 BeurkG muss ein Zeuge oder zweiter Notar hinzugezogen werden, da der Erblasser selbst nicht mehr unterschreiben kann. Auf diese Weise geht eine Beurkundung also hier nicht ohne einen zweiten Zeugen, auch wenn nach § 22 BeurkG verzichtet worden wäre.

Ferner kommt es hier zur Anwendung der Sondervorschrift des § 24 BeurkG, wonach die Hinzuziehung einer Person, die sich mit den Beteiligten zu verständigen vermag, erforderlich ist. Diese Person darf mit dem Zeugen oder dem zweiten Notar nicht identisch sein.

87 Steht ein Notar vor einer derartigen Ausgangslage – unartikulierte Laute i.V.m. Gestik, Mimik und Kopfschütteln, aber doch noch hinreichende Verständigungsmöglichkeiten durch eine Vertrauensperson – muss er die Beurkundung fortführen.

76 Kritisch dazu *Keim,* MittBayNot 2020, 517.
77 OLG Hamm ZEV 2002, 458.

Im entschiedenen Fall wurden weder der hinzugezogene Zeuge noch der anwesende Betreuer vom Notar als Vertrauensperson hinzugezogen. Zwar waren beide Personen anwesend, insbesondere die Anwesenheit des Betreuers wurde aber nicht damit begründet, dass hier der Betreuer als Vertrauensperson agieren sollte. Ihm, dem Betreuer, war weder von dem Notar klar gemacht worden, dass er an dem Beurkundungsvorgang als Vertrauensperson mitwirken sollte, noch hatte er sich in irgendeiner Weise aktiv an der Vermittlung des Erblasserwillens beteiligt. Die Vertrauensperson hat allerdings die Aufgabe, für die Vermittlung des Willens des schreib- und sprechunfähigen Erblassers Sorge zu tragen.

Wie das geschieht, ist im Gesetz nicht geregelt, so dass sogar nicht ausgeschlossen ist, 88
dass eine Vertrauensperson sich darauf beschränkt, die Kommunikation zwischen dem Erblasser und dem Notar zu verfolgen, wenn sie den Eindruck gewinnt, dass der Erblasser von dem Notar zutreffend verstanden wird und umgekehrt. Unabdingbar erforderlich ist aber, dass der Notar mit der Zuziehung der Vertrauensperson dafür Sorge trägt, dass diese sich ihrer persönlichen Mitverantwortung bei der Beurkundung bewusst wird. Die bloße Anwesenheit reicht nicht aus.

Insoweit hatte der Notar hier einen Fehler gemacht, als er sich offensichtlich selbst für 89
ausreichend fähig hielt, mithin die Funktion der Vertrauensperson auch auf sich projizierte. Das hat die gesamte Beurkundung unwirksam gemacht.

Diese Art der Testierung ist auch unter der Begrifflichkeit „Testament durch Wimpernschlag“ bekannt geworden.

Wenn der Notar amtspflichtwidrig die Zuziehung einer Verständigungsperson unterlässt, 90
ist nicht nur das gesamte Testament unwirksam, die Folge kann auch eine Schadenersatzpflicht des Notars sein. Diese Amtspflicht besteht nämlich auch gegenüber demjenigen, der aufgrund des Testamentes erben soll, denn ein Notar hat auch Amtspflichten gegenüber einem geplanten Begünstigten.[78]

Hier kann es für den pflichtwidrig handelnden Notar von Vorteil sein, dass der so „Geschädigte“, der also nicht Erbe geworden ist, die Kausalität zwischen der Amtspflichtverletzung des Notars und dem eingetretenen Schaden vollständig beweisen muss. Die Rechtsprechung nimmt in diesen Fällen keine Beweislastumkehr an.[79]

III. Schreibunfähige Beteiligte

Vermag ein Beteiligter nach seinen Angaben oder nach der Überzeugung des Notars 91
seinen Namen nicht zu schreiben, so muss bei dem Vorlesen und der Genehmigung ein Zeuge oder ein zweiter Notar zugezogen werden (§ 25 BeurkG).

78 BGHZ 27, 274; BGH NJW 1997, 2327; OLG Karlsruhe ZEV 2020, 221.
79 BGH NJW 1983, 2241; OLG Karlsruhe ZEV 2020, 221.

Auch diese Tatsachen sollen in der Niederschrift festgestellt werden, die auch von dem Zeugen oder dem zweiten Notar unterzeichnet werden soll. Diese Vorschrift ist deshalb als Sondervorschrift anzusehen, weil sie die Hinzuziehung eines Zeugen oder eines zweiten Notars zwingend vorschreibt.

Voraussetzung für die Anwendung der Vorschrift ist die so genannte Schreibunfähigkeit, also die Unfähigkeit des Beteiligten, aus eigener Kraft die erforderliche Namensunterschrift zu leisten.

92 Der Notar hat zu prüfen, ob es sich bei dem Schriftzug nicht nur um Kringel, Wellenlinien oder ähnliche Zeichen handelt, die allenfalls Handzeichen sein könnten.[80]

Auch der, der nur mit einem Handzeichen unterzeichnen kann, ist schreibunfähig ebenso wie der, dessen Hand geführt (und nicht nur gestützt) werden muss.

93 Zieht der Notar in diesen Fällen einen Schreibzeugen hinzu, muss dieser Zeuge die Niederschrift ebenfalls unterzeichnen. Hier gilt, dass Vertrauenspersonen und/oder Dolmetscher nicht gleichzeitig Schreibzeugen sein können, ebenso wenig der Gebärdensprachdolmetscher. Die Hinzuziehung eines Zeugen ist nicht verzichtbar.

Ist der Zeuge zwar bei der Beurkundung anwesend, unterschreibt aber nicht, ist die Beurkundung nichtig!

94 Die Unterschrift mit einem falschen Vornamen ist angeblich unbeachtlich.[81]

Das wird damit begründet, dass die Unterschrift lediglich dokumentiert, dass sich die Beteiligten ihre in der Urkunde niedergelegten Erläuterungen zurechnen lassen. Die Identifizierbarkeit der Beteiligten sei jedoch nicht Sinn der Unterschrift. Dazu diene lediglich die nach § 10 BeurkG zu treffende Identitätsfeststellung. Insoweit reicht als Unterzeichnung sogar das Setzen des Familiennamens. In der Praxis werden sogar Künstler- oder Spitznamen anerkannt, aber auch Verstümmelungen, Vereinfachungen oder Abkürzungen des rechtmäßigen Namens. Verwendet der Erblasser einen solchen Namen auch sonst und erkennt ihn als den seinigen an, ist von der Wirksamkeit der Unterschriftsleistung mit diesem Namen auszugehen, da dann kein Anlass besteht, an der Ernsthaftigkeit der beurkundeten Erklärung zu zweifeln (Beispiel: Marlies statt Maria-Elisabeth).

80 *Renner*, NotBZ 2003, 178.
81 OLG Köln FamRZ 2010, 679.

IV. Musterformulierungen

1. Muster: Testamentserrichtung Schreibunfähiger

▼ 95

Muster 1.4: Errichtung eines öffentlichen Testamentes durch Schreibunfähigen mit Zeugen

Der Erschienene kann nach seinen Angaben und nach Überzeugung des Notars seinen Namen nicht schreiben. Als Schreibzeuge bei der Verlesung der Urkunde und der Genehmigung der Niederschrift wurde , dessen Personalien festgestellt wurden, beigezogen.

In der Person des Schreibzeugen lagen keine Ausschließungsgründe nach § 26 BeurkG vor. Der Schreibzeuge war während der gesamten Beurkundung anwesend.

Auf die Hinzuziehung eines weiteren Zeugen oder eines zweiten Notars im Hinblick auf die Unfähigkeit des Beteiligten, zu lesen, wurde durch alle Beteiligten verzichtet.

Die Niederschrift wurde durch den Notar verlesen, von sämtlichen Beteiligten genehmigt und von ihnen und dem Schreibzeugen sowie dem Notar eigenhändig wie folgt unterschrieben:

▲

2. Muster: Testamentserrichtung Sehbehinderter

▼ 96

Muster 1.5: Öffentliches Testament durch einen Sehbehinderten, der seinen Namen schreiben kann

Der Erschienene vermag nach seinen eigenen Angaben sowie nach der Überzeugung des Notars nicht hinreichend zu sehen. Alle Beteiligten erklärten, auf die Hinzuziehung eines Zeugen oder eines zweiten Notars zu verzichten.

▲

3. Muster: Testamentserrichtung Hörbehinderter

▼ 97

Muster 1.6: Errichtung eines öffentlichen Testamentes durch einen Hörbehinderten

Der Erschienene vermag nach seinen eigenen Angaben und nach Überzeugung des Notars nicht hinreichend zu hören. Er erklärte jedoch, lesen und schreiben zu können. Auf die Hinzuziehung eines Zeugen oder eines zweiten Notars wurde verzichtet. Auch auf die Hinzuziehung eines Gebärdensprachdolmetschers wurde allseits verzichtet.

Die Niederschrift wurde den Erschienenen in Gegenwart des Notars vorgelesen, dem Beteiligten anstelle des Vorlesens zur Durchsicht vorgelegt, von sämtlichen Erschienenen genehmigt und von ihnen sowie von dem Notar eigenhändig wie folgt unterschrieben:

▲

4. Muster: Testamentserrichtung Sprachbehinderter/Stummer

98 ▼

Muster 1.7: Errichtung eines öffentlichen Testamentes durch einen Stummen

Der Erschienene vermag nach seinen eigenen Angaben und nach der Überzeugung des Notars nicht hinreichend zu sprechen. Er erklärte jedoch, lesen und schreiben zu können. Auf die Hinzuziehung eines Zeugen oder eines zweiten Notars sowie eines Gebärdensprachdolmetschers wurde allseits verzichtet.

▲

5. Muster: Testamentserrichtung Hör-/Sprechbehinderter

99 ▼

Muster 1.8: Errichtung eines öffentlichen Testamentes durch einen Hör- und Sprechbehinderten

Der Erschienene vermag nach seinen eigenen Angaben und nach der Überzeugung des Notars nicht hinreichend zu hören und zu sprechen. Er kann aber lesen und schreiben. Auf die Hinzuziehung eines Zeugen oder eines zweiten Notars wurde allseits verzichtet.

Die Erschienenen erklärten sodann mündlich zur Niederschrift, der genannte Beteiligte im Wege der schriftlichen Verständigung, was folgt

Die Niederschrift wurde in Gegenwart des Notars verlesen, dem Beteiligten zu anstelle des Verlesens zur Durchsicht vorgelegt, von sämtlichen Beteiligten genehmigt und eigenhändig wie folgt unterschrieben:

▲

6. Muster: Testamentserrichtung durch Taub-Blinden

100 ▼

Muster 1.9: Errichtung eines öffentlichen Testamentes durch einen Beteiligten, der taub und blind ist

Der Erschienene vermag nach seinen eigenen Angaben und nach der Überzeugung des Notars nicht hinreichend zu sehen und zu hören.

Es wurde daraufhin als Vertrauensperson Herr/Frau , deren Personalien festgestellt wurde, hinzugezogen. Ausschließungsgründe lagen in Bezug auf diese Vertrauensperson nicht vor.

Zwischen dem Erschienenen und der Vertrauensperson erfolgte eine Verständigung dergestalt, dass für den Notar zu erkennen war, welchen Willen der Erschienene äußerte. Demzufolge war vermittels der Vertrauensperson eine hinreichende Verständigung zwischen dem Erschienenen und dem Notar möglich.

Im Hinblick auf die genannten Beeinträchtigungen des Erschienenen erklärten sämtliche Erschienenen, dass sie auf die Hinzuziehung eines Zeugen oder eines zweiten Notars verzichten. Der Beteiligte zu erklärte durch die oben genannte Vertrauensperson, er werde die Urkunde an der Stelle unterschreiben, die der Notar ihm zeigen werde.

Die Niederschrift wurde in Gegenwart des Notars verlesen, von sämtlichen Beteiligten genehmigt und von ihnen und der Vertrauensperson sowie dem Notar eigenhändig wie folgt unterschrieben:

▲

Ähnliche Muster finden sich in zahlreichen Formularbüchern. Es kommt aber im Wesentlichen darauf an, das jeweilige Verfahren penibel genau einzuhalten, um die Beurkundung nicht im Nachhinein Wirksamkeitszweifeln auszusetzen. Je umfangreicher der Nachlass ist, desto wahrscheinlicher ist, dass die Enterbten versuchen werden, der Beurkundung rechtliche Zweifel entgegenzusetzen.

V. Zusätzliche Besonderheiten bei Beurkundung eines Erbvertrages

Besonderheiten gelten bei der Beurkundung eines Erbvertrags. Die Vorschriften über 101
die Form der Testamentserrichtung beziehen sich auf beide Vertragspartner. Wird der Erbvertrag mit einem Ehevertrag verbunden, müssen grundsätzlich sowohl die Formen des Erbvertrags als auch die des Ehevertrags gewahrt werden, wobei allerdings nach § 2276 Abs. 2 BGB in diesen Fällen die für den Ehevertrag vorgeschriebene Form ausreicht. Allerdings sind die Anforderungen an Eheverträge teilweise sogar höher als die Anforderungen an Erbverträge:

Eheverträge lassen sich beispielsweise nicht durch Übergabe einer verschlossenen Schrift 102
errichten. Die Anforderungen an die Unterschrift des Notars sind strenger.

Nach § 35 BeurkG macht das Fehlen der Unterschrift unter eine Verfügung von Todes wegen die Beurkundung nicht aus diesem Grunde unwirksam, wenn der Notar nur anschließend auf dem verschlossenen Umschlag unterschrieben hat während für den Ehevertrag die allgemeine Regelung des §§ 13 Abs. 3 BeurkG gilt (eigenhändige Unterschrift des Notars als Mussvorschrift).

103 Im Übrigen gilt natürlich bei Abschluss eines Erbvertrags, dass eine Geschäftsfähigkeit der Beteiligten festgestellt werden muss, und zwar im Zeitpunkt der Beurkundung. Beim einseitigen Erbvertrag beschränkt sich die gesteigerte Prüfungspflicht auf die Person des Erblassers.

Auch hier gilt:

Bloße Zweifel berechtigen den Notar nicht, die Beurkundung zu verweigern. Er hat aber seine Bedenken in der Urkunde festzuhalten, was ihm der Erblasser nicht untersagen kann. Grundsätzlich setzt der Erbvertrag unbeschränkte Geschäftsfähigkeit voraus. Ein von einem beschränkt Geschäftsfähigen abgeschlossener Erbvertrag ist nichtig. Eine Ausnahme gilt gem. § 2275 Abs. 2, 3 BGB für Ehegatten und Verlobte, die auch dann, wenn sie beschränkt geschäftsfähig sind, einen solchen Vertrag schließen können, hierzu jedoch der Zustimmung ihres gesetzlichen Vertreters bedürfen.

104

	Testierfähigkeit	**Erbvertragsfähigkeit**
vor Vollendung des 16. Lebensjahres	(–) § 2229 Abs. 1	(–), außer gültig Verlobte, dann wie nachfolgend § 2275 Abs. 1, 104, 106
zwischen dem 16. und 18. Lebensjahr	(+) § 2229 Abs. 1, 2, aber nur in Form der §§ 2233 Abs. 1, 2247 Abs. 4	nur Ehegatten und Verlobte mit Zustimmung des gesetzlichen Vertreters
nach der Vollendung des 18. Lebensjahres	(+) § 2223	(+) § 2275 Abs. 2, 3
bei krankhafter Störung der Geistestätigkeit pp.	(–) § 2229 Abs. 4, außer: lichte Momente	(–) wie § 2275 Abs. 1, 104 Nr. 2, außer: lichte Momente
Betreuung	(+) sofern nicht § 2229 Abs. 4	(+) sofern nicht § 2229 Abs. 4

§ 2 Das Behindertentestament

A. Allgemeines

Die Gestaltung letztwilliger Verfügungen bei behinderten Abkömmlingen wird im Allgemeinen unter dem Begriff „Behindertentestament“ zusammengefasst. Die Bezeichnung ist nicht nur verwirrend, sondern auch problematisch. Sie lässt vermuten, dass ein Behinderter seine letztwillige Verfügung errichtet, so wie ein Unternehmer beim Unternehmertestament verfügt. Das Behindertentestament betrifft aber gerade den Fall, dass Eltern eines behinderten Kindes letztwillige Verfügungen errichten. Die Irreführung setzt sich bei den Begrifflichkeiten des Überschuldeten- und Bedürftigentestament fort. Auch hier ist der Betroffene nicht der Testator, sondern Ziel und Gegenstand besonderer Regelungen. Zudem lässt die Bezeichnung außer Betracht, dass nicht nur eine testamentarische Regelung, sondern auch eine solche durch Erbvertrag in Betracht kommt. Schließlich streitet die Begrifflichkeit nicht für sich alleine. Die Regelungen eines Behindertentestamentes stehen immer im Zusammenhang mit sonstigen letztwilligen Verfügungen der Beteiligten, aber auch anderweitige Problemkreise bei Errichtung einer derartigen letztwilligen Verfügung finden häufig Berücksichtigung, sodass es zu einer Kumulation von Behindertentestamenten etwa mit Unternehmertestamenten oder Geschiedenentestament kommen kann. 1

Gleichwohl ist für Eltern behinderter Kinder eine Regelung der Erbfolge dringend erforderlich. Die letztwilligen Verfügungen der betroffenen Eltern wollen verhindern, dass ihr Nachlass allein von Aufwendungen für Betreuung, Heimunterbringung oder sonstige Unterstützung des Behinderten aufgezehrt wird. Es soll darüber hinaus gewährleistet sein, dass dem behinderten Kind, zumindest in Maßen, noch Vorteile aus dem Nachlass zukommen, die das Kind dann auf einen Standard heben, der über dem von der Sozialhilfe garantierten existenzsichernden Standard liegt.

Lange Zeit war unklar, ob der BGH die Grundkonstruktion des Behindertentestamentes, auf die nachfolgend im Einzelnen einzugehen sein wird, überhaupt toleriert. So wurde nach etwas unklarer Rechtsprechung im Jahre 2004[1] das Behindertentestament generell in Frage gestellt,[2] was sich aber durch klarstellende Worte des Erbrechtsenates des BGH[3] und die daran anschließende Rechtsprechung dann doch sehr relativiert hat. Spätestens seit dem Urteil des 4. Zivilsenats vom 19.1.2011[4] steht fest, dass der BGH die Erbrechtgarantie dahingehend interpretiert, dass es auch eine negative Erbfreiheit 2

1 BGH FamRZ 2005, 448.
2 *Litzenburger*, RNotZ 2005, 162.
3 Vgl. nur *Wendt*, ZNotP 2008, 1 ff.
4 BGH NJW 2011, 1586.

gibt, so dass also jeder Betroffene frei darüber entscheiden kann, ob er etwas aus dem Nachlass annehmen will oder nicht. Vor diesem Hintergrund wurde die wichtige Frage entschieden, dass der Pflichtteilsverzicht eines behinderten Sozialleistungsbeziehers grundsätzlich nicht sittenwidrig ist. Bereits in früheren Urteilen hatte der Senat die Sittenwidrigkeit eines Behindertentestamentes grundsätzlich verneint.[5]

3 Hier wurde schon betont, dass die Konstruktion des Behindertentestamentes, die darauf hinausläuft, dass der Sozialleistungsträger nicht in den Genuss des Nachlassvermögens kommt, grundsätzlich nicht als anstößig anzusehen ist, sondern im Gegenteil der sittlichen Verantwortung von Eltern für ihre Kinder entspricht. Es wurde sogar dahingehend argumentiert, dass Eltern behinderter Kinder möglicherweise sittlich dazu angehalten sind, diesen Fall vorsorglich zu regeln. Sie hätten sich vor Augen zu führen, was geschieht, wenn die öffentliche Hand ihre Leistungen für Behinderte nicht mehr auf dem hohen Standard wie derzeit halten könne. Mit dieser Argumentation wurde der Vorwurf der Sittenwidrigkeit in Richtung von Eltern, die hier konstruktiv vorbeugen, zurückgewiesen.

4 Dessen ungeachtet ist die Konstruktion des Behindertentestamentes außerordentlich fehleranfällig. Selbst wenn man meinen könnte, dass mittlerweile durch die Vielzahl der bereits erschienenen Abhandlungen und der ergangenen Urteile klar sein müsste, wie ein solches Behindertentestament zu konstruieren ist, tauchen hier doch immer wieder Fehler auf, die nach Eintritt des ersten Erbfalls auffallen und dazu beitragen, dass das ursprünglich ins Auge gefasste Ziel nicht erreicht wird.

5 Auch heute noch findet man Konstruktionen vor, die sich mit einer Pflichtteilsstrafklausel begnügen oder wie aus eigener Anschauung des Autors berichtet werden kann, angesichts der Behinderung eines der Kinder dieses dann „nur" mit einem Vermächtnis bedacht wird, ohne auch nur die geringsten Vorkehrungen im Sinne eines Behindertentestamentes zu treffen.

Daher gilt es dann doch noch einmal, die Einzelheiten der Konstruktion eines Behindertentestamentes zu beleuchten und vor Augen zu führen, dass andere Lösungen untauglich sind.

B. Die Pflichtteilsstrafklausel

I. Pflichtteilstrafklausel bei offener Schlusserbeneinsetzung

6 Wie bereits erwähnt, sollte man meinen, dass die Problematik der Pflichtteilstrafklausel im Zusammenhang mit dem Behindertentestament der Vergangenheit angehört, was aber leider nicht der Fall ist. Eine Lösung über die Pflichtteilstrafklausel führt jedoch in die Irre. Das zeigt sich am Fall des BGH, den dieser im Jahre 2006 zu entscheiden hatte.[6]

5 BGHZ 123, 368 und BGHZ 123, 371.
6 BGH ZErb 2006, 54.

Hier hatten Eltern ein gemeinschaftliches Ehegattentestament errichtet, in dem sie sich wechselseitig zu alleinigen Erben eingesetzt hatten. Weiter hieß es:

> *Der überlebende Ehegatte von uns soll Vollerbe sein, sodass er über den gesamten Nachlass und sein Eigenvermögen frei verfügen kann. Sollte ein Kind bereits Pflichtteilsrechte nach dem Tode des ersten Elternteils geltend machen, verliert es beim Tode des länger lebenden Elternteils seinen testamentarisch festgelegten Anspruch.*

Nach dem Tode der Mutter errichtete der Vater ein handschriftliches Testament, in dem er seine behinderte Tochter als beschränkte Vorerbin zu 60 % und deren Schwester im Übrigen zur Erbin einsetzte. Die Schwester wurde darüber hinaus bezüglich des Erbteils der Behinderten als Nacherbin eingesetzt und zur Testamentsvollstreckerin ernannt. Sie sollte nach ihrem Ermessen Sachleistungen und Vergünstigungen erbringen, die geeignet sein sollten, der behinderten Tochter Erleichterungen und Hilfen zu verschaffen. Diese Verpflichtung sollte aber entfallen, sofern diese Leistungen auf die Sozialhilfe angerechnet würden. 7

Die Beklagte – gesunde – Tochter und ihre Schwester machten keine Pflichtteilsansprüche geltend. Der Sozialhilfeträger leitete den Pflichtteilsanspruch nach dem Tode der Mutter auf sich über und machte ihn geltend.

Der klagende Sozialhilfeträger blieb in erster und zweiter Instanz erfolglos, der BGH jedoch gab ihm Recht. 8

Zunächst einmal ist klar, dass infolge der Überleitung gemäß § 90 BSHG der klagende Sozialhilfeträger berechtigt ist, den Pflichtteilsanspruch unabhängig von den eigenen Vorstellungen der Pflichtteilsberechtigten gerichtlich geltend zu machen. Der Pflichtteilsanspruch, dessen Höchstpersönlichkeit ja immer wieder diskutiert wird, kann, nach ständiger Rechtsprechung und auch nach überwiegender Auffassung in der Literatur, vom Sozialhilfeträger auf sich übergeleitet und geltend gemacht werden, ohne dass es insoweit auf eine Entscheidung des Pflichtteilsberechtigten selbst ankäme.[7] Bezieht der Pflichtteilsberechtigte Mittel nach dem SGB II und ist der Erbfall bereits eingetreten, der Pflichtteilsanspruch also schon entstanden, geht dieser sogar kraft Gesetzes und ohne dass es einer Überleitungsanzeige bedürfte, auf den Leistungsträger über (§ 33 Abs. 1 S. 1 SGB II).[8] Anders ist das bei der Sozialhilfe. Hier findet kein Übergang kraft Gesetzes statt. Allerdings ist mit einer schriftlichen Überleitungsanzeige der Übergang auf den Träger der Sozialhilfe zu bewirken (§ 93 Abs. 1 S. 1 SGB XI).

Die Besonderheiten des vom BGH entschiedenen Sachverhaltes bestanden nun allerdings darin, dass das gemeinschaftliche Testament der Eltern eine Pflichtteilssanktionsklausel enthielt, so dass also zur Prüfung anstand, ob der Sozialhilfeträger, der den Pflichtteils- 9

7 BGH ZErb 2006, 54; *Scherer*, § 29 Rn 65 ff.
8 Siehe *von Proff*, ErbR 2016, 250, 251.

anspruch auf sich überleitet, durch die Geltendmachung des Pflichtteilsanspruchs dann auch die Sanktionsklausel auslöst, was ja bei vordergründiger Betrachtung zu einer weiteren „Bestrafung“ des so betroffenen Abkömmlings führen würde.

10 Diese Überlegungen hielten den BGH nicht davon ab, den Sozialhilfeträger etwa daran gehindert zu sehen, in diesen Fällen den Pflichtteilsanspruch geltend zu machen.

Der BGH ist vielmehr der Auffassung, dass, anders als die pflichtteilsberechtigte Schwester, der Sozialhilfeträger von der Durchsetzung des übergeleiteten Anspruchs nicht durch die Aussicht abgehalten werden könnte, den der Behinderten von ihrem Vater zugedachten Erbteil zu verlieren, da diese auf diesen späteren Erbteil wegen der – später – angeordneten Testamentsvollstreckung ohnehin nicht hätte zugreifen können (§ 2214 BGB).

11 Es wurde eine einschränkende Auslegung der Pflichtteilstraufklausel dahingehend vorgenommen, nach der der Sozialhilfeträger als vom Anwendungsbereich der Klausel ausgenommen gelte. Damit wird auch verhindert, dass außenstehende Dritte auf die angeordnete Erbfolge ungewollten Einfluss nehmen können. Eine damit etwa einhergehende Bevorzugung des behinderten Kindes gegenüber seinen Geschwistern (weil es trotz der Inanspruchnahme des Pflichtteils nach dem erstversterbenden Elternteil den Erbteil im Schlusserbfall behalte) sei in solchen Fällen, angesichts der ansonsten möglichen, aber gerade nicht gewollten, Konsequenzen grundsätzlich mit dem Erblasserwillen zu vereinbaren.

Man wird den hier betroffenen Eltern natürlich vorwerfen müssen, dass sie die Problematik der Behinderung ihrer Tochter bei der Wahl der letztwilligen Verfügung nicht bedacht haben. Möglicherweise haben sie sich aber auch bewusst gegen weitere Einschränkungen entschieden.

II. Pflichtteilsstrafklausel bei verbindlicher Schlusserbeneinsetzung

12 Einen entsprechenden Fall hatte das OLG Hamm[9] anhand eines Berliner Testamentes zu entscheiden. Hier hatten die Eltern in einer gemeinschaftlich errichteten letztwilligen Verfügung ihre Kinder gleichmäßig als Schlusserben eingesetzt, ohne eine ausdrückliche Regelung im Sinne eines sogenannten Behindertentestamentes zu treffen.

Die Eheleute hatten hier zunächst notariell lediglich die wechselseitige Erbeinsetzung bestimmt und dem Längerlebenden freie Hand gelassen, alsdann jedoch im Rahmen eines weiteren privatschriftlichen Testamentes zum einen die Kinder zu Erben des Längerlebenden eingesetzt, zum anderen die Pflichtteilstrafklausel eingefügt.

Die verwitwete Erblasserin hat schließlich nach dem Tode ihres Mannes ein weiteres notarielles Testament errichtet, in dem sie alle ihre Kinder zu Erben eingesetzte, ihre

9 OLG Hamm DNotZ 2014, 60.

behinderte Tochter jedoch nur zur nicht befreiten Vorerbin. Es folgen dann die noch zu erörternden üblichen Regelungen des Behindertentestamtes. Die Behinderung der Tochter war allerdings schon lange bekannt. Bereits seit 1995 hatte Veranlassung bestanden, der besonderen Situation der behinderten Tochter Rechnung zu tragen.

Das OLG Hamm[10] hat gemeint, dass die Pflichtteilsstrafklausel in diesen Fällen auch dann eingreift, wenn nicht das behinderte Kind selbst, sondern der Träger der Sozialhilfe aus übergegangenem Recht die Pflichtteilsansprüche geltend macht. Das sei insbesondere auch dann der Fall, wenn Eltern in einer gemeinschaftlich errichteten letztwilligen Verfügung ihre Kinder gleichmäßig als Schlusserben einsetzten ohne ausdrückliche Regelungen im Sinne des Behindertentestamentes zu treffen. Hier wurde also der zuvor erläuterte Schutz nicht gewährt. Der Sozialhilfeträger konnte die Pflichtteilsstrafklausel tatsächlich auslösen. 13

Das Urteil beschäftigt sich mit einer Auskunftsstufenklage nach der längerlebenden Mutter. Kern der Entscheidung sind Überlegungen dahingehend, dass die längerlebende Mutter nicht von der ursprünglich verfügten Schlusserbeneinsetzung aller Kinder zu gleichen Teilen abweichen durfte. Insofern ist zunächst dem OLG Hamm zuzustimmen, dass von einer Wechselbezüglichkeit der Schlusserbeneinsetzung auszugehen ist, weil der erstversterbende Ehemann den überlebenden Ehegatten zu seinem Alleinerben bestimmt hat, weil dieser schlussendlich die gemeinschaftlichen Abkömmlinge verbindlich zu Schlusserben eingesetzt hat. Hier eine Wechselbezüglichkeit festzustellen, liegt sehr nahe, dazu braucht es nicht einmal die Auslegungsregel des § 2270 Abs. 2 BGB.

Nun hat aber hier die überlebende Mutter noch die Regelungen des Behindertentestamentes für richtig gehalten. Dies war die Reaktion darauf, dass der Sozialhilfeträger nach dem Tode des Ehemannes bereits gegen die längerlebende Ehefrau als Alleinerbin aus übergegangenem Recht einen Pflichtteilsanspruch für die auf den ersten Erbfall vollständig enterbte Tochter geltend gemacht hatte. Wenn nun diese Tochter durch Eingreifen der Pflichtteilsstrafklausel auch auf den zweiten Erbfall auf den Pflichtteil gesetzt war, bedeutete die Regelung des Behindertentestamentes (in dem nun wieder alle Kinder erschienen und das behinderte Kind zur nichtbefreiten Vorerbin eingesetzt wurde) auf der einen Seite eine quotenmäßige Bevorteilung der behinderten Tochter, die sich nun in der Reihe der Erben wiederfand, andererseits natürlich die Schlechterstellung der übrigen Miterben, deren Quoten geringer wurden. Rechtlich einwandfrei zu lösen wäre das nur über einen Zuwendungsverzichtsvertrag gewesen, der der längerlebenden Ehefrau die volle Testierfreiheit zurückgegeben hätte. 14

In diesem Zusammenhang spielt die Rechtsprechung eine Rolle, dass es zwar keine Bindung an die Pflichtteilsstrafklausel selbst gibt, gleichwohl aber eine Bindung an die 15

10 OLG Hamm DNotZ 2014, 60.

aufschiebend bedingte Erbeinsetzung aufgrund der Pflichtteilsstrafklausel, wie ebenfalls das OLG Hamm entschieden hat und was auch der überwiegenden Auffassung in der Literatur entspricht.[11] In diesen Fällen wird die Bindungswirkung auch auf die Anwachsung für Miterben in der Schlusserbfolge erstreckt, die sich aus einem Pflichtteilsverlangen nach dem erstversterbenden Ehegatten aufgrund einer Pflichtteilstrafklausel ergibt.

16 Sieht man also konstruktiv eine Bindung der längerlebenden Ehefrau vorliegend als gegeben an, war ihr eine anderweitige Erbeinsetzung, auch im Sinne eines Behindertentestamentes, nicht mehr möglich.

Zu helfen wäre hier allenfalls über einen Änderungsvorbehalt gewesen, den man jedoch in die bestehende testamentarische Regelung im Rahmen einer ergänzenden Auslegung hätte hineindenken können. Das OLG Hamm vermisst im vorliegenden Fall die für notwendig erachtete Andeutung in dem gemeinschaftlichen Testament, so dass ein Änderungsvorbehalt im Ergebnis verneint wurde.

17 *Kanzleiter*[12] möchte diesen Änderungsvorbehalt in die von den Eheleuten für richtig gehaltene Pflichtteilsstrafklausel hineinlesen. Er meint, dass die Pflichtteilsstrafklausel einer Auslegung oder einer ergänzenden Auslegung bedürfe. Schließlich werde eine solche Pflichtteilsstrafklausel in der Regel ausschließlich oder fast ausschließlich im Interesse des überlebenden Ehegatten angeordnet, dem das gesamte Vermögen der Ehegatten für seine Bedürfnisse zur Verfügung stehen solle. Das spreche gegen die Annahme, dass der längerlebende Ehegatte in gleicher Weise an die folgende Pflichtteilsstrafklausel gebunden sein solle wie an die ursprüngliche Schlusserbfolge, es liege vielmehr der Schluss nahe, dass der überlebende Ehegatte berechtigt sein sollte, auf die neue Situation nach Geltendmachung des Pflichtteilsanspruchs in angemessener Weise reagieren zu dürfen. Es gehe schließlich um die Frage, ob der überlebende Ehegatte dem Kind, das den Pflichtteil geltend gemacht habe, nicht doch noch etwas zuwenden dürfe. Im vorliegenden Falle gebe es keinen Zweifel, dass die Ehegatten bei Erkennung dieser Problematik damit einverstanden gewesen wären, dass der überlebende Ehegatte das Erbe der nichtbehinderten Kinder um jeweils $^{1}/_{12}$ zugunsten des behinderten Kindes kürzt.

18 Die notwendige Andeutung trage die Pflichtteilsstrafklausel bereits in sich. Zudem sei darauf hinzuweisen, dass das Interesse des Sozialhilfeträgers, den Pflichtteil im zweiten Erbfall auf sich überzuleiten, nicht schutzwürdig sei, weil entweder die Ehegatten selbst in ihrem gemeinschaftlichen Testament oder nach dem Tode des erstversterbenden Ehegatten noch der Überlebende mit Zustimmung der anderen Kinder den Pflichtteil des behinderten Kindes in dessen Interesse hätten ausschließen können.

11 *Kanzleiter*, DNotZ 2014, 5 (9); *Braun*, MittBayNot 2013, 314; OLG Hamm ZErb 2013, 65.
12 *Kanzleiter*, DNotZ 2014, 5.

Wendt[13] ist sogar der Auffassung, dass im vorliegenden Falle die Frage entscheidend gewesen sei, ob der Sozialhilfeträger überhaupt berechtigt gewesen wäre, den Pflichtteilsanspruch geltend zu machen. 19

Der Fall des OLG Hamm zeigt, dass eine zu spät kommende Konstruktion des Behindertentestamentes völlig unzureichende Folgen hat. Liegt eine verbindliche Schlusserbeneinsetzung vor, kann der Längerlebende sich nicht mehr des Instrumentariums des Behindertentestamentes bedienen, ohne in die rechtlichen Stellungen aller Beteiligten nachhaltig einzugreifen, was ihm als Verstoß gegen die Bindungswirkung untersagt ist. 20

Besonders tragisch wird diese Folge, wenn es sich, was meist der Fall sein dürfte, um juristische Laien handelt, die letztlich nur „das Beste wollten", durch ihre eigenen Anordnungen aber weder dem behinderten Kind, noch den übrigen Beteiligten gerecht werden.

Diese fatalen Folgen vor Augen, deutet *Wendt*,[14] in einer Anmerkung zu der Entscheidung des OLG Hamm, an, es könne vielleicht doch überzeugender sein, dem Sozialhilfeträger schon die Überleitung des Anspruchs mit Blick auf die Sanktionsklausel insgesamt zu versagen. Das sah der BGH bislang noch anders, hier scheint sich aber zumindest anzudeuten, dass hinter verschlossenen Türen über Lösungsmöglichkeiten nachgedacht wird. Es ist auch fatal, dass ein Sozialhilfeträger durch seine Aktivitäten direkten Einfluss auf die Erbfolge nehmen kann. Wenn man diesen tatsächlich als außenstehenden Dritten einstufen wollte, könnte man ihm diese Möglichkeit aus der Hand nehmen. Konstruktiv müsste man dem Missstand so begegnen, dass solche Einflussnahmen von Sozialhilfeträgern, die im Ergebnis die Erbfolge verändern, unzulässig sind.

Als offenen Aufruf wird man die Bemerkung des ehemaligen BGH-Richters auffassen dürfen, in künftigen Fällen doch zu versuchen, diesen Weg zu beschreiten und notfalls über eine Nichtzulassungsbeschwerde beim BGH das Problem entscheiden zu lassen. 21

III. Zusammenfassung

Man wird festhalten dürfen, dass im Falle gemeinschaftlicher Testamente durch Aufnahme bloßer Pflichtteilssanktionsklauseln die Überleitung von Pflichtteilsansprüchen nach dem ersten Erbfall nicht zu verhindern ist.[15] Solche reinen Pflichtteilssanktionsklauseln erweisen sich als untauglich, um in Fällen gemeinschaftlicher Testamente den im ersten Erbfall enterbten Behinderten gegen Pflichtteilsbegehrlichkeiten des Sozialhilfeträgers abzusichern. Ob dann mit dem Behinderten bzw. mit dessen Vertretern noch Vereinbarungen auf anderen Ebenen mit den Erben getroffen werden können, die etwa einen Erlass oder einen Verzicht auf entsprechende Ansprüche zum Gegenstand haben, um 22

13 *Wendt*, ErbR 2014, 74.
14 *Wendt*, ErbR 2014, 74.
15 So auch *Wendt*, ZNotP 2008, 1 (10).

einer Überleitung entgegenzuwirken, ist höchst umstritten. Hier könnte wiederum das Argument der Sittenwidrigkeit greifen.[16]

23 Allerdings wird man in diesem Zusammenhang festhalten dürfen, dass ein Sittenverstoß nicht *a priori* vorliegt, wenn sich ein Rechtsgeschäft auch nur teilweise zu Lasten der Sozialhilfe auswirkt. Zwar greift das Sozialrecht nur subsidiär ein, allerdings besteht kein generelles Verbot, Rechte auszuüben, die einer Verbesserung der Lebenssituation des Behinderten dienen. Der generelle Vorwurf, stets gemeinschädlich zu handeln, wenn die Subsidiarität im Einzelfall nicht voll zum Tragen kommt, ist unbegründet.[17]

24 Im Ergebnis wird man sich allerdings der Empfehlung von *Kanzleiter*[18] anschließen dürfen, nicht nur die Pflichtteilsstrafklauseln sorgfältig zu formulieren und hinsichtlich ihrer Voraussetzungen und Rechtsfolgen abzuwägen, sondern sogar im Zweifel die Finger von der Pflichtteilsstrafklausel zu lassen.

C. Der Pflichtteilsverzicht

25 Unabhängig von der Frage, wie das Behindertentestament als solches zu gestalten ist, ist vorgreiflich zu prüfen, ob nicht ein Pflichtteilsverzicht, abgegeben von dem behinderten Kind gegenüber seinen Eltern, gewissermaßen als „Königsweg" zur Verfügung steht.

26 In all den Fällen, in denen Eltern geistig behinderte Kinder haben, die selbst nicht mehr geschäftsfähig sind oder es nie waren, verbietet sich eine derartige Überlegung von vornherein. Allerdings gibt es eine Reihe von Fällen, in denen ein solcher Pflichtteilsverzichtsvertrag zwischen Eltern und Kind durchaus zustande kommen kann, man denke nur an den weiten Bereich der körperlich Behinderten. Auch ist nicht jeder geistig beeinträchtigte Mensch sogleich geschäftsunfähig, sodass die Überlegungen bei der Gestaltung an diesem Punkte ansetzen müssen. Es war über lange Jahre umstritten, ob ein Pflichtteilsverzicht, der von Sozialleistungsbeziehern erklärt wird, nicht von vorherein sittenwidrig und damit unwirksam ist. In der älteren Rechtsprechung und der früheren Literatur wurde ein solcher Verzicht für sittenwidrig und nichtig gehalten, insbesondere dann, wenn er ohne Gegenleistungen erklärt worden war.[19]

27 Es ist dem Urteil des BGH vom 19.1.2011[20] zu verdanken, dass diese Diskussion höchstrichterlich beendet wurde. Hierbei haben die Instanzengerichte, insbesondere das OLG Köln, entsprechende Vorarbeit geleistet. Der entschiedene Fall kann wahrlich als Grenzfall eingestuft werden. Hier wurde von einem Ehepaar mit drei Kindern ein Behinderten-

16 So etwa OLG Stuttgart NJW 2001, 3484, anderer Auffassung: *Muscheler*, ZEV 2005, 119.
17 *Wendt*, ZNotP 2008, 1 (9).
18 *Kanzleiter*, DNotZ 2014, 11.
19 VGH Mannheim NJW 1993, 2953; OLG Stuttgart NJW 2001, 3484; *Juchem*, S. 132, 171.
20 BGH ZErb 2011, 117.

testament in der klassischen Form gemacht, weil das Ehepaar eine lernbehinderte Tochter hatte, die aber nicht unter gerichtlicher Betreuung stand. Die Testierung fand vor dem Notar, der sich zu den Testierenden begeben musste, weil die Ehefrau im Sterben lag, am 6.11.2006 statt. Da die beteiligte Ehefrau schwer krebskrank war und ihren Namen nicht mehr schreiben konnte und auch nicht sprechen konnte, wurde hier ein Erklärungshelfer hinzugezogen.

Im Anschluss an die Errichtung des gemeinschaftlichen Testamentes verzichteten die Kinder, unter ihnen auch die lernbehinderte Beteiligte, durch notariellen beurkundeten Pflichtteilsverzichtsvertrag auf die Geltendmachung von Pflichtteilsansprüchen nach dem Erstversterbenden. Noch am selben Abend verstarb die Ehefrau. 28

Der Kläger des Verfahrens, der Sozialhilfeträger, war der Auffassung, der Tochter stehe ein Pflichtteilsanspruch zu. Diese sei nicht befugt gewesen, wirksam auf ihren Pflichtteil zu verzichten, da sich der Pflichtteilsverzichtsvertrag als Vertrag zu Lasten Dritter darstelle und nichtig gewesen sei. Den Beteiligten sei bewusst gewesen, dass der Sozialhilfeträger nach dem Tode des Längstlebenden grundsätzlich auf Vermögenswerte hätte zugreifen können. Um dies zu vereiteln seien die erbvertraglichen Regelungen getroffen, sowie der Pflichtteilsverzicht nach dem Erstversterbenden erklärt worden. Aus der testamentarischen Regelung, die lernbehinderte Beteiligte als einzige der drei Kinder als beschränkte Vorerbin einzusetzen, während die beiden anderen Kinder einschränkungslos Erben des Letztlebenden sein sollten, werde die Intention deutlich, den Zugriff des Sozialhilfe auf Vermögenswerte zu verhindern. Die gleiche Motivation sei für den Pflichtteilsverzicht anzunehmen.

Das Begehren des Sozialhilfeträgers hatte durch drei Instanzen keinen Erfolg. Das war allerdings alles andere als selbstverständlich, denn der hier erklärte Pflichtteilsverzicht muss als in jeder Hinsicht grenzwertig eingestuft werden. Im Wesentlichen stützte das OLG die Klageabweisung auf den Gedanken, es habe sich nicht um einen unzulässigen Vertrag zu Lasten Dritter gehandelt. Die Bezugnahme auf die Rechtsprechung, die im Zusammenhang mit der Sittenwidrigkeit von Unterhaltsverzichtsverträgen ergangen sei, sei unzulässig, eine Übertragung der ehevertraglichen Wirksamkeits- und Ausübungskontrolle auf den Bereich des Pflichtteilsverzichts sei aufgrund der Unterschiede zwischen den beiden Reglungsmaterien abzulehnen. Der Unterschied bestehe bereits darin, dass bei einem Unterhaltsverzicht dem Verzichtenden bereits ein subjektives Recht zustehe, demgegenüber wisse der Verzichtende im Falle einer zu Lebzeiten des Erblassers abgegebenen Verzichtserklärung in der Regel noch nicht, was letztlich beim Tode des Erblassers im Nachlass vorhanden sein werde und, ob er überhaupt einen Erb- bzw. Pflichtteilsverzicht haben werde. 29

Hier spricht das OLG Köln den sogenannten aleatorischen Charakter des Pflichtteilsverzichts an, der in der Tat in aller Regel vorhanden ist. Gegenstand dieser Verzichtserklä- 30 rung ist nur eine völlig ungesicherte Erwerbsaussicht, bei der nicht einmal sicher ist, ob sie sich jemals realisiert.

Indes ist die Betonung dieses Aspektes für den vorliegenden Sachverhalt nicht ohne Brisanz, denn angesichts des zeitlichen Ablaufs, der für die Beteiligten letztlich nicht überraschend kam, kann man einen aleatorischen Charakter des Pflichtteilsverzichts im konkreten Falle wohl kaum noch bejahen. Das sah das OLG Köln offensichtlich auch, da festgestellt wurde, dass hier der Umfang des verwertbaren Vermögens mit einer erheblichen Wahrscheinlichkeit bereits feststand.

31 Das OLG hielt den Pflichtteilsverzicht gleichwohl mit dem Argument nicht für sittenwidrig, dass die Frage der Sittenwidrigkeit eines Pflichtteilsverzichtsvertrages aus Gründen der Rechtssicherheit einheitlich zu beantworten und nicht davon abhängig zu machen sei, in welcher zeitlichen Nähe zum Tode des Erblassers dieser Verzicht ausgesprochen werde, mit welcher Wahrscheinlichkeit zu diesem Zeitpunkt mit dem alsbaldigen Ableben zu rechnen gewesen sei und der Umfang des Vermögens bereits feststehe.

Diese argumentative Schwäche der OLG-Entscheidung wurde natürlich sofort erkannt und kommentiert.[21]

32 Es konnte daher auch nicht überraschen, dass der BGH letztlich eine andere Argumentation zugrunde legt, gleichwohl jedoch den vorliegenden Pflichtteilsverzicht nicht für sittenwidrig hält. Hier wurde systematisch nachvollziehbarer begründet, dass schon deswegen kein unzulässiger Vertrag zu Lasten Dritter gegeben sei, weil dem Sozialversicherungsträger durch den Verzicht keinerlei vertragliche Pflichten auferlegt werden. Der Nachteil der öffentlichen Hand sei vielmehr nur als Reflex der Aufrechterhaltung der Bedürftigkeit des Verzichtenden einzustufen. Für Dritte lediglich mittelbar durch das Rechtsgeschäft verursachte nachteilige Wirkungen seien von diesen jedoch grundsätzlich hinzunehmen und berührten die Wirksamkeit des Geschäfts im Regelfall nicht. Anders wäre dies nur, wenn konkrete gesetzliche Regelungen, hier etwa eine Schadensersatzpflicht oder Bereicherungsansprüche, dies vorsähen. Dieser systematische Ansatz überzeugt. Die sogenannte **negative Erbfreiheit** erlaube es einem jeden, auf eine erbrechtliche Position zu verzichten. Der im Sozialhilferecht geltende Nachranggrundsatz weise keine hinreichende Prägekraft auf, um die Einschränkung dieser negativen Erbfreiheit rechtfertigen zu können.

33 Auch wird sehr schön auf die Motivation des Pflichtteilsverzichts nach dem Erstversterbenden der Eltern eingegangen, die alle Notare kennen, nämlich die Erwartungshaltung der Eltern, die sich gegenseitig zu Alleinerben eingesetzt haben, und sichergestellt haben wollen, dass die Kinder nicht bereits beim Tode des Erstversterbenden Nachlasswerte für sich beanspruchen. Auch daraus ergibt sich, dass der Pflichtteilsverzicht selbst eines

21 *Armbrüster*, ZEV 2010, 88 in einer Kommentierung zur OLG-Entscheidung.

Sozialhilfebeziehers sittlich anzuerkennen ist. Darüber hinaus wird der generelle Hinweis erteilt, dass der Sozialhilfeträger die Möglichkeit, auf die Erbfolge Einfluss zu nehmen, gerade nicht haben solle, ein solcher Erblasserwille sei in der Regel nicht anzunehmen. Die Rechtsprechung des BGH zur Unwirksamkeit von Unterhaltsverzichten in Eheverträgen und Scheidungsfolgenvereinbarungen, die den Sozialhilfeträger benachteiligen, ist auf Pflichtteilsverzichtsverträge nicht übertragbar. Dies ergibt sich aus der unterschiedlichen Wertung im Vergleich zum Familienlastenausgleich. Wäre der Pflichtteilsverzicht unwirksam, könnte der Sozialhilfeträger nach dem Erbfall über den Pflichtteil – als Korrelat des Unterhaltsanspruchs begriffen – im weiteren Umfang gegen Unterhaltsschuldner vorgehen als zuvor, was ebenfalls widersprüchlich und mit dem Grundsatz des Familienlastenausgleichs nicht zu vereinbaren wäre.

Nach Maßgabe dieser Grundsatzentscheidung ist also in aller Regel zunächst über einen Pflichtteilsverzicht nachzudenken, dieser ist einzuholen, wenn er denn nicht an der fehlenden Geschäftsfähigkeit des Beteiligten scheitert.

D. Die Ausschlagung als Reparaturmöglichkeit bei ungewollter Erbfolge?

I. Ausschlagungserklärung durch den Betreuer

Noch im Jahre 2001 hat das OLG Stuttgart[22] gemeint, die Ausschlagung eines Erbteils – der einem Betreuten angefallen ist – durch den Betreuer sei in der Regel nicht genehmigungsfähig, insbesondere dann nicht, wenn dadurch ein Zugriff des Sozialhilfeträgers verhindert werde. In der Begründung wird ausgeführt, dass Rechtsgeschäfte, durch die der Zugriff des Sozialhilfeträgers auf das ihm gebührende Vermögen vereitelt werde, grundsätzlich nicht unter den Schutz der Rechtsordnung fallen und somit wegen Sittenwidrigkeit unwirksam seien. „Rechtsgeschäfte zu Lasten der Sozialhilfe“ seien eine anerkannte Fallgruppe, in der der rechtsgeschäftlichen Gestaltungsfreiheit durch die guten Sitten Grenzen gezogen werden. Dieser Auffassung hat sich das OLG Hamm noch im Jahr 2009 angeschlossen.[23] 34

Auch diese Rechtsprechung dürfte allerdings durch das Urteil des BGH vom 19.1.2011[24] obsolet sein. Wenn es auch in dem zitierten Urteil ausschließlich um die Frage der Sittenwidrigkeit eines Pflichtteilsverzichts ging, hat der BGH die Chance ergriffen, auch seine Rechtsauffassung zur Ausschlagung in diesen Fällen darzulegen. 35

22 OLG Stuttgart NJW 2001, 3484.
23 OLG Hamm ZEV 2009, 471.
24 BGH ZErb 2011, 117.

Zunächst wird grundsätzlich noch einmal darauf hingewiesen, dass Verfügungen von Todes wegen, in denen Eltern eines behinderten Kindes die Nachlassverteilung durch eine kombinierte Anordnung von Vor- und Nacherbschaft sowie eine – mit konkreten Verwaltungsanweisungen versehenen – Dauertestamentsvollstreckung so gestalten, dass das Kind zwar Vorteile aus dem Nachlassvermögen erhält, der Sozialhilfeträger auf dieses jedoch nicht zugreifen kann, nicht sittenwidrig sind. Alsdann erfolgt der Hinweis, dass diese Wertungen der Senatsrechtsprechung sich auch bei dem erbrechtlich relevanten Handeln Behinderter selbst auswirken müssten. Grundsätzlich sei jeder frei, zu entscheiden, ob er Erbe eines anderen werden wolle oder auf andere Art etwas aus dessen Nachlass erhalten wolle. Der Erbrechtsgarantie in Art. 14 Abs. 1 GG sei als Gegenstück auch die sogenannte „negative Erbfreiheit" zu entnehmen. Es gebe keine Pflicht zu erben oder sonst etwas aus einem Nachlass anzunehmen.

Wenigstens müsse dem Betroffenen das Recht zur Ausschlagung zustehen, um sich gegen den vom Gesetz vorgesehenen Von- Selbst-Erwerb wehren zu können.

Im Falle einer Überschuldung wäre danach eine Ausschlagung durch einen Betreuer ohne weiteres genehmigungsfähig. Aber auch dann, wenn die Ausschlagung einer werthaltigen Erbschaft zur Diskussion steht, die zur Folge hätte, dass dem Sozialhilfeträger das Vermögen zur Befriedigung der angefallenen Ansprüche nicht zur Verfügung steht, ist die Genehmigungsfähigkeit der Ausschlagung zu bejahen.[25]

36 Diese Kernaussage des BGH ist indes vom OLG Köln[26] offensichtlich nicht zur Kenntnis genommen worden, denn es entschied noch 2018, dass eine Erbausschlagung eines Erben, der im staatlichen Leistungsbezug stehe, grundsätzlich nicht genehmigungsfähig sei, im Ausnahmefall allerdings dann, wenn ein Wertzufluss unterhalb des Schonvermögens zu erwarten sei. Diese rechtliche Wertung ist eindeutig unzutreffend.

37 Dennoch ist davon auszugehen, dass eine Ausschlagung in den hier diskutierten Fällen des Behindertentestaments nicht im Interesse des Betreuten liegen kann. Sie ist zwar rechtlich möglich, da der Erbteil des behinderten Kindes belastet im Sinne des § 2306 BGB ist (Vor- und Nacherbschaft; Dauertestamentsvollstreckung), so dass ein Betreuer etwa bei Zuwendung eines Erbteils, welches unterhalb des Pflichtteils liegt, durchaus eine Ausschlagung erwägen könnte. Es darf aber nicht verkannt werden, dass der Sozialhilfeträger dann auf den ungeschützten Pflichtteil durchgreifen bzw. den Anspruch auf sich überleiten kann.

Selbst wenn also ein Betreuer – etwa, weil er die rechtliche Einordnung nicht nachvollziehen kann – ausschlagen sollte, müsste dann das Betreuungsgericht, das diese Ausschlagung nach § 1851 Nr. 1 BGB genehmigen müsste, darauf hingewiesen werden, dass nur

25 Beck'sches Formularbuch Erbrecht/*Keim/Lehmann/Ivo*, Formular J.IV.5 Anm. 5.
26 OLG Köln ErbR 2019, 237.

die Annahme der belasteten Zuwendung dem Interesse des Betreuten entspricht,[27] so dass eine Genehmigung nicht erteilt werden kann.

Um dieses Verfahren zu verhindern, empfiehlt es sich, die Erbquote für das behinderte Kind möglichst deutlich oberhalb der Pflichtteilsquote anzusiedeln.

II. Überleitungsrecht des Sozialhilfeträgers?

Ein Überleitungsrecht des Sozialhilfeträgers im Zusammenhang mit der Ausschlagung besteht indes nicht.[28] 38

Der BGH hat in der zitierten Entscheidung den Anschluss an die völlig übereinstimmende und auch zutreffende Auffassung in der Literatur vollzogen, dass der Sozialhilfeträger das Ausschlagungsrecht eben nicht auf sich überleiten kann, um dann den Pflichtteilsanspruch geltend zu machen, denn – das Argument überzeugt – auf diese Weise hätte der Sozialhilfeträger die Möglichkeit, auf die Erbfolge Einfluss zu nehmen.

Diese Entscheidungen beschäftigen sich alle mit einer Ausschlagung, die den Pflichtteils- 39
anspruch nach § 2306 Abs. 1 BGB eröffnet. Das ist auch schlüssig, da ansonsten eine Ausschlagung wenig sinnvoll wäre. Erbt etwa ein Sozialhilfebezieher oder Behinderter uneingeschränkt, also ohne, dass ihm ein Nacherbe zugeordnet wird oder Dauertestamentsvollstreckung angeordnet wird, so würde er mit der Ausschlagung auch sein Pflichtteilsrecht verlieren, sodass hier wohl niemand auf den Gedanken käme, eine Ausschlagung überhaupt durchzuführen.

Sind wir aber im Gefüge des Behindertentestamentes angekommen und finden dort, wie 40
weiter unten noch abzuhandeln sein wird, die üblichen Bausteine des Behindertentestamentes, wie etwa die nicht befreite Vor- und Nacherbfolge und eine Dauertestamentsvollstreckung vor, ist der klassische Fall des § 2306 Abs. 1 BGB gegeben. Hier kann ausgeschlagen werden, um das Pflichtteilsrecht anschließend geltend zu machen. Daher ist vorstellbar, dass in den Fällen der klassischen Konstruktion des Behindertentestamentes der Sozialhilfeträger aufgrund der hier geweckten Begehrlichkeiten auf den Gedanken kommt, eine solche Ausschlagung zu vollziehen.

Angesichts der insoweit klaren Rechtsprechungslinie des BGH ist zumindest im Sach- 41
zusammenhang des § 2306 BGB eine endgültige Klärung herbeigeführt: Die Überleitung des Ausschlagungsrechts ist nicht möglich.

27 So auch *Hammann,* Rn 193 unter Verweis auf OLG Köln – 16 Wx 112/07 –, wonach sich ein Betreuer sogar schadenersatzpflichtig machen kann, wenn er „im Interesse des Sozialhilfeträgers" ausschlägt.

28 *Ruby/Schindler/Wirich*, § 2 Rn 41 ff.; OLG Frankfurt ZEV 2004, 24; BGH ZEV 2011, 258.

In der Sozialgerichtsbarkeit fehlt es bislang noch an einem entsprechenden klarstellenden Urteil des BSG, nachdem das LSG Nordrhein-Westfalen[29] eine Überleitung durch den Sozialhilfeträger kritisch sah, da mit der Überleitung ein gesetzwidriger Zweck verfolgt wurde, nämlich die Ausübung eines nicht nach § 93 SGB XII auf den Sozialhilfeträger überleitbaren Rechts.

42 Neue Unsicherheiten hat ein Beschluss des LSG Bayern gebracht,[30] wonach es für die Wirksamkeit der Überleitung eines Anspruchs nach § 93 SBG XII bereits genügen soll, dass ein überleitungsfähiger Anspruch überhaupt in Betracht kommt, er also nicht von vornherein objektiv ausgeschlossen ist (sogenannte **Negativevidenz** eines übergeleiteten Anspruchs).

43 Der Vater eines an einer psychischen Erkrankung leidenden Sohnes, der schon vom 12. Lebensjahr an Leistungen zum Teil in Einrichtungen erhielt, war ohne letztwillige Verfügung verstorben. Der Sohn schlug dann die Erbschaft aus jeglichen Berufungsgründen aus. Daran anschließend leitete der Leistungsträger den Anspruch auf Herausgabe des gesetzlichen Erbteils dem Grunde nach gegen die Erbengemeinschaft auf sich über, wobei er die Auffassung vertrat, die Erbausschlagung sei sittenwidrig gewesen, da sie zu Lasten der Allgemeinheit gegangen sei. Hiergegen wehrte sich der Sohn mit einem Widerspruch und meinte, es sei doch höchst richterlich geklärt, dass eine Ausschlagung in diesem Falle nicht sittenwidrig sei, sodass ein Fall der Negativevidenz vorliege, da der übergeleitete Anspruch offensichtlich nicht bestehe. Sein Widerspruch hatte allerdings keinen Erfolg. Das Bayerische Landessozialgericht meinte, die Grundsätze, die bei einer Ausschlagung einer Erbschaft zu beachten seien, seien jedenfalls andere als diejenigen, die einen Erbverzicht beträfen. Der BGH habe schließlich nur entschieden, dass ein Erbverzicht in diesen Fällen nicht sittenwidrig sei, Rechtsprechung zu einer Ausschlagung liege nicht vor. Daher könne eine klare Rechtslage, die die Wirksamkeit einer Ausschlagung einer Erbschaft zu Lasten des Sozialhilfeträgers unbesehen bejahe, nicht angenommen werden. Es bestehe mithin keine Negativevidenz, denn es sei nicht völlig ausgeschlossen und nicht offensichtlich sinnlos anzunehmen, dass die Zivilgerichte für die Fallgestaltung einer Ausschlagung zu einem anderen Ergebnis gelangen könnten als in dem zum rechtsgeschäftlichen Verzicht auf einen Pflichtteil entschiedenen Fall. Damit liege die typische Situation des gespaltenen Rechtsweges vor. Die Durchsetzung möglicher, nicht völlig ausgeschlossener Ansprüche bleibe dem fachlich berufenen Zivilrechtsweg vorbehalten. Eine Störung des Familienfriedens sei dadurch nicht ersichtlich, allenfalls bestehe eine Störung durch ein den übrigen Miterben missfallendes Verhalten des Leistungsberechtigten, nicht aber durch die Überleitung auf den Sozialhilfeträger.

29 LSG Nordrhein-Westfalen ZEV 2012, 273.
30 LSG Bayern ZEV 2016, 43.

In einer Anmerkung meint *Litzenburger*,[31] dass diese Entscheidung wieder die Diskussion über die mögliche Sittenwidrigkeit einer Erbausschlagung durch einen Sozialleistungsempfänger neu entfachen werde. Es sei wiederum vermehrt mit der Überleitung von Erbansprüchen zu rechnen, wenn ein Sozialleistungsempfänger während der Bezugsdauer eine Erbschaft ausschlage. **44**

Zu Recht weist *Doering-Striening*[32] darauf hin, dass – Gott sei Dank – über die Frage der Zulässigkeit der Ausschlagung durch einen Sozialhilfeträger nicht die Sozialgerichte, sondern die Zivilgerichte zu entscheiden hätten und derzeit nichts dafür ersichtlich sei, dass die Zivilgerichtsbarkeit von der grundlegenden Entscheidung des BGH[33] abweichen werde. **45**

Im Übrigen ist aber durchaus zweifelhaft, ob die Entscheidung des Landessozialgericht Bayern überhaupt zutrifft. So geht das Landessozialgericht davon aus, dass bei einem rechtsgeschäftlichen Erbverzicht der Verzichtende in der Regel weder wisse, wie hoch das Erbe sein werde, noch ob er zum Zeitpunkt des Todes des Erblassers sozial bedürftig sei. Allerdings hatte der BGH in der bereits erwähnten Grundsatzentscheidung – wenn auch nur nebenher – zur Ausschlagung Stellung genommen, über die er aber nicht zu entscheiden hatte. **46**

Es dürfte jedoch wohl keinem Zweifel unterliegen, dass der BGH, wenn er denn zur Entscheidung über diese Frage berufen wird, auch die Ausschlagung eines Sozialhilfeempfängers nicht für sittenwidrig halten wird. Das ergibt sich schon aus dem Argument, dass der BGH eine Überleitbarkeit des Ausschlagungsrechts auf den Sozialleistungsträger abgelehnt hat,[34] und zwar mit der Begründung, dass andernfalls der Sozialhilfeträger die Möglichkeit erhalte, auf die Erbfolge Einfluss zu nehmen, was generell nicht dem Erblasserwillen entspricht und nach dem Gesetz auch den Bedachten selbst vorbehalten ist. **47**

Es ist schwer vorstellbar, dass der BGH die dann von der Bedachten selbst vorgenommene Ausschlagung für sittenwidrig erachten sollte. Das entspricht der Grundsatzlinie des BGH, der eine Pflicht zum Erben verneint. Plakativ hat *Wendt*[35] hier den „Ausschlagungsboulevard“ gesehen, der für den Behinderten zur Verfügung stehe. **48**

Im Ergebnis ist also die Entscheidung des bayerischen LSG nicht nur höchst überraschend, sondern auch falsch. Angesichts der doch einigermaßen gesicherten zivilrechtlichen Abfederung der Ausschlagung wird man sich vielleicht dem Rat von *Doering-Striening*[36] anschließen können, dass man sich auf Praktikerebene hier zurücklehnen und beruhigt die Entscheidung eines Zivilgerichts abwarten könne. **49**

31 *Litzenburger,* ZEV 2016, 45.
32 *Doering-Striening*, Anm. zu LSG Bayern 8 SO 146/15 in ErbR 2016, 154.
33 BGH IV ZR 7/10.
34 BGH IV ZR 235/03.
35 *Wendt,* ZErb 2012, 313; so auch *Krauß,* MittBayNot 2016, 444.
36 *Doering-Striening*, Anm. zu LSG Bayern 8 SO 146/15 in ErbR 2016, 154.

50 Sozialhilferechtlich kann es dann allerdings immer noch zu Leistungskürzungen nach § 26 SGB XII kommen, ein Aspekt, der hier nicht weiter vertieft werden soll.[37]

E. Reparaturmöglichkeiten nach missglücktem ersten Erbfall: Vereinbarungen zwischen Betreuer und Längerlebendem?

51 Wie bereits erwähnt, ist der Schutz, den ein Behindertentestament zu bieten in der Lage ist, nur zu erreichen, wenn auf beide Erbfälle nach den Eltern entsprechende Vorkehrungen getroffen werden, mithin eine doppelte Vor- und Nacherbfolge nebst Dauertestamentsvollstreckung angeordnet wird. Leider trifft man in der Praxis immer noch den Fall an, dass die Eltern – meist in Fällen der fehlenden notariellen Beratung – handschriftlich zunächst eine wechselseitige alleinige Erbeinsetzung vorsehen, Pflichtteilsstrafklauseln einbauen und für den Tod des Längerlebenden die Kinder als Schlusserben einsetzen. In einem Fall aus dem Jahre 2005[38] hatte der BGH sich mit einer solchen Konstellation zu beschäftigen, in der dann nach dem Tode der Mutter vier Jahre später der Vater ein handschriftliches Testament errichtete, in dem er seine behinderte Tochter zu 60 % ihres gesetzlichen Erbteils als beschränkte Vorerbin, und die zweite Tochter zur Vollerbin und Nacherbin ihrer Schwester einsetzte. Auf Lebenszeit der behinderten Tochter wurde ihre Schwester zur Testamentsvollstreckerin bestimmt, dies mit den üblichen Verwaltungsanordnungen zu Lasten des Sozialhilfeträgers.

Hier wurde also die Systematik des Behindertentestamentes erst auf den zweiten Erbfall aktiviert, was jedoch dazu führte, dass nach dem Tode des Vaters der Sozialhilfeträger Pflichtteilsansprüche mit sofortiger Zahlungsaufforderung nach beiden Eltern auf sich übergeleitet hat, obwohl die Behinderte zuvor erklärt hatte, keine Pflichtteilsrechte in Anspruch nehmen zu wollen.

52 In dem von *Wendt*[39] nochmals kommentierten und abgehandelten Fall hatte der Sozialhilfeträger den Überleitungsbescheid damit begründet, dass die Erklärung des Behinderten sittenwidrig und nichtig sei, da diese in dem Bewusstsein abgegeben worden sei, dass die Behinderte dann weiterhin Sozialhilfe beziehen müsse und durch die Erklärung den Sozialhilfeträger, und damit die Gemeinschaft, schädigen würde. Schädigungsabsicht sei daher anzunehmen.

53 Natürlich ist *Wendt*[40] Recht zu geben, wenn er an eine verantwortungsvolle Ermessensausübung des Sozialhilfeträgers appelliert und unter Bezugnahme auf eine Entscheidung des Bundesverwaltungsgerichts darauf hinweist, der Sozialhilfeträger müsse in

37 Dazu vertiefend *Ruby/Schindler/Wirich*, § 2 Rn 45 ff.
38 BGH ZEV 2006, 76.
39 *Wendt*, ZNotP 2008, 1, 9.
40 *Wendt*, ZNotP 2008, 1, 9.

jedem Einzelfalle prüfen, ob und inwieweit von dem Überleitungsrecht überhaupt Gebrauch zu machen sei, und zwar insbesondere unter Einbeziehung auch der Belange des Behinderten.

Hier wird allerdings in der Kommentierung der Entscheidung durch ein maßgebliches Mitglied des damaligen Senates ein Weg gewiesen, der aus diesem Dilemma hinausführen könnte. Es wird darauf hingewiesen, dass ein Erlassvertrag, den der Behinderte, gegebenenfalls unter Einschaltung eines Ergänzungspflegers, mit dem Längerlebenden/Ersterben schließt, nicht von vornherein mit dem Verdikt der Unwirksamkeit nach § 181 BGB versehen werden könne. Denkbar wäre also eine vertragliche Vereinbarung des Behinderten bzw. seines Ergänzungspflegers mit dem Längerlebenden, die den Pflichtteilsanspruch durch einen Erlass oder Verzicht beseitigt, dies korrespondierend mit der Zuordnung von lebzeitigen Versorgungsvorteilen neben Sozialhilfeleistungen, praktisch also die Vereinbarung der Vorteile, die an sich das Behindertentestament dem Behinderten bringen muss. Eine solche Vereinbarung wirkt sich zwar im Ergebnis zu Lasten der Sozialkassen aus, eine Sittenwidrigkeit kann sich aber nur aufgrund der Bewertung der gesamten Umstände des Einzelfalls ergeben. Warum sollte eine solche Vereinbarung sittenwidrig sein, wenn man deckungsgleiche Anordnungen in einem Behindertentestament nicht für sittenwidrig halten würde? Nachdem der BGH die Grundkonstruktion des Behindertentestamentes für nicht sittenwidrig hält, wäre es wohl überraschend, wenn eine solche Vereinbarung, die natürlich inhaltlich dem entsprechen müsste, was das Behindertentestament ansonsten dem Behinderten bringen würde, für sittenwidrig gehalten würde. Folgt man der Auffassung, dass es zu vermeiden gilt, die Einflussnahme Dritter auf eine angeordnete Erbfolge zu ermöglichen, müsste an sich auch eine derartige lebzeitig getroffene Vereinbarung einer Überprüfung standhalten.[41] 54

Bei lebzeitigen Vereinbarungen droht im Übrigen die Anwendung des § 528 BGB, sodass also eine schlichte schenkungsweise Erlassvereinbarung ausscheiden muss. Eine Schenkung wäre in einer solchen Vereinbarung aber wohl kaum zu sehen, wenn die Rechte des Behinderten, die in einer solchen lebzeitigen Vereinbarung niedergelegt werden müssten, im Ergebnis dem entsprechen, was die Rechte des Behinderten bei der Konstruktion des Behindertentestamentes ausmacht, mithin die Gewährung einer sozialleistungsschädlichen Versorgung. Dann kann von einer Schenkung keine Rede mehr sein. 55

Man wird also im Ergebnis festhalten dürfen, dass selbst bei einer missglückten Konstruktion noch nicht das Handtuch geworfen werden muss, wenn Raum für eine entsprechende lebzeitige Vereinbarung ist. 56

41 So auch *Ruby/Schindler/Wirich*, § 3 Rn 6.

F. Kleine und große Nachlässe

I. Kleine Nachlässe

57 Einen Sonderfall im Zusammenhang mit der Konstruktion des Behindertentestamentes bilden sehr kleine und sehr große Nachlässe. Wie noch abzuhandeln sein wird, ist die Konstruktion des Behindertentestamentes ja nicht gerade unkompliziert und auch sehr störanfällig.

58 Liegen sehr überschaubare Nachlässe vor, braucht es die komplizierte Anordnung des Behindertentestamentes häufig nicht. Wenn hier eine schlichte Enterbung des Behinderten erfolgt, käme es zwar zur Geltendmachung eines Pflichtteilsanspruchs, andererseits wird man in der Anordnung des klassischen Behindertentestamentes in diesen Fällen für den Behinderten keinerlei Vorteile sehen können, denn letztlich lebt der Behinderte bei der Konstruktion des Behindertentestamentes von den Erträgnissen des Nachlasses. Sind solche Erträgnisse nicht vorhanden, darf man hinter die Konstruktion des Behindertentestamentes ein Fragezeichen setzen. Auch *J. Mayer*[42] meint, dass der Betreuer in diesen Fällen vielleicht sogar gehalten ist, auszuschlagen, um den Pflichtteil geltend zu machen. Tatsächlich ist das hier gebrachte Argument, dass dem Behinderten ein subjektiver Nutzen fehlt, die Konstruktion des Behindertentestamentes zu akzeptieren, kaum wegzudiskutieren. Auch *Wendt*[43] meint, hier liege die Sittenwidrigkeit sehr nahe, wenn bei der letztwilligen Gestaltung ein entsprechender Vorteil für den Behinderten nicht mehr sicher auszumachen sei.

Daher spricht in diesen Fällen mehr für eine schlichte Enterbung des Behinderten, zumal dann, wenn der Vermögenszufluss quantitativ dem Schonvermögen zu gebucht würde und somit für den Sozialleistungsträger nicht einmal verwertbar wäre.

II. Große Nachlässe

59 Spiegelbildliche Probleme ergeben sich bei sehr großen Nachlässen, zumal der BGH in seinen Entscheidungen davon gesprochen hat, die Frage der Sittenwidrigkeit könne anders zu beurteilen sein,

> *wenn der Erblasser ein beträchtliches Vermögen hinterlassen hätte und der Pflichtteil des Behinderten so hoch wäre, dass daraus – oder sogar aus den Früchten – die Versorgung sichergestellt wäre.*[44]

42 *Mayer*, ZErb 2000, 16.
43 *Wendt*, ZNotP 2008, 2, 5.
44 BGHZ 111, 36, 41.

In einer weiteren Entscheidung wurde ein Nachlass von 460.000 DM jedoch für nicht so groß angesehen, dass damit Behinderte seinen Lebensunterhalt hätte bestreiten können.[45]

Das OVG Saarland[46] hatte ebenfalls einen Fall von etwas größeren Nachlassmassen zu prüfen. Es hatte sich in dem entschiedenen Sachverhalt mit der Frage auseinanderzusetzen, ob es ab einem bestimmten Wert eines Nachlasses möglicherweise als rechtsmissbräuchlich angesehen werden müsse, wenn das Vermögen dem Träger der Sozialhilfe entzogen werde. In den Entscheidungsgründen heißt es, es könne in diesem Zusammenhang dahinstehen, ob es in Fällen der vorliegenden Art überhaupt eine Missbrauchsgrenze gebe, ab der das grundsätzlich zu billigende Anliegen, einem Behinderten Zuwendungen zu sichern, die über das Niveau der ihm gewährten Sozialhilfe hinausgehen, in sittenwidriges Verhalten umschlage. Nach Ansicht des Senates könne eine solche Grenze allenfalls dann erreicht sein, wenn der Wert des Nachlasses eindeutig ausreiche, um während der unter normalen Umständen zu erwartenden Lebenszeit des Behinderten sowohl die Kosten seiner Heimunterbringung als auch diejenigen der ihm in den Verwendungsbestimmungen zugedachten Vorteile zu bestreiten und die Vergütung des Testamentsvollstreckers aufzubringen. 60

Im Sachverhalt war dem Enkel von der Großmutter ein Betrag von 145.000 EUR hinterlassen worden. Der Enkel war im Zeitpunkt des Erbfalls 19 Jahre alt. Im Rahmen einer grob prognostischen Betrachtung kam der Senat zu dem Ergebnis, dass bei wertmäßiger Betrachtung des Nachlasses für Heimkosten, „Annehmlichkeiten“ gemäß dem Willen der Erblasserin und Vergütung des Testamentsvollstreckers in einer bezogen auf die normale Lebenserwartung des Enkels relativ kurzen Zeitspanne aufgebraucht wäre.

Der Senat rechnet vor, dass der Nachlass selbst bei angemessener Verzinsung in weniger als 20 Jahren aufgebraucht wäre. Diese Zeitspanne sei deutlich kürzer als die normale Lebenserwartung des Enkels. Daher werde die letztwillige Verfügung der Großmutter nicht mit Blick auf die Höhe des Nachlasses als missbräuchlich und deshalb als sittenwidrig eingestuft.

Wendt[47] kritisiert zu dieser Entscheidung, dass hier auf die Höhe des Erbteils abgestellt worden sei, während auf die Höhe des Pflichtteils als Grenzziehung abzustellen gewesen wäre. 61

Unter welchen Voraussetzungen ein Behindertentestament bei sehr großen Nachlässen dem Prüfungsmaßstab des § 138 BGB standhält, war bislang höchst umstritten.[48]

Zum Teil wird in der Literatur die Auffassung vertreten, die Höhe des Nachlasses sei kein brauchbares Abgrenzungskriterium zur Frage der Sittenwidrigkeit.[49] Die hier diskutierten 62

45 BGHZ 123, 368.
46 OVG Saarland ZErb 2006, 275.
47 *Wendt*, ZNotP 2008, 2 ff.
48 *Zimmer*, ZEV 2011, 262.
49 So etwa *Tersteegen*, ZErb 2013, 141.

Abgrenzungskriterien sind noch nicht eindeutig gefunden. Ist darauf abzustellen, ob die Erträge der Nachlassbeteiligungen so groß sind, dass damit nicht nur der primär angestrebte angemessene Luxus, sondern zusätzlich auch die Grundversorgung finanziert werden könnte[50] oder kommt es darauf an, dass die Versorgung des behinderten Abkömmlings allein mit dem Pflichtteil sichergestellt wäre?[51] Wieder einmal ist es *Wendt*,[52] der hier eine relativ großzügige Linie zeichnet, indem er meint, dass erst bei einem deutlichen Missverhältnis zwischen den von der Familie durch die Behinderung zu tragenden Lasten und dem geschützten Vermögen der Anwendungsbereich des § 138 BGB gegeben sei.

63 Es ist dem OLG Hamm[53] zu verdanken, erstmals klare Worte in der Rechtsprechung zur Frage der Sittenwidrigkeit eines Behindertentestamentes bei größerem Vermögen gefunden zu haben. Danach ist davon auszugehen, dass es weder eine klar umrissene Wertung des Gesetzgebers, noch eine allgemeine Rechtsauffassung gibt, dass Eltern einem behinderten Kind ab einer gewissen Größe ihres Vermögens einen über den Pflichtteil hinausgehenden Erbteil hinterlassen müssten, damit es nicht ausschließlich der Allgemeinheit zur Last fällt. Mit wünschenswerter Deutlichkeit wird ausgeführt, dass kein Erblasser etwa aus Rücksicht auf die Belange der Allgemeinheit verpflichtet wäre, seinem Kind einen über den Pflichtteil hinausgehenden Erbteil zu hinterlassen, um dem Träger der Sozialhilfe einen gewissen Kostenersatz zu ermöglichen oder der Erblasser gar eine staatlich anerkannte oder geförderte Behindertenorganisation als Nacherben einsetzen müsse, damit der Nachlass auf diesem Wege zur Entlastung der öffentlichen Hand beitrage. Ferner wurde darauf hingewiesen, dass es keine rechtliche Verpflichtung zur Erbausschlagung zugunsten des Sozialhilfeträgers gibt.

64 Das Urteil ist rechtskräftig geworden. Das OLG Hamm hat die Revision nicht zugelassen, weil die Rechtssache keine grundsätzliche Bedeutung habe und auch eine Fortbildung des Rechts oder die Sicherung einer einheitlichen Rechtsprechung eine Entscheidung des Revisionsgerichts nicht erfordere. Dies ist zu bedauern, denn das vorliegende grundliegende Problem hätte schon eines grundsätzlichen Verdikts aus Karlsruhe bedurft. Mutmaßlich hätte der BGH allerdings die Entscheidung aus Hamm bestätigt.

Es bleibt allerdings fraglich, ob die Rechtsprechung auch ein Behindertentestament für sittlich gerechtfertigt halten würde, wenn die Erträge der Nachlassbeteiligung des Behinderten so groß sind, dass damit die Grundversorgung des Behinderten auf Lebenszeit finanziert werden könnte. Man darf das wohl eher bezweifeln.[54] Eine sichere Rechts-

50 *Braun*, § 2 Rn 78.
51 So *Bengel/Spall*, ZEV 2010, 195.
52 *Wendt*, ZErb 2012, 262.
53 OLG Hamm ZEV 2017, 158.
54 *Braun*, § 2 Rn 79.

grundlage dazu gibt es aber derzeit angesichts einer ausstehenden BGH-Entscheidung zu dieser Problematik nicht.

Diskutiert wird in diesem Zusammenhang, etwa die Verwaltungsanweisungen an den Testamentsvollstrecker dahingehend zu modifizieren, dass die Erträge, die nicht für sonstige Bedürfnisse des Kindes verbraucht werden, für dessen Unterhalt eingesetzt werden müssen.[55] Allerdings ist auch richtig, dass Familien, die über ein sehr großes Vermögen verfügen, in aller Regel keine Sozialleistungen in Anspruch nehmen oder dies auch nicht wollen. 65

Will man in diesen Fällen durch die Regelungen eines Behindertentestamentes auch für den Krisenfall den Durchgriff eines Sozialhilfeträgers vermeiden, tauchen zwei Risiken auf:

- die Rechtsprechung könnte in diesen Fällen vielleicht noch eine Sittenwidrigkeit der Gesamtkonstruktion annehmen, sodass das gesamte Testament unwirksam wäre.
- ein vom Gericht im Erbfall zu bestimmender (Ergänzung-) Betreuer könnte auf den Gedanken kommen, in diesen Fällen doch auszuschlagen, weil er natürlich verpflichtet ist, die Interessen des Behinderten wahrzunehmen.

Hier würde also nicht einmal helfen, wenn die Rechtsprechung die Konstruktion des Testamentes insgesamt nicht für sittenwidrig halten würde, das Ausschlagungsrecht würde bestehen bleiben

Beide Problemkreise gilt es zu lösen. 66

Um eine Gesamtnichtigkeit des Vertrages zu vermeiden, sollte eine salvatorische Klausel aufgenommen werden für den Fall, dass sich das Behindertentestament als unwirksam darstellen sollte. Ansonsten käme es zur gesetzlichen Erbfolge, die im Zweifel nicht gewollt ist.[56]

Schwieriger wird es schon, den Betreuer von einer Ausschlagung abzuhalten. Hier muss systematische Vorsorge getroffen werden.

Der Betreuer würde ja die Ausschlagung für richtig halten, um für den von ihm Betreuten den aus Sicht des Betreuers erheblichen Pflichtteilsanspruch geltend machen zu können. Daher ist in diesem Falle konstruktiv nur denkbar, diesen Pflichtteilsanspruch durch einen Pflichtteilsverzicht, der zuvor abgegeben worden sein muss, zu beseitigen. Dann wird – natürlich – eine Ausschlagung nicht mehr stattfinden, denn dann würde ja der Betreute überhaupt keine Leistungen aus dem Nachlass erhalten.

Zur Frage, ob ein solcher Pflichtteilsverzicht seinerseits sittenwidrig ist, wird auf Rdn 25 ff. verwiesen.

55 Tank/Krug/Süß/*Horn/Bienert,* NotarFormulare Testamente, § 21 Rn 19.
56 *Ruby,* ZEV 2006, 66.

Gerade bei den hier diskutierten großen Nachlässen wird man sich die Frage stellen müssen, ob ein Pflichtteilsverzicht des Behinderten, der ohne Gegenleistung abgegeben wird, nicht doch seinerseits sittenwidrig sein könnte.[57] Die Rechtsprechung nimmt eine derartige Sittenwidrigkeit zwar nur in Ausnahmefällen an, ein solcher könnte aber bei der hier diskutierten Ausgangslage gegeben sein.

67 So hatte der BGH ausdrücklich die Möglichkeit offengelassen, die Vermögensgrenze da zu ziehen, wo der Pflichtteil so hoch ist, dass daraus oder sogar nur aus den Früchten die Versorgung des Behinderten sichergestellt ist.[58]

Eine absolute Gewissheit, dass auch bei sehr hohen Vermögen keine Sittenwidrigkeit eines Pflichtteilsverzichts angenommen wird, besteht also nicht. Gleiches könnte auch für einen Pflichtteilserlass gelten. Ob hier sog. „Gemeinwohlklauseln", wonach der Einrichtung, in der das behinderte Kind gelebt hat, nach dessen Ableben zumindest ein Teil des noch vorhandenen Vermögens zukommen soll, Abhilfe schaffen, darf bezweifelt werden. Zumindest brächten Eltern dadurch zum Ausdruck, dass es ihnen letztlich „nur" um den Schutz des behinderten Kindes geht und die Gestaltung des Testaments nicht den einzigen Zweck verfolgte, den Vermögensabfluss in Richtung des Trägers zu verhindern.[59]

68 Hinzu kommt Folgendes:

Handelt es sich bei dem Betroffenen nicht um einen körperlich Behinderten, der selbst handeln kann, sondern um jemanden, der durch einen (Ergänzung-) Betreuer vertreten wird, dann wird dieser Betreuer natürlich nicht ohne Gegenleistung bereit sein, einen solchen Pflichtteilsverzicht zu erklären. Er muss kraft Gesetzes zum Wohl des Betreuten handeln. Auch muss in diesen Fällen das Betreuungsgericht noch zustimmen, § 1851 Nr. 2 BGB, wobei ebenfalls auf das Wohl des Betreuten abzustellen ist.

Das bedeutet, dass bei Vorbereitung und Durchführung eines derartigen Pflichtteilsverzichts zunächst einmal eine sorgfältige Analyse des vorhandenen Vermögens stattzufinden hat, ferner muss eine Gegenleistung vereinbart werden, die den tatsächlichen Vermögensverhältnissen gerecht wird. Hier muss ein Vergleich der wirtschaftlichen Lage des Betreuten vor und nach Pflichtteilsverzicht angestellt werden.[60] Daher ist natürlich grundsätzlich der volle Pflichtteil als Abfindung einzustellen. Schwierig wird, die künftige Entwicklung des Vermögens des Erblassers in diese Abwägung aufzunehmen, denn der Pflichtteilsanspruch entsteht ja bekanntermaßen erst mit dem Tode des Erblassers, sodass es auf dessen Vermögen in diesem Zeitpunkt ankäme. Auch dazu müsste man zumindest im Rahmen der Abwägung etwas sagen.

57 OLG Hamm NJW 2017, 576.
58 BGH IV ZR 169/89.
59 Diskutiert bei *Hammann*, Rn 178 ff.
60 OLG Hamm 10 U 72/16 – juris.

Als Abfindung für den Pflichtteilsanspruch kommt ein Einmalbetrag infrage, zu denken ist aber auch an ein Leibrentenversprechen.[61] Dies hat den Vorteil, dass es nicht zu einer höheren einmaligen Entnahme kommt, sondern eine zeitlich gestreckte Belastung des Nachlasses bzw. des Erblassers veranlasst wird, die dann beispielsweise durch eine Reallast an einem Grundstück abgesichert werden könnte. Man könnte auch daran denken, die Verpflichtung zur Zahlung aus der Reallast unmittelbar mit der Unterzeichnung des Pflichtteilsverzichts beginnen zu lassen. Wie bereits erwähnt, ist in den hier diskutierten Fällen des erheblichen Nachlassvermögens in aller Regel fernliegend, dass überhaupt öffentliche Mittel in Anspruch genommen werden, sodass auch eine lebzeitige Zahlung in Betracht kommt, die in den meisten Fällen sogar schon erfolgt, aber jetzt auch als Teil der Gegenleistung für den Pflichtteilsverzicht angesehen werden könnte. 69

Die Vorteile dieser Gestaltung: Wenn die Gesamtschau der Wirtschaftsverhältnisse ergibt, dass eine solche Regelung unter dem Strich dem Wohl des Betreuten zugutekommt, hätte man auf diese Weise eine erträgliche Lösung geschaffen, die noch dazu dem Ergänzungsbetreuer nach dem Erbfall die Möglichkeit nimmt, hier etwa einer Ausschlagung durchzuführen.

G. Die Gestaltung durch die sog. Erbschaftslösung

I. Die Anordnung der Vor- und Nacherbschaft

1. Allgemeines

Es muss noch einmal deutlich darauf hingewiesen werden, dass die grundsätzliche Konstruktion des Behindertentestamentes schon auf den ersten Erbfall gewählt werden muss. Der Gestalter darf also nicht meinen, es reiche ja, den Schutz des Behindertentestamentes auf den zweiten Erbfall anzuordnen, sodass zunächst einmal eine wechselseitige uneingeschränkte Erbeinsetzung der Eltern erfolgen könne. Dies entspricht zwar dem grundsätzlichen Bild, dass die Kinder erst nach den Eltern in die Erbfolge gelangen sollen. Dieser Wunsch wird den Notaren häufig vorgetragen, die meisten Beteiligten meinen sogar, dies sei so gesetzlich vorgesehen. Wenn man bei „normaler" Familienkonstellation durchaus zu dem Ergebnis kommen kann, dass zunächst eine wechselseitige Erbeinsetzung der Eltern und dann eine Schlusserbeneinsetzung der Kinder sinnvoll ist, man letztlich also dem Modell des Berliner Testamentes folgt, wäre das bei der Behindertenkonstellation fatal. Jede Enterbung des Behinderten hat Pflichtteilsansprüche zur Folge. Diese Pflichtteilsansprüche werden, darauf wurde bereits hingewiesen, auf den Sozialhilfeträger übergeleitet und geltend gemacht. Es hilft 70

61 Dazu ausführlich mit Formulierungsvorschlag: *Beckervordersandfort*, ErbR 2020, 528 ff.

also nichts, die ausgeklügelte Systematik des Behindertentestamentes erst im zweiten Erbfall, also nach dem längerlebenden Elternteil, greifen zu lassen, denn dann steht der Längerlebende insoweit schutzlos dar. Anderes könnte sich nur ergeben, wenn die Vermögensverhältnisse bei den Eltern so unterschiedlich sind, dass der Nachlass des einen Elternteils als Vorversterbendem so gering wäre, dass ein Pflichtteilsanspruch kaum werthaltig bzw. unter Umständen als Schonvermögen anzusehen wäre. Dann könnte man unter der Bedingung, dass dieser – vermögenslose – Elternteil vorverstirbt, eine einfache Enterbung vorsehen und den Behinderten auf den Pflichtteil setzen. Liegen aber bei beiden Elternteilen werthaltige Nachlassgegenstände vor oder ist gegebenenfalls ein Miteigentumsanteil an einer Immobilie Gegenstand des Nachlasses, der sich auf beide Elternteile verteilt, verbietet sich eine derartige Überlegung von vorneherein.

Hier müsste dann für beide Fälle, also bereits nach dem Erstversterbenden, die Vor- und Nacherbfolge angeordnet werden.

71 Nach dem gesetzlichen Leitbild des § 2100 BGB besteht die Möglichkeit, dass ein Erblasser in seiner letztwilligen Verfügung sein Vermögen über den direkten Erben hinaus weiter lenkt, indem er den unmittelbaren Rechtsnachfolger zum Vorerben einsetzt und gleichzeitig bestimmt, wer nach dem Vorerben erbt. Dies ist dann der Nacherbe. Vor- und Nacherben sind jeweils Erben desselben Erblassers, der Erblasser wird also gewissermaßen zweimal beerbt.[62] Es wird allerdings durch die Anordnung der Vor- und Nacherbfolge verhindert, dass das Vermögen des Erblassers bei seinem Erben mit dessen Eigenvermögen verschmilzt und damit praktisch dem ungehinderten Zugriff der Gläubiger des Erben preisgegeben wird. Durch die mit der Vor- und Nacherbfolge verbundene **Trennungslösung** bleibt das Vermögen, das der Vorerbe von dem Erblasser erbt, gesondertes Vermögen.

2. Abgrenzung zum Nießbrauchsrecht

72 Eine auch nur annähernd vergleichbare Rechtsposition ließe sich im Übrigen auch nicht durch ein Nießbrauchsvermächtnis erreichen. Durch die, noch zu erörternden, denkbaren Einschränkungen des Vorerben ist ein viel weitgehenderer Schutz des Nachlassvermögens im Verhältnis zu Dritten zu erreichen als durch die Einräumung eines Nießbrauchsrechtes. Es ist zwar zuzugestehen, dass die Anordnung des Nießbrauchs und auch dessen Praktikabilität in der Praxis gewisse Vorteile mit sich bringt, die damit verbundenen rechtlichen Nachteile wiegen das aber nicht auf. So ist beispielsweise der Nießbraucher verpflichtet, die wirtschaftliche Bestimmung des dem Nießbrauch unterfallenden Gegenstandes sowie die Sachsubstanz zu erhalten (§§ 1036

62 MüKo-BGB/*Lieder*, § 2100 Rn 1.

Abs. 2, 1037 Abs. 1, 1041 BGB) und haftet hierfür auch vollständig gemäß § 276 BGB, während der Vorerbe (in der befreiten Form) über Nachlassgegenstände frei verfügen kann, § 2112 BGB, wobei nach § 2111 BGB das Surrogationsprinzip gilt.

Der Vorerbe ist im Verhältnis zum Nießbraucher echter dinglicher Berechtigter über 73
den Nachlass, während ein Nießbrauchsrecht nur über ein Vermächtnis verschafft werden kann, sich also auf einen rein schuldrechtlichen Anspruch gegen den Nachlass beschränkt.

Letztlich darf auch nicht verkannt werden, dass der BGH annimmt, dass der Nießbrauch 74
pfändbar ist. Hier ist der Nießbrauch selbst Gegenstand der Pfändung und nicht nur der obligatorische Anspruch auf dessen Ausübung.

Das hat zur Folge, dass nach der Pfändung der Nießbrauchsberechtigte nicht mehr ohne Zustimmung des Gläubigers auf den Nießbrauch verzichten könnte.[63]

Gerade in der Pfändbarkeit des Nießbrauchsrechts ist ein schlagender Nachteil im Verhältnis zur Konstruktion der Vor- und Nacherbfolge mit Dauertestamentsvollstreckung zu sehen.

Andererseits darf nicht vergessen werden, dass die erbschaftsteuerliche Behandlung 75
des Nießbrauchsrechts im Verhältnis zur Vor- und Nacherbfolge deutlich günstiger ist. So hat es sogar schon Rechtsprechung gegeben, die ein Laientestament, in dem von Vor- und Nacherbfolge die Rede war, schließlich als Nießbrauchsvermächtnis ausgelegt hat, weil es nicht im Sinne des Erblassers liegen könne, den Stamm des Nachlasses mit mehrfacher Erbschaftsteuer zu belasten.

Aber auch umgekehrt kann in der Zuwendung eines Nießbrauchs im Rahmen der Auslegung auch die Einsetzung als Vorerbe gesehen werden. Das Gesetz kennt hier keine Zweifelsregelung. Zwar sind die von einem Erblasser verwandten Begriffe nicht allein entscheidend, sie können allenfalls eines von mehreren Auslegungskriterien sein.[64] Wenn der Erblasser allerdings rechtlich beraten war, wird man die Begrifflichkeiten so zu nehmen haben, wie sie verwendet worden sind. Auch kann eine Rolle spielen, dass die Einräumung eines Nießbrauchs erbschaftsteuerlich vorteilhafter ist als die Anordnung der Vor- und Nacherbfolge, denn der Nießbrauch vermeidet den wiederholten Anfall von Erbschaftsteuer. Da beide Anordnungen rechtlich sehr nahe beieinander liegen, ist es jeweils eine Frage des Einzelfalls, was gemeint war. In notariellen Testamenten oder Erbverträgen dürfte es die Schwierigkeiten allerdings nicht geben.

Um einen vollständigen Schutz zu erreichen, bietet sich in aller Regel die Anordnung der Vor- und Nacherbfolge beim Behindertentestament an. Auf eine denkbare Variante, hier etwa auch eine sogenannte Vermächtnislösung anzuwenden, wird noch einzugehen sein.

63 BGH NJW 1974, 796.
64 MüKo-BGB/*Lieder,* § 2100 Rn 20.

3. Befreite oder nicht befreite Vorerbschaft?

a) Allgemeines

76 Das Gesetz statuiert eine Reihe von Beschränkungen, die, ordnet man nichts anderes an, den Vorerben treffen. Auch die Rechte des Nacherben gegenüber dem Vorerben können unterschiedlich ausgestaltet sein, je nachdem, ob man von der Möglichkeit der Befreiung Gebrauch macht oder nicht.

77 Zunächst einmal ist grundsätzlich davon auszugehen, dass ein Vorerbe nach den §§ 2113 und 2114 BGB nicht über Grundstücke und Rechte hieran, Hypothekenforderungen, Grund- und Rentenschulden verfügen kann, und erst recht nicht unentgeltlich.

78 Anders herum sind Zwangsverfügungen im Wege der Zwangsvollstreckung oder durch den Insolvenzverwalter gegen den Vorerben in das Vorerbenvermögen nach § 2118 BGB nicht möglich.

Der Nacherbe hat eine Reihe von Sicherungsmöglichkeiten, etwa

- die Hinterlegung bzw. Umschreibung von Wertpapieren, §§ 2116, 2117, 2118 BGB;
- die Verpflichtung des Vorerben zur Geldanlage, die den Anlagegrundsätzen der aufgrund der gem. § 240a BGB zu erlassenden Verordnung entspricht (§ 2119 BGB);[65]
- die Pflicht zum Aufstellen eines Wirtschaftsplanes bei Wald und bei der Gewinnung von Bodenschätzen, § 2123 BGB;
- ein Wertersatz für Raub- und Übermaßfrüchte, § 2133 BGB;
- einen solchen bei eigennütziger Verwendung von Nachlassgegenständen, § 2134 BGB sowie
- die Verpflichtung, die gewöhnlichen Erhaltungskosten zu tragen, § 2124 Abs. 1 BGB.

79 Darüber hinaus hat der Nacherbe Kontrollbefugnisse. Er kann beispielsweise ein Nachlassverzeichnis verlangen (§ 2121 BGB), er kann die Feststellung des Zustandes der Nachlassgegenstände durch Sachverständige verlangen (§ 2122 S. 2 BGB), er hat Auskunftsrechte bezüglich des Nachlassbestandes bei Gefährdung der Nacherbenrechte (§ 2127 BGB) sowie einen Anspruch auf Sicherheitsleistung für den Fall, dass durch das Verhalten des Vorerben oder seine ungünstige Vermögenslage die Besorgnis einer erheblichen Verletzung der Rechte des Nacherben begründet ist (§ 2128 BGB).

80 Der Erblasser kann den Vorerben von den meisten Beschränkungen befreien, wie sich aus § 2136 BGB ergibt. Von einigen Beschränkungen ist eine Befreiung jedoch nicht möglich, als da sind:

- Verbot unentgeltlicher Verfügungen, § 2113 Abs. 2 BGB,
- Verbot einer Verfügung über einen Erbschaftsgegenstand im Wege der Zwangsvollstreckung oder Arrestvollziehung oder durch den Insolvenzverwalter in Bezug auf

65 MüKo-BGB/*Lieder*, § 2119 Rn 9.

Rechte, die im Fall des Eintritts der Nacherbfolge dem Nacherben gegenüber nicht wirksam sind, klassischerweise also die gegen den Vorerben allein gerichteten Ansprüche,

- die Verpflichtung auf Verlangen einmalig ein Nachlassverzeichnis zu erstellen (§ 2121 BGB),
- die Verpflichtung, den Zustand der Nachlassgegenstände – auch wiederholt – durch Sachverständige feststellen zu lassen (freilich auf Kosten des Nacherben), § 2122 S. 2 BGB.

b) Was ist beim Behindertentestament sinnvoll?

In der Praxis findet man häufig die Anordnung der befreiten Vorerbschaft, um dem Vor- **81**
erben weitestmöglichen Spielraum zu lassen, allerdings dann doch sicherzustellen, dass der Nachlass schlussendlich dem Nacherben anfällt.

Hier ist aber auf die Gefahr hinzuweisen, dass die Gewährung von Sozialhilfe verweigert werden könnte, weil der Behinderte ja die Substanz des Nachlassvermögens für sich verwenden kann, § 2138 Abs. 1 BGB.[66] Die Anordnung der nichtbefreiten Vorerbschaft wird man daher als weiteren Schutz in Ergänzung zu der nachfolgend noch zu erläuternden Dauertestamentsvollstreckung sehen müssen, auch um dem Sozialhilfeträger deutlich zu machen, dass ein Zugriff auf den Nachlass in keinem Falle möglich ist.[67]

Der Nacherbe hat gegenüber dem befreiten Vorerben nur noch den Anspruch auf Herausgabe des tatsächlich im Zeitpunkt des Nacherbfalls noch vorhandenen Nachlasses. Nur wenn der Vorerbe den Nachlass vermindert hat, um den Nacherben zu benachteiligen (Absicht! § 2128 Abs. 2 BGB), kann es zu einer Schadensersatzpflicht kommen, sonst aber nicht. Nach einer zum Teil in der Literatur vertretenen Auffassung könnte sich so ein Sozialhilfeträger zu einer Reduzierung oder vollständigen Einstellung der Leistungen mit dem Argument veranlasst sehen, der Behinderte habe die Möglichkeit, seinen Lebensunterhalt aus der Nachlasssubstanz zu bestreiten.[68]

Nun gibt die Dauertestamentsvollstreckung hier natürlich noch einen weitergehenden **82**
Schutz, dessen ungeachtet sollte man grundsätzlich den behinderten Vorerben von seinen Verpflichtungen und Beschränkungen nicht befreien.[69] Allerdings wird zutreffend darauf hingewiesen, dass sich dieses Problem nicht stellt, wenn der Testamentsvollstrecker zugleich auch Nacherbenvollstrecker gemäß 2222 BGB ist.[70]

66 Tanck/Krug/Süß/*Horn/Bienert*, a.a.O., § 21 Rn 31.
67 A.A. *Hammann*, Rn 273, der grundsätzlich für die Anordnung einer befreiten Vorerbschaft plädiert.
68 *Van de Loo*, MittRhNotK 1989, 233.
69 So auch *Ruby/Schindler/Wirich*, § 3 Rn 58.
70 *Hamann*, FuS 2018, 50 (55).

83 Teilweise befürchtet man, dass beim befreiten Vorerben nach dem Erbfall gegenüber dem Testamentsvollstrecker ein Anspruch aus § 2217 Abs. 1 BGB auf Freigabe von Nachlassgegenständen geltend gemacht werden könnte.[71]

Es wird als unsicher dargestellt, dass der Erblasser den Testamentsvollstrecker durch entsprechende Anordnung nach § 2216 Abs. 2 S. 1 BGB von der Verpflichtung, auch die Nachlasssubstanz für den angemessenen Unterhalt einzusetzen, befreien könne, insbesondere deswegen, weil der Erblasser den Testamentsvollstrecker ja nicht von der Verpflichtung zur ordnungsgemäßen Nachlassverwaltung befreien könne.

84 Der BGH hat in seiner Rechtsprechung bislang nicht erkennen lassen, zu welcher Auffassung er tendiert. Allerdings hat er bereits deutlich gemacht, dass allein durch die Anordnung der Dauertestamentsvollstreckung ein Schutz des ererbten Vermögens erreicht werden könne.[72]

Als Notar wird man hier vielleicht den sicheren Weg gehen müssen. Dieser sicherste Weg ist vorliegend zweifellos ausschließlich in der Anordnung einer nicht befreiten Vorerbschaft zu erblicken, sodass sich diese Lösung auch als Standardlösung etabliert hat.[73]

Allerdings erweist es sich in der Praxis als ratsam, den Vorerben von bestimmten Beschränkungen zu befreien. Hier sind besonders die Verpflichtungen zu nennen, die auch für die Nachlassverwaltung besonders belastend sind, aber ohne weiteres auch abbedungen werden könnten. Zu nennen ist hier insbesondere die Befreiung von der Verpflichtung zur mündelsicheren Geldanlage (§ 2119 BGB), auch die Verpflichtung zur Eintragung eines Sperrvermerks im Schuldbuch, § 2118 BGB) gehört hierhin. Wer will, kann auch von der Verpflichtung zur Hinterlegung von Wertpapieren, § 2116 BGB, befreien.[74]

Diese teilweisen Befreiungen machen es dem Testamentsvollstrecker anschließend in der Praxis etwas leichter, derartige Nachlässe vernünftig verwalten zu können. Oft wird allerdings relativ unbedacht eine uneingeschränkte nichtbefreite Vorerbschaft angeordnet, was dann zu sämtlichen im Gesetz aufgeführten Beschränkungen führt.

4. Die Quote des nicht befreiten Vorerben

85 In Zeiten der Geltung des § 2306 BGB a.F. gab es das Problem der sogenannten vernachlässigten Erbquoten der Geschwisterkinder nach § 2306 Abs. 2 BGB, die bei Nichtbeachtung der Quotengrenzen bei den pflichtteilsberechtigten Nacherben in vielen Fällen unerwünschte Folgen hatte.[75]

71 *Braun*, § 2 Rn 120.
72 BGH IV ZR 169/89.
73 Dafür auch Ruby/*Schindler*, § 3 Rn 73.
74 So auch Tanck/Krug/Süß/*Horn/Blienert,* a.a.O., § 21 Rn 31.
75 *Mundanjohl*, ZErb 2006, 17.

Durch die Neufassung des § 2306 BGB ist dieser gefährliche und oft verborgene Automatismus, der ja zum Wegfall sämtlicher angeordneter Beschränkungen führte, entfallen, sodass zumindest dieses Problem nicht mehr gegeben ist. Gleichwohl ist die Quote sorgfältig zu ermitteln, denn liegt diese unterhalb der Pflichtteilsquote, wird dadurch gleichzeitig ein wiederum überleitbarer Pflichtteilsrestanspruch nach § 2305 BGB kreiert. Die Quote muss also in jedem Falle über der Pflichtteilsquote liegen. Schon um den Betreuer nicht zu der Überlegung einer Ausschlagung zu bringen, muss die Nachlassbeteiligung des Vorerben so ausgestaltet sein, dass es nicht etwa aus Gründen des Wohls des Betreuten angezeigt ist, auszuschlagen.

Zudem dürften die Überlegungen des Betreuers, ob er im Sinne des Betreuten ausschlagen sollte oder nicht, umso eindeutiger gegen eine Ausschlagung ausfallen, je höher die dem Behinderten zugedachte Quote ist.

Gelegentlich wird in der Praxis empfohlen, die Quote des Vorerben äußerst knapp über der Pflichtteilsquote zu ermitteln (die Rede ist hier von einem Prozent über den Pflichtteil). Davon ist abzuraten.[76] 86

Überhaupt stellt sich die Frage, ob man eine konkrete Quote benennen sollte, denn es besteht ja immer die Gefahr, dass andere vorhandene pflichtteilsberechtigte Personen bis zum Erbfall wegfallen und es keine Neuregelung mehr gibt. Dann würde sich die ursprünglich ausgeworfene Quote als zu gering darstellen, sodass die Ausschlagung durch den Betreuer zu erwarten ist. Gleiches würde beispielsweise auch bei einem Güterstandswechsel der Ehegatten die Folge sein können.

Es ist daher in jedem Falle ein ausreichend großer Abstand zwischen der mutmaßlichen Pflichtteilsquote und der Quote des eingesetzten nichtbefreiten Vorerben herzustellen. Empfehlenswert ist hier, eine Quote in etwa zwischen dem Pflichtteil und der erbrechtlichen Quote des Vorerben bei unterstellter gesetzlicher Erbfolge zu wählen.

Praxistipp

Um diese Probleme aufzugreifen, könnte man die Quote des Vorerben ausschließlich prozentual, sozusagen als abstrakte Quote festlegen (… Prozent des gesetzlichen Erbteils oder ein noch zu bestimmender Bruchteil des gesetzlichen Erbteils). Dann wäre man, auch was künftige Änderungen der Zusammensetzung der Pflichtteilsberechtigung bzw. Veränderungen der Quote angeht, auf der sicheren Seite. Empfohlen wird allenthalben, hier eine Quote von 60 % des gesetzlichen Erbteils des behinderten Kindes vorzusehen. Allerdings sollte über ein bedingtes Vorausvermächtnis sichergestellt werden, dass auch etwaige Pflichtteilsergänzungsansprüche erfasst werden.[77]

76 Zu so einem knappen Fall LG Heidelberg ZEV 2019, 152.
77 Vgl. dazu Gesamtmuster Rdn 181.

5. Der Nacherbe

87 Die gelegentlich gewünschte Einsetzung des Heims, in dem sich der Behinderte befindet, zum Nacherben, führt zur Problematik des § 14 HeimG. Im Jahr 2006 ist das Heimrecht auf die Länder übergegangen. Die Bundesländer haben größtenteils von diesem Recht Gebrauch gemacht und haben entsprechende Landesheimgesetze erlassen, die die vorstehende, ursprünglich im HeimG enthaltene Regelung sinngemäß enthalten.

Die Regelungen gehen davon aus, dass es dem Träger untersagt ist, sich Leistungen versprechen oder gewähren zu lassen. Was dahinter steckt, liegt auf der Hand.

a) Einsetzung des Heims?

88 Zum einen sollen die Heimbewohner vor finanzieller und wirtschaftlicher Ausnutzung und Benachteiligung geschützt werden, zum anderen soll die Testierfreiheit des Heimbewohners geschützt werden.

89 Nach ständiger Rechtsprechung fallen unter die Regelungen des § 14 HeimG oder die entsprechenden landesrechtlichen Regelungen nicht nur lebzeitige Zuwendungen, sondern auch Zuwendungen durch Verfügung von Todes wegen, und zwar auch durch einseitige, abänderbar testamentarische Verfügungen von Todes wegen oder Erbverträge ohne Mitwirkung der Person oder Institution im Sinne des Heimrechtes.[78]

Die Rechtsprechung hat die Anwendung des Verbotes der Zuwendung von geldwerten Vorteilen an einen Heimträger sogar auf Vermächtnisse eines Angehörigen ausgedehnt, wenn nach der Annahme des Vermächtnisses der Heimvertrag fortbesteht.[79]

90 Daher werden im Allgemeinen auch Behindertentestamente zugunsten von Heimen (hier also klassischerweise das Heim als Nacherbe) für problematisch gehalten.[80]

Es wird hier für denkbar gehalten, dass auch die Einsetzung des Heimträgers zum Nacherben von dem gesetzlichen Verbot erfasst sein kann.[81] In diesem Falle waren sogar nur die Kinder des Heimleiters als Nacherben eingesetzt.

Der BGH[82] hat allerdings das Testament des Angehörigen eines Heimbewohners, mit dem der Heimträger zum Nacherben eingesetzt wird und von dem dieser erst nach dem Tode des Erblassers erfährt, nicht nach § 14 Abs. 1 HeimG i.V.m. § 134 BGB für unwirksam gehalten. Insoweit hat der BGH also die sogenannten **stillen Testamente** des Heimbewohners gerettet, die in der Praxis häufig anzutreffen sind. Das sind solche Testamente, in denen ein Heimbewohner das Heim oder dessen Träger zum Erben einsetzt, dieser aber davon keine Kenntnis erlangt hat. Solche Testamente sind nach allgemeiner Auffassung wirksam.

78 OLG München NJW 2006, 2642.
79 OLG München NJW 2006, 2642.
80 *Limmer*, Erbrechtsberatung 2007, S. 43, 75; *Ruby/Schindler/Wirich*, § 3 Rn 113.
81 So beispielsweise OLG Düsseldorf ZEV 1997, 459.
82 BGH MittBayNot 2012, 297.

Damit wird nun allgemein angenommen, dass Drittzuwendungen an einen Heimträger rechtlich abgesichert möglich sind, solange diese heimlich und ohne Kenntnisse und Billigung des Heimträgers erfolgen, was die Sache nicht einfacher macht, denn dann muss zu der Frage, ob das Testament still oder heimlich errichtet wurde, Beweis erhoben werden. 91

Als rechtlich tragfähiges Abgrenzungskriterium kann das eigentlich nicht dienen. Zutreffend ist allerdings die Empfehlung, dass bei solchen Gestaltungen immer eine salvatorische Klausel aufgenommen werden muss. Diese regelt den Fall, dass die Verfügung zugunsten des Heimträgers sich – im Nachhinein – als unwirksam darstellt.

Kritisch gesehen wird die Nichtigkeitsfolge in den Fällen von Zuwendungen an einen Heimträger, die sinnvoll oder anerkennenswert sind, wie z.B. ein Geldvermächtnis zur Anschaffung einer bestimmten Therapieeinrichtung, die neben dem behinderten Kind auch allen anderen Heimbewohnern zugutekommt.[83] 92

In der Praxis ist die Subsumtion der Gerichte dergestalt, dass ein Verstoß gegen ein gesetzliches Verbot angenommen wird, das zur Nichtigkeit der entsprechenden letztwilligen Verfügung wie bei § 134 BGB führt.

Die Ausdehnung auf letztwillige Verfügungen von Angehörigen von Heimbewohnern ist auch deswegen bedenklich, weil in diesen Fällen der Heimträger oft überhaupt nichts von seiner Einsetzung zum Erben oder dem Vermächtnis weiß. Wie soll hier der Schutzzweck der Norm tangiert sein, wenn doch der Träger des Heims in seinem Verhalten gegenüber dem Bewohner überhaupt nicht beeinflusst werden kann, da er von nichts etwas weiß? Daher bemüht die Rechtsprechung die Nichtigkeit nur in den Fällen, in denen der Heimbewohner weiterhin in der Einrichtung des Trägers bleibt und seinen Dienst in Anspruch nimmt. Man glaubt wohl, dass das Verhalten des Heimträgers sich gegenüber einem solchen Heimbewohner – sei es aus Dankbarkeit oder anderen Gründen – ändern müsse, weil ein Angehöriger des Heimbewohners eine entsprechende Zuwendung gemacht habe.

Die Regelungen des ursprünglichen § 14 HeimG wurden sogar in einem Fall angewandt, in dem die zugewandten Mittel letztlich einer Stiftung zukommen sollten, die selbst nicht Träger des Heims war, an der unterschiedlich ausgestalteten juristischen Person, die Heimträger war, aber zu 25 % beteiligt war. Hier rührt sich auch in der Literatur Widerstand und Unverständnis.[84] 93

Allerdings sind die zu § 14 HeimG entwickelten Grundsätze auch auf die Erbeinsetzung der Geschäftsführerin eines ambulanten Pflegedienstes durch eine zu pflegende Person in einem Erbvertrag angewandt worden.[85] Bei der Erbeinsetzung eines Mitarbeiters oder Leiters einer solchen Einrichtung ist allerdings darüber hinaus erforderlich, dass die

83 *Tersteegen*, ZErb 2007, 414.
84 VG Würzburg MittBayNot 2009, 56; *Spall*, MittBayNot 2010, 9 ff.
85 OLG Frankfurt NJW 2015, 2351.

Erbeinsetzung im Zusammenhang mit der Erfüllung der Pflichten aus dem Vertrag erfolgt. Hier wird indes ein solcher Zusammenhang bis zum Beweis des Gegenteils vermutet.[86] Zugrunde lag hier allerdings eine landesrechtliche Vorschrift, die anders als die meisten Ländergesetze § 14 HeimG und die damit verbundenen Verbote auch auf ambulante Pflegedienste erstreckt.

Liegt ein Fall vor, der einen Verstoß nach § 14 HeimG oder der entsprechenden landesgerichtlichen Vorschriften beinhalten würde, gibt es die Möglichkeit einer Ausnahmegenehmigung, und zwar vor Errichtung der Verfügung.

In dem hier diskutierten Fall war eine solche Ausnahmegenehmigung beantragt worden, sie wurde aber versagt, weil eine analoge Anwendung der Heimvorschriften in Betracht komme, da der Heimträger und der Erbe zwar verschiedene juristische Personen seien, aber in der Öffentlichkeit als zusammengehörig aufträten. Für eine solche Analogie reichte es nach Ansicht des VG Würzburg bereits aus, wenn die juristischen Personen derart miteinander verbunden seien, dass diese Verbindung für den Außenstehenden erkennbar sei und er daher davon ausgehen müsse, dass die Zuwendungen auch dem Heimträger bzw. der dahinterstehenden juristischen Person zukämen.

94 Wenn nun also das Auftreten in der Öffentlichkeit als Kriterium herangezogen wird, wird der Kreis derer, die nur unter Verstoß gegen ein gesetzliches Verbot begünstigt werden könnten, erheblich erweitert. Zu Recht wird die Frage aufgeworfen, ob für so etwas dann der gemeinsame Internetauftritt genügen solle.[87]

b) Die Person des Nacherben

95 Für den ersten Erbfall, das Ableben des ersten Elternteils, ist es nicht ungewöhnlich, den längerlebenden Elternteil auch zum Nacherben einzusetzen, ebenso denkbar ist aber, schon für diesen Fall die „gesunden“ Kinder in die Nacherbenrolle zu bringen. Letzteres ist natürlich auch für den zweiten Erbfall, den Tod des länger lebenden Elternteils, obligatorisch.

96 Es empfiehlt sich, auch die gesunden Kinder in die gesamte Planung einzubeziehen, schon um die Problematik zu vermitteln. Immerhin kann der auserkorene Nacherbe die Erbschaft nach § 2142 Abs. 2 BGB auch ausschlagen mit der Folge, dass sie dann beim Vorerben verbliebe, es sei denn, der Erblasser hätte etwas anderes bestimmt. Nach § 1953 BGB bewirkt die Erbausschlagung den Wegfall des Nacherben mit ex-tunc-Wirkung. Die angeordnete Testamentsvollstreckung entfällt.[88]

97 Im Rahmen eines Behindertentestamentes sind also die Einbeziehung der Nacherben und deren Einverständnis mit der Gesamtkonstruktion von elementarer Bedeutung. Lässt sich

86 BGH 5 ZR 139/88 n.v.
87 *Schindler*, Rn 115.
88 LG Bonn ZEV 2000, 103.

das etwa aufgrund der Alterssituation bei den Nacherben nicht machen, müsste zumindest eine entsprechende Ersatznacherbenberufung erfolgen, um den Wegfall der Nacherbschaft zu vermeiden. Denn immer dann, wenn der Erblasser einen Ersatzerben nach § 2096 BGB beruft, geht das der Regelung des § 2142 BGB natürlich vor.

Fällt der Nacherbe aus anderen Gründen als durch Ausschlagung, etwa durch Vorversterben oder wegen Erbunwürdigkeit weg, hat das natürlich auch Folgen. Erfolgt dieser Wegfall vor dem Erbfall, rückt der hoffentlich eingesetzte Ersatzerbe nach, der notfalls nach § 2069 BGB oder mittels ergänzender Auslegung zu ermitteln ist, sind es mehrere Nacherben, erfolgt Anwachsung nach § 2094 BGB. Erfolgt der Wegfall nach dem Erbfall, würde wiederum zunächst der eingesetzte Ersatznacherbe nachrücken. 98

Da nach dem Erbfall bereits ein Anwartschaftsrecht entstanden ist, ist aufgrund der gesetzlichen Regelung des § 2108 Abs. 2 S. 1 BGB im Zweifel von einer Vererblichkeit dieses Anwartschaftsrechtes auszugehen, auch hier käme es wieder zu einer Anwachsung unter mehreren Nacherben nach § 2094 BGB.[89]

6. Die Folgen des Erbfalls

a) Entstehen einer Erbengemeinschaft

Tritt der erste Erbfall ein, ergibt sich aufgrund der hier gewählten Konstruktion eine Erbengemeinschaft bestehend aus dem längerlebenden Elternteil und dem behinderten Kind und gegebenenfalls weiteren Kindern. In aller Regel will man allerdings das Entstehen von Erbengemeinschaften konstruktiv vermeiden, erst recht wird man Erbengemeinschaften zwischen Eltern und Kindern nicht unbedingt wollen. Man denke nur an die Vielzahl der Streitigkeiten, die sich aufgrund gesetzlicher Erbfolge, die ja nach dem Tod des ersten Elternteils zwangsläufig in eine Erbengemeinschaft führt, ergeben können.[90] 99

Dies wird einer der Gründe sein, die dazu geführt haben, dass man Ausweichkonstruktionen diskutiert wie die Vermächtnislösung, worauf nachfolgend noch einzugehen sein wird. 100

Die Systematik der Erbschaftslösung bewirkt aber nicht nur das Entstehen einer Erbengemeinschaft, sondern auch recht unterschiedliche Zuständigkeiten in Bezug auf Willenserklärungen und Verfügungen des behinderten Kindes. 101

b) Dauertestamentsvollstreckung

Zunächst ist, wie nachfolgend (siehe Rdn 118) noch darzustellen sein wird, die Dauertestamentsvollstreckung nach § 2209 S. 1 BGB anzuordnen. Diese Anordnung hilft dabei, etwa eine Erbauseinandersetzung durchzuführen, wenn es auch zu den Aufgaben 102

89 Dazu Übersichten bei *Kössinger/Najdecki/Zintl*, § 10 Rn 87.
90 *Litzenburger*, RNotZ 2004, 138 (144).

des Testamentsvollstreckers zählt, eine solche Erbauseinandersetzung nach seinem billigen Ermessen vorzunehmen. Dennoch ist hier der Boden für Streitigkeiten bereitet, wenn man nur an das Verbot des Testamentsvollstreckers in Bezug auf unentgeltliche Verfügungen denkt (§ 2205 S. 3 BGB). Hier könnten die Miterben, auf den ersten Erbfall also der längerlebende Elternteil, schon zu erheblichen Abwicklungshindernissen werden. Häufig sind die Eltern zudem zu Betreuern des volljährigen erwachsenen Kindes berufen.

c) Ergänzungsbetreuung (Prüfung von Pflichtteilsansprüchen)?

103 Aus dem zuvor Gesagten könnte man schon schließen, dass der längerlebende Elternteil daran gehindert ist, selbst die Rolle des Betreuers in der Frage einzunehmen, ob ein Pflichtteilsanspruch – dann gegen sich selbst – geltend gemacht werden soll oder nicht. In der Praxis werden hier häufig schon aus diesem Grund Ergänzungspflegschaften bzw. Betreuungen eingerichtet. Es darf allerdings bezweifelt werden, dass das rechtlich haltbar ist.

104 Auszugehen ist hier von der Entscheidung des BGH,[91] wonach für die Frage der Notwendigkeit einer Ergänzungspflegerbestellung für einen minderjährigen Erben bei Testamentsvollstreckung durch den sorgeberechtigten Vater darauf abzustellen ist, ob ein konkreter Anlass zu der Annahme besteht, dass der Vertreter die Belange des Minderjährigen nicht angemessen wahrnimmt. So hat folgerichtig etwa das OLG Köln[92] bei Vorliegen eines Berliner Testamentes und Versterben des ersten Elternteils die Möglichkeit der Gefährdung des Pflichtteils der Kinder abgewogen gegen die Wahrung des Familienfriedens und gemeint:

> *Weder für die Anspruchsberechnung noch für die Entscheidung, ob der Anspruch geltend gemacht wird, bedarf es eines Pflegers, es sei denn, dass der erbende Elternteil den Pflichtteilsanspruch des Kindes gefährdet.*

Dies war allerdings ein Fall, in dem keine Pflegschaft/Betreuung angeordnet war, so dass das Gericht darauf verweisen konnte, dass die Anordnung einer Ergänzungspflegschaft ein schwerwiegender Eingriff in das Elternrecht nach §§ 1629 Abs. 2, 1789 Abs. 2 BGB wäre und nur unter der Voraussetzung einer Kindeswohlgefährdung seine Rechtfertigung fände.[93]

105 Demgegenüber hat das LG Bonn eine Ergänzungsbetreuung zur Kontrolle des aufgrund eines Behindertentestaments eingesetzten Testamentsvollstreckers schon dann für gerechtfertigt gehalten, wenn das Interesse des Betroffenen zum Interesse des Betreuers

91 BGH ZEV 2008, 330.
92 OLG Köln ZEV 2024, 460.
93 Zustimmend *Litzenburger*, ZEV 2024, 462.

in erheblichem Gegensatz steht, § 1789 Abs. 2 BGB.[94] Hierbei ist allerdings nur unzureichend geprüft worden, ob der Sachverhalt im Sinne der BGH-Rechtsprechung einen konkreten Anhalt dafür bot, dass der Vertreter die Interessen des von ihm Vertretenen nicht in gebotenem Maße wahrnimmt. Die Rechtsbeschwerde ist noch nicht beschieden.

Man wird also festhalten dürfen, dass die Doppelstellung des längerlebenden Elternteils 106
als Testamentsvollstrecker einerseits sowie Betreuer für das behinderte Kind und andererseits als Ansprechpartner für einen etwaig geltend zu machenden Pflichtteilsanspruch noch nicht endgültig geklärt ist.[95] Die Tendenz der Gerichte geht sicher dahin, in diesen Fällen einen erheblichen Interessenkonflikt anzunehmen, so dass mit der Einrichtung einer Ergänzungsbetreuung gerechnet werden muss.

Dieser Betreuer hat dann zu prüfen, ob die konkrete Gestaltung den Interessen des behinderten Kindes gerecht wird oder nicht doch ausgeschlagen werden sollte, um den Pflichtteilsanspruch geltend zu machen. Wie bereits erwähnt, kann Letzteres nur im Ausnahmefall angenommen werden und ist immer dann zu verneinen, wenn die Regelungen den anerkannten Gestaltungsvarianten eines Behindertentestaments entsprechen.

Entsprechende Überlegungen gelten natürlich auch für den zweiten Erbfall, also nach dem Tod des längerlebenden Elternteils, dann aus Sicht der Geschwister.

Das Problem des § 181 BGB stellt sich hingegen nicht. In Bezug auf die Ausschlagung 107
oder Annahme einer Erbschaft findet diese Vorschrift nach herrschender Auffassung keine Anwendung.[96]

Der gesetzliche Vertreter gibt diese Erklärungen nämlich nicht sich selbst oder einem Dritten gegenüber ab, sondern gegenüber dem Nachlassgericht.

7. Der Schutz des Nacherben bei nicht befreiter Vorerbschaft

Der Nacherbe ist dadurch, dass die Vorerbschaft von den gesetzlichen Beschränkungen 108
nicht befreit ist, vor bestimmten Verhaltensweisen des Vorerben, respektive des ihm bestellten Betreuers, geschützt. Es ist das Wesen der Vor- und Nacherbschaft, dass der Nachlass in der Hand des Vorerben auch nach Eintritt des Erbfalls Sondervermögen bleibt. Die im Gesetz vorgesehenen Beschränkungen der §§ 2113 bis 2115 BGB beziehen sich hier auf Verfügungsgeschäfte, nicht jedoch auf schuldrechtliche Verpflichtungsgeschäfte. Diese sind weiterhin unbeschränkt gültig. Immer dann, wenn der Abschluss eines solchen schuldrechtlichen Verpflichtungsgeschäftes durch den Vorerben den Grundsätzen der ordnungsgemäßen Verwaltung widerspricht, haftet der Vorerbe bzw.

94 LG Bonn ZEV 2024, 824.
95 So auch *Bengel/Reimann/Holtz/Röhl*, Rn 413 m.w.N.
96 *Scherer*, § 42 Rn 27.

dessen Betreuer, während ansonsten durch das Rechtsgeschäft des Vorerben eine Nachlassverbindlichkeit begründet wird, für die auch der Nacherbe selbst haftet.[97]

109 Die Eigenhaftung des Vorerben bezieht sich auf dessen eigenes freies Vermögen und ist natürlich im Rahmen des Behindertentestamentes relativ ohne Belang, da es solches Vermögen nicht gibt. Hier wäre allenfalls an eine persönliche Haftung des Betreuers zu denken.

110 Der Schutz des Nacherben ist insbesondere im Zusammenhang mit Grundstücksverfügungen des Vorerben sehr weitreichend. Das hat mit der Natur der Sache zu tun. Durch die Eintragung des Nacherbenvermerkes im Grundbuch wird im Grundstücksverkehr die Beschränkung der Vor- und Nacherbschaft offenkundig, sodass also schädigende Verfügungen kaum möglich sind, während es ansonsten zu einer teils unguten Vermischung von dem der Vorerbschaft unterliegendem und eigenem Vermögen des Vorerben kommt, sodass man z.B. an vorhandenem Barvermögen nicht mehr verifizieren kann, inwieweit hier eigenes Vermögen des Vorerben oder der Beschränkung unterliegendes Vermögen des Vorerben vorhanden ist.

111 Nach § 2113 Abs. 1 BGB sind Verfügungen des Vorerben über Grundstücke, Rechte an Grundstücken oder ideellen Bruchteilen im Falle des Eintritts der Nacherbfolge unwirksam, wenn sie das Recht des Nacherben vereiteln oder beeinträchtigen würden. Da hier das Surrogationsprinzip gilt, § 2111 BGB, kommt es nicht darauf an, ob das Grundstück von Anfang an zum Nachlass gehörte oder später erst hinzutrat.

112 Der Nacherbenvermerk nach § 51 GBO führt dazu, dass die Beschränkungen aus dem Grundbuch ersichtlich sind und damit der öffentliche Glaube an eine unbeschränkte Verfügungsmacht des Vorerben zerstört ist.[98]

Ist in den Fällen der Zugehörigkeit eines Grundstücks zum Vorerbenvermögen die Eintragung einer Grundschuld erforderlich, ist der Nacherbe nach § 2120 BGB zur Zustimmung verpflichtet, wenn dies der ordnungsgemäßen Verwaltung dient.

113 Unentgeltliche Verfügungen sind nach § 2113 Abs. 2 BGB unwirksam. Dies würde im Übrigen sogar für die befreite Vorerbschaft gelten.

114 Ein für den behinderten Vorerben Handelnder müsste also einem Grundbuchamt immer nachweisen können, dass die von ihm getätigte Verfügung entgeltlich ist. Der Begriff der „Unentgeltlichkeit“ enthält objektive und subjektive Komponenten. Objektive Unentgeltlichkeit liegt dann vor, wenn der Verfügung kein vollwertiges Entgelt gegenübersteht. Das subjektive Element wird darin gesehen, dass der Vorerbe (dessen Vertreter) das entweder erkannt hat oder bei ordnungsgemäßer Verwaltung hätte erkennen muss.[99]

97 BGH NJW 1973, 1690.
98 BGHZ 84, 196.
99 BGH NJW 1971, 2264.

In der Regel wird der so handelnde Betreuer oder Testamentsvollstrecker ein Sachverständigengutachten zur Werthaltigkeit des Immobilienbesitzes einholen und dieses dem Grundbuchamt mit vorlegen, wenn entsprechende Verfügungen über Grundbesitz anstehen.

Anderes gilt natürlich dann, wenn der Nacherbe jeweils zustimmt. In diesen Fällen wer- 115
den Nacherbenrechte weder vereitelt noch beeinträchtigt.

Die betreuungsgerichtliche Genehmigung ist ebenfalls einzuholen. Diese hängt aber häufig 116
davon ab, dem Betreuungsgericht ebenfalls die Sachlage so darzulegen, dass das Geschäft ordnungsgemäßer Verwaltung entspricht bzw. Vollentgeltlichkeit gegeben ist.

8. Zusammenfassung

Die Anordnung der Vor- und Nacherbfolge hat sich in der Praxis bewährt. Der gesamte 117
Nachlass bleibt ungeteilt erhalten. Die gesetzlichen Regelungen sind umfangreich. Zu den Problemfällen gibt es ausreichende Rechtsprechung.

Auch aus der Sicht der beteiligten Sozialhilfebehörden wird einer Regelung durch die Erbschaftslösung kaum Skepsis entgegengebracht.

Dass es durch die Erbschaftslösung zu einer Erbengemeinschaft kommt, stellt sich indes als nicht zu unterschätzender Nachteil heraus, der in häufigen Fällen auch andere Lösungen erfordert.

Neben der Anordnung der Vor- und Nacherbfolge bedarf es natürlich noch weiterer ergänzender Bausteine, die nachfolgend behandelt werden.

II. Die Testamentsvollstreckung

1. Allgemeines

Ausgehend von dem Modell der Vor- und Nacherbfolge stellt sich jetzt die Frage, ob 118
darüber hinaus noch die Anordnung einer Testamentsvollstreckung erforderlich ist.

Ist ein Vorerbe von den gesetzlichen Beschränkungen befreit, regelt § 2138 Abs. 1 BGB, dass an den Nacherben nur noch das im Zeitpunkt des Nacherbfalls vorhandene Nachlassvermögen herauszugeben ist. Nur bei Verfügungen über Nachlassgegenstände in Benachteiligungsabsicht zulasten des Nacherben ist in § 2138 Abs. 2 BGB eine Schadensersatzpflicht normiert. Der nur für Vorerbschaft eingesetzte Testamentsvollstrecker ist im Übrigen nicht kraft Gesetzes an die Beschränkungen gebunden, die dem Vorerben selbst gegenüber dem Nacherben in den §§ 2113, 2114 BGB auferlegt sind, das müsste vom Erblasser besonders angeordnet werden.[100]

100 KG Beschl. v. 11.1.2022 – 1 W 252/21, MittBayNot 2022, 471.

Die Anordnung einer Testamentsvollstreckung bringt allerdings die zusätzliche Verfügungsbeschränkung des Erben gem. § 2211 BGB. Über einen der Verwaltung des Testamentsvollstreckers unterliegenden Nachlass kann der Erbe nicht verfügen. Das hat zur Folge, dass die Nachlasssubstanz in diesen Fällen weder für den Vorerben greifbar ist noch verwertbares Vermögen im Sinne des Sozialgerichtes darstellt.[101]

119 Denkbar ist aber, dass ein Anspruch gegen den Testamentsvollstrecker auf Freigabe von Nachlassgegenständen nach § 2217 BGB eine Rolle spielt.[102] Nach dieser Vorschrift muss der Testamentsvollstrecker Nachlassgegenstände, deren er zur Erfüllung seiner Obliegenheiten offenbar nicht bedarf, den Erben auf Verlangen zur freien Verfügung überlassen. Auf diesen Anspruch könnte ein Sozialhilfeträger zugreifen. Das wäre also ein Zugriff sogar auf die Substanz. Darüber hinaus bestünde bei einer befreiten Vorerbschaft und dem Unterlassen der Anordnung einer Testamentsvollstreckung die Möglichkeit, dass der Sozialhilfeträger auf die Erträgnisse zugreift.[103] Hier ist eine Dauertestamentsvollstreckung nach § 2209 S. 1 BGB ratsam.

In jedem Fall ist dringend zu empfehlen, die Befugnisse des Testamentsvollstreckers eindeutig zu formulieren, da ansonsten die Möglichkeit besteht, dass die Gerichte eine Auslegung des Testamentes vorlegen, nach der ein Zugriff des Sozialhilfeträgers ermöglicht würde, obwohl die Testatoren dies eigentlich vermeiden wollten. Hier ist zu bedenken, dass die Auslegung den Tatsachengerichten vorbehalten ist, die nur zu einem vertretbaren Auslegungsergebnis kommen müssen, um eine Abänderung in den Instanzen unmöglich zu machen.[104]

120 Bei der nichtbefreiten Vorerbschaft ist ein Anspruch gegen den Testamentsvollstrecker nach § 2217 BGB nicht denkbar, da entgegen § 2138 BGB eine umfangreiche Herausgabepflicht des Nachlasses nach besteht. Da dem Vorerben über die gesetzlich vorgesehenen Beschränkungen Verfügungen über Nachlassgegenstände untersagt sind, besteht hier ein weitergehender Schutz.

Die Anordnung der Dauertestamentsvollstreckung rechtfertigt sich hier vor dem Hintergrund, die Erträgnisse zu schützen. Über die bindenden Verwaltungsanordnungen nach § 2216 Abs. 2 BGB ist zu regeln, was der Testamentsvollstrecker im Einzelnen mit den Erträgnissen zu tun hat.

Fazit: Es ist in jedem Falle eine Dauertestamentsvollstreckung anzuordnen, und zwar vollkommen modellunabhängig, also auch, wenn für die Konzeption des Behindertentestamentes eines der nachfolgenden Modelle gewählt wird.

101 *Braun*, § 2 Rn 120.
102 *Reimann*, ZEV 2010, 8.
103 Tanck/Krug/Süß/*Horn/Bienert*, § 21 Rn 37.
104 Dazu: *Hammann*, ErbR 2021, 734 (740).

Zulässig bleibt allerdings die Pfändung des Erbteils. Bei der hier diskutierten Vorerbschaft könnte also ein Eigengläubiger des Vorerben dessen Erbteil wohl pfänden und beschlagnahmen, jedoch nicht einzelne Nachlassgegenstände zwangsweise verwerten.[105] Auch hier hilft die Anordnung der Testamentsvollstreckung. Über den Schutz des § 2115 BGB hinaus bewirkt dann § 2214 BGB die Unzulässigkeit von Zwangsvollstreckungsmaßnahmen in die der Testamentsvollstreckung unterworfenen Nachlassgegenstände durch die eigenen Gläubiger des Erben.[106] 121

Die im Rahmen des Behindertentestamentes vornehmlich diskutierte Frage, ob der Sozialhilfeträger Zugriff nehmen kann, kann damit bei angeordneter Testamentsvollstreckung verneint werden. Ein solcher Zugriff ist schlechthin unzulässig.[107]

2. Die Art der Testamentsvollstreckung

Bei der Anordnung einer Testamentsvollstreckung ist immer die Art der Testamentsvollstreckung zu benennen, zumal nach dem Gesetz ohne nähere Anordnung von einer Abwicklungsvollstreckung gem. § 2203 BGB auszugehen wäre. Da im Gesetz jedoch noch weitere Formen der Testamentsvollstreckung benannt sind, nämlich die Verwaltungs- und die Dauervollstreckung gem. § 2209 BGB, die Nacherbenvollstreckung gem. § 2222 BGB und die Vermächtnisvollstreckung gem. § 2223 BGB, bedarf es schon der konkreten Bezeichnung, um welche Art der Testamentsvollstreckung es sich handeln soll. 122

Vorliegend geht es darum, die Vorerbschaft gewissermaßen handlungsfähig zu halten, sodass eine Dauertestamentsvollstreckung bis zum Tode des Vorerben gem. § 2209 BGB angeordnet werden muss. 123

Diese Dauertestamentsvollstreckung hat zur Folge, dass alle der Vollstreckung unterliegenden Gegenstände und Rechte in der Verfügungsgewalt des Testamentsvollstreckers verbleiben müssen.[108]

Die Dauertestamentsvollstreckung nach § 2209 BGB beinhaltet die Anordnung, dass der Testamentsvollstrecker nicht nur die ihm ansonsten zugewiesenen Abwicklungsgeschäfte zu tätigen, sondern auch die Verwaltung des Nachlasses zu übernehmen hat.

Bei der Konstruktion des Behindertentestamentes steht die Verwaltung sogar so im Vordergrund, dass man die reine Verwaltung des Nachlasses als Selbstzweck ansehen kann. Eine solche Dauertestamentsvollstreckung dient in erster Linie der Erzielung von Erträgen und stellt eine Art „fürsorgliche Bevormundung der Erben“ dar.[109] 124

105 *Kössinger/Najdecki/Zintl*, § 10 Rn 95.
106 Ausf. *Wendt*, ErbR 2020, 238 ff.
107 *Ruby/Schindler/Wirich*, § 3 Rn 14.
108 BGH NJW 1971, 1805; Staudinger/*Reimann*, § 2309 Rn 16.
109 *Bengel/Reimann/Dietz*, § 1 Rn 145.

Eine solche Dauertestamentsvollstreckung würde sich also auch bei geschäftlich unerfahrenen Erben anbieten, erstreckt auf geschäftsunfähige Erben, wie das im Zusammenhang mit dem Behindertentestament regelmäßig der Fall ist.

3. Die Verwaltungsanordnungen gem. § 2216 BGB

a) Allgemeines

125 Wie dargelegt, stehen die Erträgnisse des Nachlasses dem Erben grundsätzlich zu. So könnte also ein solcher Erbe gegen den Testamentsvollstrecker die Herausgabe der Erträgnisse erstreiten oder erstreiten lassen. Die Früchte der Vorerbschaft gehören nun einmal dem Vorerben, der sie nach § 953 BGB erwirbt. Angesichts des sich so ergebenden Anspruchs auf Auskehrung dieser Nachlasserträge ist als weiteres Element vorzusehen, dass der Erblasser dem Testamentsvollstrecker Verwaltungsanweisungen nach § 2216 Abs. 2 S. 1 BGB erteilt, ansonsten könnte sogar der Anspruch des Erben gegen den Testamentsvollstrecker auf Herausgabe der Nachlasserträgnisse gepfändet werden. Liegen allerdings derartige Verwaltungsanordnungen vor, haben sie grundsätzlich Vorrang. Sie gehen sogar der allgemeinen Pflicht des Testamentsvollstreckers zur ordnungsgemäßen Verwaltung vor.[110]

Der Erblasser muss also den Testamentsvollstrecker konkret anweisen, wie die Nachlasserträgnisse zu verwenden sind.

126 Diese Vorgaben müssen so ausgestaltet sein, dass sie nicht zu einer Beeinträchtigung der staatlichen Versorgungsleistungen führen und auch nicht zu einem Sozialregress.

Bei der Ausgestaltung dieser Anweisungen ist größtmögliche Sorgfalt anzuwenden.

Das OVG Bautzen[111] hatte einmal Verwaltungsanordnungen zu überprüfen, bei deren Formulierung offensichtlich diese Sorgfalt nicht zum Zuge gekommen war.

127 Hinsichtlich der Verwendung des Nachlasses hatte die Erblasserin formulieren lassen, dass dieser dazu dienen solle, ihren Kindern die bestmögliche Betreuung, Pflege und Unterbringung zu ermöglichen, ohne Rücksicht darauf, ob zur Finanzierung dieser Maßnahme der Nachlass in seinem Bestand angegriffen werde oder nicht.

128 Der Nachlass sollte insbesondere verwendet werden für die Einrichtung des eigenen Zimmers nach persönlichem Geschmack der Kinder, persönliche Anschaffungen wie z.B. Musikgeräte, Videogeräte, Fernseher, andere technische Geräte entsprechend der technischen Entwicklung und ihren Wünschen und Bedürfnissen, modische und zweckentsprechende Kleidung, ärztliche Behandlung, für Therapien und Medikamente, die von der Krankenkasse nicht – oder nicht vollständig – gezahlt werden (etwa Brillen, Zahnersatz usw.) und für Beitragszahlungen zur Todesfallversicherung.

110 *Braun*, § 2 Rn 45.
111 OVG Bautzen NJW 1997, 2898.

Nach dem Erbfall verweigerte das Sozialamt die weitere Übernahme der anfallenden Unterbringungskosten mit dem Hinweis darauf, dass die Antragstellerin über ausreichendes eigenes Vermögen verfüge, das sie aufgrund der Anweisungen an den Testamentsvollstrecker auch für „die bestmögliche Betreuung, Pflege und Unterbringung" einsetzen müsse.

Hier griff zwar das OVG Bautzen rettend ein und hat wohlwollender Weise die Auffassung vertreten, dass aus der beispielhaften Aufzählung konkreter Verwendungszwecke nicht der Schluss gezogen werden dürfe, dass alle Kosten der Versorgung des Antragstellers aus dem Erbe bestritten werden sollten. Dies geschah mit der Maßgabe, dass auch bei einem notariell errichteten Testament zur Ermittlung des wahren Willens des Erblassers die gesamten Umstände zu berücksichtigen sind, die bei der Abfassung der letztwilligen Verfügung von Bedeutung sind. Im Einzelnen heißt es: **129**

> *Zwar mag es sein, dass der objektive Wortlaut des Testamentes auch ein Verständnis der letztwilligen Verfügung dahingehend ermöglicht, dass die finanzielle Sicherstellung der Lebensgrundlage die Unterbringung im Heim – ebenfalls mit Hilfe des Nachlasses – erreicht werden soll. Denn die angeordnete Verwendung des Nachlasses „zur bestmöglichen Versorgung" der Kinder der Erblasserin beinhaltet logischerweise als grundlegende Voraussetzung auch die Unterbringung im Pflegeheim.*
>
> *Die Auslegung eines Testamentes darf sich jedoch nicht vorrangig am Wortlaut orientieren, sondern hat unter Berücksichtigung des Gesamtinhalts der Erklärung zu erfolgen.*

Diese Entscheidung zeigt beispielhaft, welche Folgen eine nachlässige oder auch nur ungenaue Formulierung der Verwaltungsanordnung haben kann. Hier geht es also darum, „zielorientierte Vorgaben des Erblassers zur Ertragsverwendung"[112] zu setzen.

b) Außerkraftsetzen der Anordnungen

Das Gesetz bietet in § 2216 Abs. 2 S. 2 BGB die Möglichkeit, dass derartige Anordnungen auf Antrag des Testamentsvollstreckers oder eines anderen Beteiligten von dem Nachlassgericht außer Kraft gesetzt werden können, wenn ihre Befolgung den Nachlass erheblich gefährden würde. **130**

Nach herrschender Auffassung kann auch eine wirtschaftliche Gefährdung der am Nachlass beteiligten Personen eine solche Nachlassgefährdung sein.[113] **131**

Daher könnte also ein entsprechender Antrag gegenüber dem Nachlassgericht damit begründet werden, dass der Behinderte ohne diese Verwaltungsanordnungen die ihm

112 *Braun*, § 1 Rn 33.
113 MüKo-BGB/*Zimmermann*, § 2216 Rn 22.

gebührenden Erträgnisse dafür verwenden könnte, seinen Lebensunterhalt zu bestreiten. Es fragt sich, ob der Sozialhilfeträger einen solchen Antrag stellen könnte.

132 Derzeit ist immerhin die herrschende Meinung der Auffassung, dass der Sozialhilfeträger nicht einmal formal antragsberechtigt wäre.

In einer Entscheidung des OLG München[114] wird ausgeführt, dass bei bestehender Testamentsvollstreckung die Pfändung eines Miterbenanteils nichts an dem Umfang der dem Testamentsvollstrecker zustehenden gesetzlichen Befugnisse zur Nachlassverwaltung ändert, denn während der Dauer der Testamentsvollstreckung ist im Rahmen der Verwaltungsbefugnisse das Verwaltungsrecht des bzw. der Erben ausgeschlossen. Dem Erben insoweit nicht zustehende Rechte kommen dann auch nicht den Pfandgläubigern zu, die nicht mehr Rechte haben können als derjenige, von dem sie ihre Rechte herleiten. Es bestehe kein Grund, dem Pfändungsgläubiger dann, wenn die Befugnisse des Testamentsvollstreckers, über Nachlassgegenstände zu verfügen, auf einer Maßnahme des Nachlassgerichts nach § 2216 Abs. 2 BGB beruhten, anders zu behandeln und ihm dadurch, dass man ihn im Verfahren nach § 2216 Abs. 2 BGB die Stellung eines Beteiligten zuerkenne, letztlich doch ein Mitspracherecht einzuräumen.

133 In dem Fall, dass der Träger der Sozialhilfe Beschwerde einlegt, wenn das Nachlassgericht Anordnungen des Erblassers gegenüber dem Testamentsvollstrecker abändert oder außer Kraft setzt und dies Auswirkungen auf die wirtschaftliche Lage des Vorerben hat, wurde mittlerweile entschieden, dass die Behörde diesbezüglich grundsätzlich kein Beschwerderecht hat.[115] Eine Beschwerdeberechtigung im Sinne des § 59 Abs. 1 FamFG wurde verneint. Es sei keine Verletzung eines subjektiven Rechts des Sozialamtes ersichtlich.

Ziel einer solchen Beschwerde kann es ja auch nur sein, die ursprünglichen Anordnungen gegenüber dem Testamentsvollstrecker wiederherzustellen, in der Hoffnung, dass der Vorerbe dann wieder leistungsfähig wird. Ein solches Interesse des Sozialamtes wird aber als unbeachtliches wirtschaftliches Interesse eingestuft. Schließlich hat der Erblasser über seinen Tod hinaus die Möglichkeit, auf den Nachlass Einfluss zu nehmen. Die Testamentsvollstreckung beschränkt damit von Anfang an die Rechte des Erben im Hinblick auf den Nachlass. Es wird nicht vergessen, dass der Testamentsvollstrecker grundsätzlich im Interesse des Erblassers und nicht im Interesse des Erben tätig wird. Die Umsetzung der Anordnungen eines Erblassers findet allerdings dort ihre Grenze, wo der Nachlass durch sie ernsthaft gefährdet würde, was sich aus § 2216 Abs. 2 S. 2 BGB ergibt. Eine gleiche Sichtweise ergibt sich, wenn es um die Frage geht, ob die ursprünglichen Anordnungen wiederhergestellt werden. Wenn also ein Sozialhil-

114 OLG München ZEV 2017, 710.
115 OLG München a.a.O.

feträger nicht beantragen kann, Anordnungen des Erblassers außer Kraft zu setzen, kann er auch nicht beantragen, diese nicht außer Kraft zu setzen. Auch ein öffentliches Interesse im Sinne des § 59 Abs. 3 FamFG ist in diesen Fällen nicht ersichtlich. Dies ist nur dann zu bejahen, wenn eine konkrete Norm, die die Intention des Gesetzgebers an der Mitwirkung der Behörde im Verfahren erkennen lässt, vorhanden ist. Eine solche fehlt für Fälle der vorliegenden Art.

Kornexl[116] empfiehlt, den Behinderten sicherheitshalber mit einer Auflage zu beschwe- **134**
ren, die ihn dazu verpflichtet, die Erträge seiner Nachlassbeteiligung ausschließlich so zu verwenden, wie der Erblasser dies in der an den Testamentsvollstrecker adressierten Verwaltungsanordnung geregelt hat. Falls sich also die Rechtslage im Zusammenhang mit § 2316 Abs. 2 S. 2 BGB ändern sollte oder auch nur die Rechtsprechung möglicherweise einmal andere Wege geht, verhindert dann in jedem Falle die Auflage, dass der Behinderte die Erträge seiner Nachlassbeteiligung zur teilweisen Deckung seines Lebensunterhalts verwenden darf. Eine solche Auflage kann nur als Ergänzung der Dauertestamentsvollstreckung angesehen werden, sie ersetzt sie natürlich nicht.

Nachdem von der überwiegenden Rechtsprechung die hier abgehandelten Verwaltungs- **135**
anordnungen anerkannt sind und weder als missbräuchlich noch als sittenwidrig eingestuft werden,[117] stellt sich die Auflage tatsächlich als reine Vorsichtsmaßnahme dar. Auch wird man die Überlegung verfolgen müssen, ob eine Thesaurierung der Früchte angeordnet werden soll. Sollen etwa nicht verbrauchte Erträgnisse zur Deckung des Unterhalts des Behinderten herangezogen werden können? Dürfen Rücklagen gebildet werden? Hierbei ist von dem Grundsatz auszugehen, dass dem Vorerben im Verhältnis zum Nacherben die vollen Nutzungen seiner Vorerbschaft zustehen, während für den Nacherben lediglich die Substanz des Nachlasses erhalten bleiben muss. Ist für die Zeit der Vorerbschaft Testamentsvollstreckung angeordnet, so folgt aus den Grundsätzen zur ordnungsgemäßen Verwaltung, dass der Testamentsvollstrecker dem Vorerben die Erträgnisse des Nachlasses, abzüglich der auf die Gewinnung der Früchte verwendeten Kosten, der gewöhnlichen Erhaltungskosten und der ordentlichen Lasten zu überlassen hat.[118] Es kann sich also durchaus empfehlen, eine Thesaurierungsanordnung aufzunehmen. Dann stellt sich allerdings die Frage, wer Ansprechpartner hinsichtlich des so angesammelten Überschusses ist, ist das noch der Testamentsvollstrecker oder ist es der Behinderte selbst oder sein Betreuer?[119] Muss nicht hier auch der Sozialhilfeträger Auskunft darüber erhalten, ob die jährlichen Erträgnisse für das Kind in voller Höhe verbraucht worden sind oder ob ein Überschuss erwirtschaftet worden ist?

116 *Kornexl*, in: Nachlassplanung bei Problemkindern, 1.A., Rn 281, kritisch dazu *Braun*, § 2 Rn 51.
117 Beispielhaft: OVG Saarland MittBayNot 2007, 65.
118 BayOLG 1Z BR 132/00-juris.
119 Dazu im Einzelnen *Ruby/Schindler/Wirich*, § 3 Rn 27.

136 Will man diese Problematik ausschließen, indem man etwa die überschüssigen Früchte dem Nacherben zukommen lassen will, müssten entsprechende weitere Vermächtnisse zugunsten des Nacherben angeordnet werden.

137 Bei der Formulierung der Verwaltungsanweisungen ist also auch insoweit große Sorgfalt angezeigt.

Man sollte auf gängige Muster zurückgreifen und vielleicht auch dem Vorschlag von *Ivo*[120] folgen, die Verwaltungsanweisungen für den Testamentsvollstrecker positiv und dem Zweck entsprechend so zu formulieren, dass sie zu einer Verbesserung der Lebensqualität des Behinderten führen, in dem Leistungen zugewendet werden, die gerade durch den Standard der Sozialhilfe nicht erreichbar sind. Die bisherigen Formulierungsmuster grenzen diese Punkte eher negativ dahingehend ab, dass nur solche Leistungen zu erbringen sind, die nicht zu einer Kürzung der lebzeitigen Zuwendungen führt.

4. Behindertentestament und fehlende Verwaltungsanweisungen an den Testamentsvollstrecker

138 Es war dem Familiensenat des BGH vorbehalten, über die Frage zu entscheiden, ob ein Behindertentestament schon deswegen sittenwidrig sein kann, weil in der letztwilligen Verfügung konkrete Verwaltungsanweisungen an den Testamentsvollstrecker fehlen, aus denen sich ergibt, in welchem Umfang und zu welchem Zweck der Betroffene Vorteile aus dem Nachlass erhalten soll.[121]

So war in dem Behindertentestament zwar Dauertestamentsvollstreckung angeordnet. Als Aufgabe des Testamentsvollstreckers wurde die Ausübung der dem Vorerben zustehenden Verwaltungsrechte definiert. Der Wert des Erbteils betrug ca. 32.456 EUR. Der Nacherbe hatte sich bereit erklärt, auf eine mündelsichere Geldanlage des Erbteils zu verzichten und gestattete darüber hinaus dem Testamentsvollstrecker, für den Behinderten aus der Vermögenssubstanz jährlich bis zu 2.500 EUR zur Steigerung von dessen Qualität zu entnehmen.

Zum Streit kam es jetzt im Zusammenhang mit der Betreuervergütung in Höhe von 3.432,00 EUR. In den Instanzen war entschieden worden, dass dieser Betrag aus dem Erbteil des Behinderten gezahlt werden musste. Auf die eingelegte Rechtsbeschwerde hin hat der BGH diese Entscheidung aufgehoben. Die Vorinstanzen hatten gemeint, das Testament verstoße gegen § 138 Abs. 1 BGB, weil öffentlichen Leistungsträgern, die in der Vergangenheit für die Versorgung des Behinderten aufgekommen seien oder in Zukunft aufkommen würden, kein Anteil am Nachlass eröffnet werde. Im Testament fehlten schließlich konkrete Verwaltungsanweisungen an den Testamentsvollstrecker. Folglich

120 *Ivo*, Erbrecht effektiv 2004, 42.
121 BGH ZEV 2020, 41.

sei das Testament nicht Ausdruck einer sittlich anzuerkennenden Sorge für das Wohl des Kindes über den Tod des Erblassers hinaus.

Das sah der BGH grundlegend anders. 139

Die Betreuervergütung ist bei Mittellosigkeit des Betreuten aus der Staatskasse zu zahlen (§§ 1908i Abs. 1 S. 1, 1836 Abs. 1 S. 3 BGB in Verbindung mit § 1 Abs. 2 S. 2 VBVG). Wenn verwertbares Vermögen beim Betreuten vorhanden sei, so sei dies auch einzusetzen, um die Betreuervergütung zu erbringen, es sei denn, es gehört zum Schonvermögen.

Der BGH hat zunächst festgestellt, dass die angeordnete Testamentsvollstreckung die Verfügungsbefugnis nach § 2211 BGB einschränkt. Eine Sittenwidrigkeit des Testamentes sei nicht zu erkennen.

Im vorliegenden Fall hatte das Landgericht die Sittenwidrigkeit aus dem Umstand hergeleitet, dass abweichend von dem klassischen Modell des Behindertentestamentes hier keine konkreten Verwaltungsanweisungen an den Testamentsvollstrecker enthalten. Daraus hatte es geschlossen, dass die Anordnung der Vor- und Nacherbschaft nur dazu diente, den Zugriff des Sozialhilfeträgers zu verhindern.

Der BGH meint, der behinderte Erbe sei zwar nur als Vorerbe eingesetzt, aber gleichwohl echter Erbe. Als solcher könne er auch bei angeordneter Dauertestamentsvollstreckung die Herausgabe der Nutzungen verlangen, soweit dies zum Bestreiten eines angemessenen Unterhalts erfolge. Dieser Anspruch dürfte sich aus der Pflicht des Testamentsvollstreckers zur ordnungsgemäßen Nachlassverwaltung ergeben. Daher bleibe es bei der positiven Seite des Testamentes, dass für das behinderte Kind über den Tod der Eltern hinaus gesorgt wird und nicht allein bei der negativen Seite der Abwehr des Zugriffs des Sozialhilfeträgers.

Die Entscheidung des Familiensenates verzichtet also tatsächlich auf das Erfordernis konkreter Verwaltungsanweisungen. Sie ist deswegen nicht unproblematisch.[122] Ob dies auch vom Erbrechtssenat ebenso gesehen würde, muss zumindest offenbleiben, sodass nicht empfohlen werden kann, angesichts dieser Entscheidung künftig Behindertentestament ohne konkrete Verwaltungsanweisungen zu gestalten. Es verbleibt daher dabei, dass eine Gestaltung nach den bisher anerkannten Grundsätzen als der sichere Weg einzustufen ist und in jeder Hinsicht vorzuziehen ist.

5. Die Person des Testamentsvollstreckers

a) Rechtsanwälte und Notare als Testamentsvollstrecker

aa) Rechtsanwälte

Nach § 45 Abs. 2 Nr. 1 BRAO ist es einem Rechtsanwalt untersagt, als Testamentsvoll- 140
strecker tätig zu werden, wenn er in diesem Amt Angelegenheiten besorgen müsste, mit

122 So auch *Zimmer* in einer Urteilsanmerkung, ZEV 2020, 43; dazu auch *Wendt*, ErbR 2020, 238.

denen er bereits als Rechtsanwalt gegen den Träger des zu verwaltenden Vermögens befasst war. Das ist im vorliegenden Zusammenhang der Erblasser, dessen Willen der Testamentsvollstrecker verwirklichen soll.

Bereits eine teilweise Identität der Lebenssachverhalte sperrt den Rechtsanwalt für die Übernahme des Testamentsvollstreckeramtes, soweit seine Identität reicht.[123] Nach § 45 Abs. 3 BRAO gilt dieses Verbot für die gesamte Sozietät.

Die Tätigkeit als Testamentsvollstrecker ist anwaltliche Tätigkeit im Sinne von § 3 Abs. 1 BRAO und stellt eine berufstypische Tätigkeit dar. Das gilt nur dann nicht, wenn der Rechtsanwalt erkennbar als Privatperson berufen wird.[124]

141 Die Berufung eines Rechtsanwalts zum Testamentsvollstrecker ist immer dann sinnvoll, wenn es sich um rechtlich oder tatsächlich schwierige Sachverhalte handelt, natürlich aber erst dann ratsam, wenn auch ausreichendes Vermögen vorhanden ist, um eine solch „teure" Testamentsvollstreckung zu rechtfertigen.

Vorzugsweise sollten hier Rechtsanwälte, die zertifizierte Testamentsvollstrecker sind, berufen werden, da diese nicht nur über besondere theoretische Kenntnisse im Testamentsvollstreckerrecht verfügen müssen, sondern auch über praktische Erfahrungen.

Die Tätigkeit als Testamentsvollstrecker ist in der Regel von der anwaltlichen Berufshaftpflichtversicherung abgedeckt, wobei natürlich bei sehr werthaltigen Testamentsvollstreckungen die Frage des Versicherungsschutzes summenmäßig zu prüfen ist.

142 Die Bezahlung des Rechtsanwalts als Testamentsvollstrecker richtet sich nach dem Willen des Erblassers, der ihn im Rahmen des Testamentes im Einzelnen ausformulieren kann (dazu siehe unten Rdn 166), im Übrigen nach § 2221 BGB. Das anwaltliche Gebührenrecht ist hier mangels ausdrücklicher Anweisung nicht maßgeblich. Anders ist das dann, wenn der Testamentsvollstrecker in seiner Eigenschaft als Rechtsanwalt für eine Prozessführung oder eine aufwändige Vertragshandlung gesondert mandatiert wird.

Problematisch kann die Selbstmandatierung des Rechtsanwalts werden. Ein privater Testamentsvollstrecker kann und darf für den Fall der Notwendigkeit einer prozessualen Auseinandersetzung selbst verständlich einen Rechtsanwalt beauftragen. Ist der Testamentsvollstrecker Rechtsanwalt und von § 181 BGB befreit, kann er sich auch selbst mandatieren. Eine solche Befreiung kann sogar konkludent angenommen werden, wenn er selbst Mandate im Rahmen ordnungsgemäßer Verwaltung hält.[125]

123 Weyland/*Böhnlein,* § 45 BRAO Rn 25.

124 *Zimmermann,* Rn 92.

125 *Zimmermann*, Rn 92a, der die Gefahr „überflüssiger Prozesse" als Versuchung für den RA einstuft.

bb) Notare

Hier ist besondere Rücksicht auf das Amt des Notars zu nehmen. Der Notarberuf kann nur im Rahmen öffentlich-rechtlicher Amtstätigkeit ausgeübt werden, denn der Notar ist ein Träger eines öffentlichen Amtes (§ 1 BNotO). Die Testamentsvollstreckung fällt nicht hierunter, sie ist aber erlaubte Nebentätigkeit, die von dem Notar dann privatrechtlich ausgeübt wird. 143

Eine Anzeigepflicht besteht nicht. Der Notar ist also zu einer nebenberuflichen Tätigkeit in der Lage, es sei denn, er betreibt die Testamentsvollstreckung kaufmännisch bzw. erwerbswirtschaftlich, etwa als Leiter eines Unternehmens in der Funktion eines Geschäftsführers oder als Bevollmächtigter des Erben als Vollhaftender in einer Personengesellschaft. Dann dürfte die Genehmigung gemäß § 8 Abs. 3 Nr. 1 BNotO einzuholen sein.[126]

Ob eine solche Genehmigung erteilt wird, muss der Prüfung im Einzelfall vorbehalten bleiben. 144

Besondere Beachtung verdient die Frage, ob der Urkundsnotar sich nicht selbst als Testamentsvollstrecker einsetzen kann. Dies ist ihm untersagt, eine solche Einsetzung wäre unwirksam gemäß § 27 i.V.m. § 7 Nr. 1 BeurkG.

Immer dann also, wenn der Notar ein Testament oder einen Erbvertrag selbst beurkundet, ist es ihm nicht möglich, sich selbst zum Testamentsvollstrecker zu ernennen. Eine solche Anordnung wäre gemäß § 125 BGB nichtig.[127]

Der BGH hat die Ernennung eines Notar-Sozius zum Testamentsvollstrecker für wirksam gehalten, selbst dann, wenn der Urkundsnotar finanziell davon profitiert.[128] Allerdings gilt mittlerweile § 3 Abs. 1 Nr. 4 BeurkG und statuiert ein Mitwirkungsverbot. Entsprechendes gilt für Mitarbeiter des Notars einschließlich solcher, die nicht bei ihm angestellt sind, aber ihm zur Berufsausübung zugewiesen sind.[129] Es ist umstritten, ob die entsprechende Beurkundung wirksam bleibt. In jedem Fall würde sie eine Amtspflichtverletzung des Notars darstellen, die berufsrechtliche Konsequenzen hätte.[130]

Denkbar wäre es, den Wunsch des Erblassers mit zu beurkunden, dass ein Bestimmungsberechtigter nach § 2198 BGB oder das Nachlassgericht nach § 2200 BGB den Urkundsnotar zum Testamentsvollstrecker ernennen soll. 145

Fraglich ist, ob ein Erblasser diese Bestimmung nach § 2198 Abs. 1 BGB dem Urkundsnotar übertragen kann. Hier wird überwiegend die Auffassung vertreten, dass das unzu-

126 Reimann/Bengel/Mayer/*Sandkühler,* 11. Kap. Rn 19.
127 *Zimmermann*, Rn 94a; Bengel/Reimann/*Sandkühler,* § 11 Rn 24.
128 BGH NJW 1997, 549.
129 Grziwotz/Sauer/Heinemann/*Heinemann*, § 3 BeurkG Rn 34.
130 Frenz/Miermeister/*de Buhr*, § 3 BeurkG Rn 34.

lässig ist und dass insoweit der Notar dem Mitwirkungsverbot nach § 3 Abs. 1 S. 1 Nr. 1 BeurkG unterliegt. Die Pflicht des Notars, einen sicheren Weg zu gehen, hat zur Folge, dass solche Gestaltungen zu unterlassen sind.[131]

146 Möglich allerdings ist, dass der Erblasser, der gerne möchte, dass sein beurkundender Notar auch Testamentsvollstrecker wird, diese Berufung in einem privatschriftlichen oder vor einem anderen Notar errichteten Ergänzungstestament vornimmt.

Eine Umgehung das Mitwirkungsverbot ist darin nicht zu sehen, auch nicht die Erzeugung des Anscheins der Parteilichkeit oder der Abhängigkeit in der Person des Notars, der das Haupttestament beurkundet hat. Schließlich wird die Einsetzung des Notars zum Testamentsvollstrecker auch nicht dadurch gefährdet, dass das Ergänzungstestament mit dem Haupttestament gemäß § 44 BeurkG verbunden wird. Hierdurch wird es nicht zu einem Teil des Haupttestamentes, sodass dadurch auch kein Mitwirkungsverbot begründet wird.[132]

b) Andere Personen als Testamentsvollstrecker

147 Nach allgemeiner Auffassung, die seit vielen Jahren auch in der Rechtsprechung vertreten wird, kann ein Nacherbe, selbst wenn er der einzige Erbe als Nacherbe ist, zulässigerweise auch Testamentsvollstrecker für den Vorerben sein.[133]

Hier unterscheidet sich die Stellung des Nacherben von der Stellung des Alleinerben, denn Letzterer kann grundsätzlich nicht alleiniger Testamentsvollstrecker sein, wie die herrschende Meinung zu Recht annimmt.[134]

148 Nach neuerer Auffassung des BGH kann der Alleinerbe nur dann Erbentestamentsvollstrecker sein, wenn sich die Testamentsvollstreckung nur auf die sofortige Erfüllung eines Vermächtnisses beschränkt und das Nachlassgericht bei groben Pflichtverstößen einen anderen Testamentsvollstrecker bestimmen kann.[135]

Ein solcher Alleinerbe könnte allerdings einer von mehreren Testamentsvollstreckern sein, ebenso wie ein Miterbe zum Testamentsvollstrecker bestellt werden könnte, weil er dadurch Rechte erlangt, die er als Erbe nicht hat.

Bei der Gestaltung des Behindertentestamentes mit Vor- und Nacherbfolge stellt sich das Problem nach der oben zitierten Rechtsprechung nicht, da der Nacherbe oder einer von mehreren zu einem den Vorerben beschränkenden Testamentsvollstrecker durchaus ernannt werden kann.

131 *Reimann*, DNotZ 1994, 659 u.a.
132 BGH NJW 2022, 1450.
133 BayObLG NJW 1959, 1920.
134 Zu einem Ausnahmefall BGH MittBayNot 2005, 507.
135 BGH ZEV 2005, 204.

Das wird in der Regel auch so vollzogen, denn die Testamentsvollstreckungen sollen bei Behindertentestamenten regelmäßig in der Familie bleiben, sodass Testamentsvollstrecker meistens eines der gesunden Kinder ist. 149

Der Umstand, dass es sich bei der Person des Testamentsvollstreckers um einen Familienangehörigen handelt, spielt bei der Frage der Geeignetheit zunächst keine Rolle. Wenn allerdings die gesetzlichen Vertreter die Rolle des Testamentsvollstreckers übernehmen sollen, kann es zu Reibungspunkten kommen. Hier könnte unter Umständen Anlass bestehen, eine Ergänzungspflegschaft anzuordnen. Der BGH hat sich jedoch einer generalisierenden Betrachtungsweise, was die Annahme eines Interessenkonfliktes angeht, widersetzt. Einige Oberlandesgerichte hatten in der Doppelfunktion als gesetzlicher Vertreter und Testamentsvollstrecker generell einen erheblichen Interessenkonflikt gesehen.

Das sieht der BGH anders. Er diagnostiziert zwar bei einer Doppelfunktion einen typischen Interessengegensatz mit einem gewissen Risiko. Das führe aber nicht zwangsläufig zur Anordnung einer Pflegschaft. Vielmehr liege es auch hier im Rahmen tatrichterlicher Verantwortung, nach Abwägung aller Umstände zu entscheiden, ob eine vorbeugende Pflegschaftsanordnung oder ein Zuwarten – auch im wohlverstandenen Interesse des Vertretenen – ratsam erscheint.[136] 150

So wird man also heute annehmen dürfen, dass die Wahrnehmung der Aufgaben als allgemeiner gesetzlicher Vertreter und als Testamentsvollstrecker in einer Person nicht für sich allein einen Interessengegensatz beinhaltet, es sei denn, es besteht konkreter Anlass für eine entsprechende Annahme.

Die Entscheidung des BGH ist nicht ohne Widerspruch geblieben. 151

Zimmermann[137] führt aus, dass der gesetzliche Vertreter durchaus nicht immer in der Lage sei, das Beste für sein Kind zu tun, auch wenn er es wolle. Bei einer Fokussierung von Testamentsvollstreckung und Betreuung in einer familienzugehörigen Hand wird nach wie vor die Frage aufgeworfen, ob dann nicht doch ein Dauerpfleger oder ein Dauerersatzbetreuer notwendig ist.[138]

Es wird daher im Ergebnis empfehlenswert sein, die Doppelstellung als gesetzlicher Vertreter und Testamentsvollstrecker des Behinderten zu vermeiden.[139]

Zumindest sollte man die Möglichkeit einer Interessenkollision vorausschauend in Betracht ziehen und für diesen Fall einen Ersatzvollstrecker benennen. Das ist denkbar über die Anordnung einer Mitvollstreckung gemäß § 2224 Abs. 1 S. 3 BGB.

136 BGH ZEV 2008, 330.
137 So etwa *Zimmermann*, VLZ 2008, 1158.
138 So etwa *Wendt*, ErbR 2012, 66.
139 So zutreffend *Ruby/Schindler/Wirich*, Rn 101.

c) Personenidentität von Testamentsvollstrecker und gesetzlichem Vertreter des Erben

152 Fraglich kann sein, ob die gesetzliche Vertretung des behinderten Erben mit dem Amt des Testamentsvollstreckers über dessen Erbteil vereinbart ist. Das wurde in der Vergangenheit von der Rechtsprechung zum Teil abgelehnt, weil die rechtliche Handlungsfähigkeit des Erben gegenüber dem Testamentsvollstrecker nicht gegeben wäre.[140]

Das sieht mittlerweile die Rechtsprechung anders.[141] Es wird jetzt nicht mehr a priori als Interessenkonflikt gesehen, wenn eine Person beide Funktionen auf sich vereint. Auch im Hinblick auf eine Beschränkung der Vermögenssorge etwa nach 1638 BGB ist davon auszugehen, dass der Testamentsvollstrecker gleichzeitig auch Ergänzungspfleger werden könnte. Allein die abstrakte Möglichkeit einer schädlichen Auswirkung etwaiger widerstreitender Interessen reicht hier nicht aus, um von einer Gefährdung des Erben auszugehen. Vielmehr müssen konkrete Anhaltspunkte vorliegen, um eine solche Gefährdung bejahen zu können.[142]

Auch hier ist indes der sichere Weg zu bevorzugen, sodass wenn immer möglich vermieden werden sollte, etwa den längerlebenden Elternteil gleichzeitig zum Testamentsvollstrecker zu ernennen.[143] Auch ist zu bedenken, dass der gesetzliche Vertreter nicht von den Beschränkungen des § 181 BGB befreit werden kann.

6. Befugnisse des Testamentsvollstreckers

153 Auszugehen ist hierbei von § 2205 BGB. Es handelt sich in diesen Fällen um eine Dauertestamentsvollstreckung. Der Testamentsvollstrecker ist gemäß § 2205 S. 2 BGB insbesondere berechtigt, den Nachlass in Besitz zu nehmen und über die Nachlassgegenstände zu verfügen Daraus ergibt sich, dass der Testamentsvollstrecker keiner familien- oder betreuungsgerichtlichen Genehmigung bedarf, wenn der Erbe selbst geschäftsunfähig oder beschränkt geschäftsfähig ist.[144] Der Testamentsvollstrecker muss lediglich darauf achten, dass er im Rahmen seiner eigenen Verfügungsmacht bleibt.

Ist die Testamentsvollstreckung ausschließlich für den Zeitraum der Vorerbschaft angeordnet, ist streitig, ob ein solcher Testamentsvollstrecker auch den Verfügungsbeschränkungen der Vorerbschaft unterliegt. Teilweise wird das bejaht, denn er könne nur die dem Vorerben zustehenden Rechte wahrnehmen und bedürfte darüber hinaus wohl der Zustimmung der Nacherben.[145] Anderes könnte nur gelten, wenn man durch

140 Etwa OLG Schleswig NJW-RR 2007, 1597.
141 BGH ZEV 2008, 330; OLG Hamm FamRZ 2017,1760; *Weidlich*, ZEV 2020, 136 (140).
142 OLG Köln ZEV 2019, 149.
143 *Litzenburger*, ZEV 2019, 152.
144 BGH IV ZR 280/04.
145 *Zimmermann*, Rn 168 unter Hinweis auf OLG München ZEV 2016, 325.

eine Auslegung des Testamentes feststellen könnte, dass der Erblasser auch eine Nacherbenvollstreckung wollte.[146]

Allerdings wird auch in der Rechtsprechung vertreten, dass der nur für die Vorerbschaft eingesetzte Testamentsvollstrecker nicht kraft Gesetzes an die Beschränkungen gem. §§ 2113, 2114 BGB gebunden sei.[147] Sicher ist es besser, die Testamentsvollstreckung sowohl für den Vorerben wie auch für den Nacherben anzuordnen, wobei die jeweiligen Befugnisse des Testamentsvollstreckers im Testament ausformuliert werden sollten.

a) Testamentsvollstreckung und Surrogationserwerb

Es stellt sich jetzt die Frage, ob ein Testamentsvollstrecker noch im Rahmen seines Aufgabenbereichs bleibt, wenn er mit Mitteln des Nachlasses, der beispielsweise ausschließlich aus Barvermögen besteht, eine Immobilie erwerben möchte. 154

Man könnte zunächst an die Verfügungsbeschränkung des § 2113 Abs. 1 BGB denken, denn es liegt ja eine nichtbefreite Vorerbschaft vor, sodass Grundstücksverfügungen an sich nicht möglich sind. Da hier aber mit den Mitteln des Nachlasses ein Grundstück erworben werden soll, handelt es sich gerade nicht um eine Verfügung über ein zur Erbschaft gehörendes Grundstück. Daher müssen die Nacherben (und Ersatznacherben) einem solchen Rechtsgeschäft des Testamentsvollstreckers nicht zustimmen.[148] Wenn der Erwerb tatsächlich mit Mitteln des Nachlasses erfolgt, erstreckt sich die Nacherbschaft nach § 2111 BGB auch auf das Grundstück.

Die Frage ist, ob der Testamentsvollstrecker einer Dauertestamentsvollstreckung zu einer solchen Rechtshandlung überhaupt befugt ist. Anders als bei der Abwicklungsvollstreckung, dem gesetzlichen Regelfall der Testamentsvollstreckung, umfasst die Dauertestamentsvollstreckung auch die Verfügungsbefugnis dahingehend, dass man ihn für berechtigt ansieht, auch derartige Grundstücksgeschäfte durchzuführen, wenn sie denn ordnungsgemäßer Verwaltung entsprechen.[149] 155

Der Testamentsvollstrecker hat alsdann allerdings die Schwierigkeit, im Grundbuchverfahren mit den dort zur Verfügung stehenden Mitteln (§ 29 GBO) nachzuweisen, dass der Kaufpreis zum Erwerb des Grundstücks allein aus den Mitteln des Nachlasses beglichen worden ist. Das wird er mit öffentlichen Urkunden kaum können,[150] sodass vertreten wird, dass in diesen Fällen die Beweismittelbeschränkung des § 29 GBO ausnahmsweise zurücktritt und ein Rückgriff auf freie Beweismittel oder allgemeine Erfahrungssätze für das Grundbuchamt möglich ist.[151]

146 *Keim*, ZErb 2008, 5.
147 KG RFamU 2022, 391 mit zweifelnder Anmerkung von *Ballon*.
148 MüKo-BGB/*Lieder*, § 2113 Rn 15.
149 DNotI-Gutachten Nr. 155831, III.1.
150 OLG Karlsruhe ZEV 2015, 703.
151 DNotI-Gutachten 155831, III.3. a.E.

In jedem Falle müsste sofort ein Testamentsvollstreckervermerk eingetragen.

> *Praxistipp*
>
> Es empfiehlt sich daher, die Testamentsvollstreckeranordnung so zu fassen, dass zumindest auch eine Nacherbentestamentsvollstreckung nach § 2222 BGB angeordnet wird, um dem Testamentsvollstrecker derartige Verfügungen zu ermöglichen. Ist im Übrigen der Testamentsvollstrecker auch Nacherbentestamentsvollstrecker nach § 2222 BGB, ist er den Beschränkungen der Vorerbschaft nicht mehr unterworfen.[152]

b) Testamentsvollstreckung und Verteilung der Erträgnisse

156 Dem Vorerben stehen grundsätzlich im Verhältnis zum Nacherben nach § 2111 Abs. 1 BGB die vollen Nutzungen zu. Bei einer Dauertestamentsvollstreckung erfasst das auch die erwirtschafteten Erträge. Es muss sich aus den Verwaltungsanordnungen ergeben, wie der Testamentsvollstrecker mit diesen Erträgnissen umzugehen hat: muss er sie vollständig auszahlen? Darf er sie möglicherweise vollständig oder zum Teil thesaurieren?

Fehlen derartige Anordnungen, gilt § 2216 Abs. 1 BGB, der Testamentsvollstrecker muss ordnungsgemäß verwalten. In diesen Fällen müsste er die Erträgnisse an den Vorerben herausgeben, soweit dieser sie zur Bestreitung des angemessenen Unterhalts benötigt. In dem bereits erwähnten Urteil des BGH[153] zur Frage, ob die Betreuervergütung aus dem Nachlass oder durch die Staatskasse gezahlt werden muss, hat der BGH diese Abgrenzung so vorgenommen.

Regelungen in einem Behindertentestament, die den Vorerben von sämtlichen Erträgnissen ausschließen, dürften unzulässig sein.[154] Hier wird indes zum Teil vertreten, dass sich aus Auftragsrecht ergeben könnte, es sei nicht zwingend notwendig, dass die Erträgnisse jährlich aus geklärt werden.[155] Allerdings wird man sich immer vor Augen halten müssen, welches Ziel der Erblasser mit der Anordnung verfolgt. So wird man davon ausgehen müssen, dass er dem Behinderten zumindest die Jahreserträge zufließen lassen wollte, damit er sie so verwenden kann, dass ein Sozialamt nicht zugreifen kann. Allerdings kann man das BGH-Urteil auch dahingehend interpretieren, dass er sogar eine vollständige Thesaurierung der Erträge für zulässig halten würde.

Ergeben sich – in heutiger Zeit kaum vorstellbar – nicht verbrauchte Überschüsse, sollte angeordnet werden, dass der Testamentsvollstrecker daraus für den Vorerben eine Rücklage bilden kann. Dies ist allein deswegen sinnvoll, um nicht den Zugriff des Sozialhilfeträgers zu provozieren.

152 *Zimmermann*, Rn 168.
153 BGH ZEV 2020, 41.
154 So jedenfalls *Mylich*, ZEV 2019, 246, aber str.
155 *Weidlich*, ZEV 2020, 136 (137).

c) Der Zugriff auf die Substanz

Ob und wie einem Testamentsvollstrecker erlaubt werden kann, auch auf die Substanz des Nachlassvermögens zuzugreifen, wird derzeit noch unterschiedlich beantwortet. Gerade in Zeiten der Niedrigzinsphase wird es für einen Testamentsvollstrecker unabdingbar sein, gegebenenfalls auch auf die Nachlasssubstanz durchgreifen zu können, um Anschaffungen zu tätigen, die für das behinderte Kind von Vorteil sind. Die Gewinne oder Erträgnisse werden hierfür kaum ausreichen 157

Wie schon erwähnt, ist in diesen Fällen zunächst davon auszugehen, dass eine Befreiung des Vorerben von der Verpflichtung zur mündelsicheren Geldanlage erfolgt ist. Es werden derzeit im Wesentlichen drei Varianten diskutiert, wie man einem Testamentsvollstrecker den Zugriff auf die Substanz ermöglichen könnte:

- Am Weitesten geht die Variante, die in diesen Fällen eine befreite Vorerbschaft angeordnet. Dadurch entfallen die Fesseln der nichtbefreiten Vorerbschaft und ein Verbrauch der Substanz für Zwecke des Vorerben wird ermöglicht. In diesen Fällen ist allerdings zwingend durch genaue Formulierungen der Testamentsvollstreckung und insbesondere der Verwaltungsanordnungen zu erreichen, dass eine Anrechenbarkeit auf die Sozialhilfe vermieden wird.[156]
- Man könnte auch das behinderte Kind zum Vollerben einsetzen und durch geeignete Regelungen der Testamentsvollstreckung den Zugriff des Sozialamtes vermeiden. Das wird man allerdings nur in den Fällen für richtig halten können, in denen es um einen überschaubaren Nachlass geht und ein vollständiger Verbrauch der Substanz in Kauf genommen wird.
- Schließlich findet sich die Gestaltung, dass es bei der nichtbefreiten Vorerbschaft verbleibt, der Testamentsvollstrecker aber zugleich auch Nacherbenvollstrecker nach § 2222 BGB wird, ferner die Ermächtigung erhält, für bestimmte Zwecke gegebenenfalls auf die Nachlasssubstanz zugreifen zu können.

158 Wenngleich davon auszugehen ist, dass allein die Anordnung der Testamentsvollstreckung verhindert, dass das Vermögen, welches der Testamentsauslegung unterliegt, sozialrechtlich verwertet wird, endet dieser Schutz aber zweifellos mit dem Eintritt des Nacherbfalls. Des Weiteren ist zu beachten, dass die Sozialämter in ihrer Praxis die Regelung über Vor- und Nacherbfolge sowie angeordnete Dauertestamentsvollstreckung durchgehend akzeptieren und anerkennen, beruhen sie doch auf dem derzeit gängigen Muster der Gestaltung. Diese Lösung führt also in der Praxis zu den geringsten Widerständen, sodass sie nach wie vor als empfehlenswert anzusehen ist.

Konstruktiv handelt es sich bei den dem Testamentsvollstrecker eingeräumten Befugnissen wohl am ehesten um ein Vorausvermächtnis zugunsten des Vorerben verbunden mit

156 Dazu und zu den anderen Modellen: *Spall*, ZEV 2017, 26 (28) m.w.N.

einem ebenfalls vermächtnisweise zugedachten Zustimmungsvermächtnis gegenüber den Nacherben. Andere sehen einen solchen Zugriff auf die Substanz eher als Variation der Befreiungsanordnung nach § 2136 BGB, in dem also dem Vorerben die Befugnis eingeräumt wird, einen Erbschaftsgegenstand für sich zu verwenden ohne nach § 2134 BGB zum Wertersatz verpflichtet zu sein.[157]

Es erscheint überdies sinnvoll, dem Testamentsvollstrecker den Zugriff auf die Substanz zu erlauben, wenn die Erträge nicht ausreichen, die laufenden Ausgaben und Auslagen sowie die Kosten des Testamentsvollstreckers zu decken.[158]

d) Testamentsvollstreckung und Erbauseinandersetzung

159 Erbauseinandersetzungen bergen gerade bei Behindertentestamenten oft zu spät erkannte Risiken. Bei der im nachfolgenden Muster favorisierten Vor- und Nacherbenlösung wird dem Behinderten eine Quote am Nachlass zugeordnet. Den „gesunden" Miterben ist vorbehalten, den Behinderten statt seiner Beteiligung am Immobilienvermögen entsprechendes Geldvermögen zu übertragen, um die Quote zu befriedigen, damit das in den Nachlass gefallene Grundvermögen von den Beschränkungen, die die Behindertenlösung mit sich bringt, befreit wird. Es ist ja auch außerordentlich sinnvoll, derartig am Nachlass beteiligte Behinderte ausschließlich mit Geldvermögen auszustatten, welches dann angelegt werden kann, sodass von den Erträgnissen gelebt werden kann. Zumindest lassen sich daraus eher Zuwendungen finanzieren als durch Beteiligungen an Immobilienvermögen. Ein derartiges Entnahmerecht muss berücksichtigen, dass der Entnehmende einen Ausgleich zahlen muss, wenn er durch die Entnahme mehr als seine Quote erhält, auch sollte man regeln, dass diese Art der Auseinandersetzung nicht verpflichtend ist. Ferner sollte die Auseinandersetzung nur mit Zustimmung des Längerlebenden möglich sein (§ 2044 BGB).[159]

Die Testamentsvollstreckung muss sich an den so erhaltenen Ausgleichszahlungen fortsetzen.

Gleiches könnte man durch entsprechende Teilungsanordnungen in Testamenten nach § 2048 BGB erreichen. Da in der Regel nicht absehbar ist, ob der Nachlass so strukturiert ist, dass die Quote des behinderten Kindes mit Geld ausgeglichen werden kann, also genügend Masse für eine Teilungsanordnung vorhanden ist, stellt man den Zeitpunkt der Durchführung der Teilungsanordnung in das Ermessen des Testamentsvollstreckers.[160]

160 Relativ aktuelle Rechtsprechung lässt aber dazu aufhorchen. Das LG Kassel[161] hatte den Fall eines klassischen Behindertentestamentes zu beurteilen, in dessen Vollzug nach

157 So *Weidlich*, a.a.O. mit entspr. Formulierungsvorschlag.
158 Formulierungsvorschlag bei *Hammann*, Rn 314.
159 Vgl. auch *Weidlich*, ZEV 2020, 136 (140).
160 So auch Tanck/Krug/Süß/*Horn/Bienert*, § 21 Rn 52.
161 LG Kassel ZEV 2014, 104.

Eintritt des Erbfalls der Betreuer der behinderten Tochter ihren Anteil an der Erbengemeinschaft gegen Zahlung von 21.000 EUR an die einzig weitere Miterbin, die Mutter, übertrug. Das Betreuungsgericht genehmigte diese Erbteilsübertragung. Nunmehr forderte das Land Hessen von der Betreuten die Wiedereinzahlung der seit 2009 verauslagten Betreuervergütungen und Gutachterkosten. Das Land hatte vor dem LG Kassel Erfolg. Das Landgericht meinte, durch die Übertragung des Erbteils auf die Mutter sei die Erbengemeinschaft aufgelöst worden und damit seien auch sämtliche auf dem Erbteil liegenden Beschränkungen entfallen. Der vereinbarte Betrag stelle kein Surrogat dar, sodass sich daran die Testamentsvollstreckung nicht fortsetze. Damit hatten die Beteiligten praktisch selbst den Schutzmechanismus des Behindertentestamentes beseitigt.

Die Beteiligten hatten im entschiedenen Fall nicht die Teilung des Nachlasses im Wege **161** der Verfügung über Einzelgegenstände vollzogen, sondern eine Erbteilsübertragung durchgeführt. Im Unterschied zu der klassischen Erbauseinandersetzung hat die Erbteilsübertragung allerdings eine Gesamtrechtsnachfolge bewirkt und hat unmittelbare dingliche Wirkung erzielt. Der Erwerber des Erbteils tritt mit der Veräußerung direkt an die Stelle des Miterben in dessen vermögensrechtliche Stellung am Nachlass ein, ohne aber die Miterbenstellung als solche zu erwerben.[162] Diese Art der Auseinandersetzung durch Erbteilsübertragung bringt zwar Kostenvorteile mit sich (Gegenstandswert ist nicht der gesamte Nachlass, sondern nur der Wert des Erbteils), es stellen sich aber die Fragen der Surrogation in Zusammenhang mit dem Behindertentestament mit aller Deutlichkeit.

Das LG Kassel hat nun gemeint, dass das vorhandene Sparvermögen kein Schonver- **162** mögen mehr darstelle, nachdem der Erbteil übertragen war, sondern einzusetzendes Vermögen. In Folge der Übertragung des Erbteils auf die weitere Miterbin sei der Erbteil dinglich übertragen, die Erbengemeinschaft aufgelöst und sämtliche auf dem Erbteil des Behinderten liegenden Beschränkungen gegenstandslos geworden. Daran zeigt sich, dass die Entscheidung des Landgerichts auch aus Notarsicht Haftungskonsequenzen haben könnte. Folgt man dem LG Kassel in der juristischen Bewertung,[163] verbietet sich eine Auseinandersetzung der Erbengemeinschaft durch eine Erbteilsübertragung. Dann wäre es in jedem Falle sinnvoller, die Erbengemeinschaft auf dem üblichen Wege durch Teilung des Nachlasses im Wege der Verfügung über Einzelgegenstände auseinanderzusetzen, denn in diesem Falle gilt die Surrogationsvorschrift des § 2111 BGB.

Ob die fatalen Folgen einer fehlenden Surrogation auch bei einer Abschichtungsvereinbarung eintreten, ist noch nicht geklärt,[164] sodass auch hiervon Abstand genommen werden sollte.

162 *Müller*, NotBZ 2017, 81, 86.
163 So beispielsweise *Müller,* NotBZ 2017, 81, 87.
164 Dazu etwa *Keim*, DNotZ 2014, 895, 904.

163 *Keim*[165] weist darauf hin, dass in den klassischen Fällen der Erbauseinandersetzung, die so ausgestaltet sind, dass einzelne Gegenstände übertragen werden, sich die Nacherbschaft im Wege der Surrogation nach § 2111 BGB an den zugewiesenen Gegenständen fortsetzt.

Ob sich allerdings die angeordnete Testamentsvollstreckung ebenfalls an den zugewiesenen Surrogaten fortsetzt, was sich nur nach § 2041 BGB analog ergeben könnte, ist bis zum heutigen Tage, zumindest höchstrichterlich, noch nicht entschieden. Im anliegenden Formulierungsvorschlag ist daher eine ausdrückliche Anordnung der Erblasser enthalten, dass die Testamentsvollstreckung sich auch an Surrogaten fortsetzt. Eine solche Erblasseranordnung ist zulässig und sinnvoll.

Wenn allerdings, wie im entschiedenen Fall, eine Erbteilsübertragung stattfindet, entfällt die Nacherbenbindung für die stattdessen ausgezahlten Beträge. Ob sich die Testamentsvollstreckung fortsetzt, ist außerordentlich zweifelhaft. Es dürfte keine Surrogation stattfinden, sodass diese Art der Erbauseinandersetzung in jedem Falle zu vermeiden ist.

164 Kurz und gut:

Bei Vorliegen eines Behindertentestaments kommt eine Erbauseinandersetzung nur durch Verteilung und Übertragung einzelner Nachlassgegenstände auf die jeweiligen Miterben in Betracht.

165 Das gilt natürlich erst recht für Teilungsanordnungen (§ 2048 BGB). Dem behinderten Kind sollte, wenn eben möglich, lediglich Geldvermögen zugeteilt werden, um die ansonsten drohende Grundbuchsperre zu vermeiden. Der Testamentsvollstrecker sollte sodann den Zeitpunkt und die Art und Weise der Aufteilung des Nachlasses bestimmen dürfen. Ferner ist darauf zu achten, dass sich die Testamentsvollstreckung an den dem behinderten Kind zugewiesenen Nachlassgegenständen fortsetzt.[166]

7. Die Vergütung des Testamentsvollstreckers

166 Es ist allgemein bekannt, dass es bei der Anordnung der Testamentsvollstreckung häufig unterlassen wird, Regelungen zur Vergütung des Testamentsvollstreckers aufzunehmen. Ebenso ist geläufig, dass es im Zusammenhang mit der anschließenden Bezahlung des Testamentsvollstreckers häufig zu zivilprozessualen Auseinandersetzungen kommt. Dieser Problemkreis ist also an sich streitanfällig. In unserer Fallgestaltung spielt jedoch das Vergütungsproblem keine hervorgehobene Rolle, da zu Testamentsvollstreckern in aller Regel Familienangehörige, zumeist gesunde Geschwister, berufen werden, die für ihre Tätigkeit eine Vergütung nicht erhalten (wollen). Hier ist allenfalls ein Aufwendungs-

165 *Keim*, DNotZ 2014, 895 ff.
166 Formulierung bei *Langenfeld/Fröhler*, Kap. 6 C Rn 114.

ersatz geschuldet. Eine vollendete Regelung des Behindertentestamentes müsste sich auch zu diesem Problem äußern.

Sinnvoll kann sein, die Frage der Testamentsvollstreckervergütung für den Fall zu regeln, 167
dass ein Familienangehöriger nicht mehr zur Verfügung steht, sodass über die Ersatztestamentsvollstreckung möglicherweise Fremde mit der Testamentsvollstreckung beauftragt werden. Ausführungen zur Frage der Vergütung sind also in jedem Falle angezeigt. In der Regel sollte sich die Vergütung nach den „Empfehlungen des Deutschen Notarvereins für die Vergütung von Testamentsvollstreckern" in der jeweils geltenden Fassung (bezogen auf den Erbfall) richten.[167]

Schließlich empfiehlt es sich, den Testamentsvollstrecker zumindest die Beträge zufließen zu lassen, die er zum Abschluss und zur Unterhaltung einer angemessenen Haftpflichtversicherung benötigt.[168]

III. Besondere Gefahrenquelle: Lebzeitige Schenkungen

1. Allgemeines

Wenn einmal das Behindertentestament durchstrukturiert beurkundet ist, haben die 168
Beteiligten, jedenfalls nach derzeitigem Stand der Beurkundungstechnik, alles getan, um zu verhindern, dass ein Dritter, insbesondere ein Sozialhilfeträger, Zugriff auf den Nachlass nach den Eltern erhält. Allerdings ist nicht zu verkennen, dass es einer häufig anzutreffenden Mentalität derartiger Eltern entspricht, im Laufe der Jahre dann doch noch weitere – unentgeltliche – Zuwendungen an die gesunden Kinder zu tätigen, meist mit dem Hintergrund, diese Vermögenswerte durch rechtzeitige Herauslösung aus dem eigenen Vermögen gar nicht erst in die Problematik des Nachlasses kommen zu lassen. Sie vergessen hierbei – oder wissen es auch tatsächlich nicht –, dass durch lebzeitige unentgeltliche Zuwendungen an Dritte Pflichtteilsergänzungsansprüche nach § 2325 BGB die Folge sind, wenn die Zehnjahresfrist des § 2325 Abs. 3 BGB, die der Gesetzgeber offensichtlich in Stein gemeißelt hat, deren Abänderung jedenfalls nicht zu erwarten ist, noch nicht abgelaufen ist. Erst recht wird man von juristischen Laien nicht erwarten dürfen, dass sie etwa mit der Problematik vertraut sind, dass die Frist des § 2325 Abs. 3 BGB in bestimmten Fällen gar nicht erst zu laufen beginnt. Man denke nur an eine lebzeitige Übertragung des selbst bewohnten Hauses an eines der Kinder gegen Nießbrauch oder überwiegendes Wohnungsrecht. Auch, dass Schenkungen innerhalb bestehender Ehe die Zehnjahresfrist nicht laufen lassen, ist den Beteiligten natürlich nicht geläufig. In all diesen Fällen kreieren die Eltern durch die nach Abfassung des Testamentes

167 Einzelheiten dazu bei *Hammann* Rn 320.
168 Münchener Vertragshandbuch II/*Herrler/Otto,* Kap. XII 19. Rn 10.

noch vollzogenen Zuwendungen neue Ansprüche, die selbstverständlich vom Sozialhilfeträger übergeleitet werden können.

169 Die einzige gute Nachricht in diesem Zusammenhang ist, dass nach der letzten Erbrechtsreform zum 1.1.2010 das Pro-Rata-Modell eingeführt worden ist, sodass also pro Jahr ein Zehntel des Anspruchs in Abzug kommt (sog. Abschmelzung), allerdings nur unter der Voraussetzung, dass die Zehn-Jahres-Frist überhaupt zu laufen begonnen hat.

An der sich so ergebenden Problemstellung wird noch einmal sehr schön deutlich, dass ein eminenter Unterschied zwischen dem Pflichtteilsanspruch und dem Pflichtteilsergänzungsanspruch besteht, dass es sich letztlich also um zwei völlig unterschiedliche Ansprüche handelt, so dass der Pflichtteilsergänzungsanspruch naturgemäß neben der Erbenstellung des Behinderten entstehen kann. Gerade dies führt dazu, dass der Sozialhilfeträger den Anspruch überleiten kann.

170 Zwar muss ein Sozialhilfeträger bei der Frage der Geltendmachung der Überleitung auch die Interessen des Behinderten, dessen soziale Rechte, berücksichtigen und seine Ermessensentscheidung danach ausrichten, für die zivilrechtliche Gestaltung dürfte aber im Sinne eines Worst-Case-Scenarios davon auszugehen sein, dass der Anspruch tatsächlich übergeleitet wird. Hier gilt es, gegenzusteuern.

2. Zusätzlich anzuordnen: Bedingtes Vorausvermächtnis

171 In der insoweit einschlägigen Fachliteratur wird, völlig zu Recht, empfohlen, dem Behinderten zusätzlich zu dem Erbteil noch ein Vermächtnis zukommen zu lassen, und zwar in der Form des bedingten Vorausvermächtnisses.[169]

Bei der Ausgestaltung ist Einiges zu beachten.

a) Warum Vorausvermächtnis?

172 Die Anordnung als Vorausvermächtnis ist bei der hier favorisierten Erbschaftslösung (Einsetzung des Behinderten als nicht befreiter Vorerbe) technisch nicht anders machbar. Der Behinderte ist ja bereits zu einer bestimmten Quote Erbe, so dass ihm das, was jetzt noch hinzukommt, nicht in seiner Position als Erbe zufließen soll, sondern praktisch noch hinzutritt, damit also folgerichtigerweise als Vorausvermächtnis ausgestaltet werden muss. Er erhält die noch näher zu diskutierenden Leistungen zusätzlich zu seinem – beschwerten – Erbteil.

173 Anders ist es natürlich, wenn man die Gestaltung über eine Vermächtnislösung wählt. Dann könnte man die hier abgehandelten Ansprüche ebenso vermächtnisweise zuteilen wie die übrigen Ansprüche, denn bei dieser Variante ist der Behinderte nicht Miterbe,

169 *Schindler*, ZErb 2006, 186; *Ruby/Schindler/Wirich*, § 3 Rn 104; *Weidlich*, ZEV 2001, 94; *Hammann*, Rn 222 nennt es etwas verwirrend „Ausgleichsvermächtnis".

sondern „nur“ Vermächtnisnehmer. Bei der weiteren Betrachtung ist hier von der Lösung über die Vor- und Nacherbschaft auszugehen, sodass ein Vorausvermächtnis anzuordnen ist.

b) Vorausvermächtnis als Vorvermächtnis

Dieses Vorausvermächtnis muss dann so ausgestaltet werden, dass die daraus erzielten 174
Zuwendungen genauso geschützt sind, wie die durch die Vorerbschaft kreierten Ansprüche. Das bedeutet zunächst, dass der Vermächtnisnehmer nur Vorvermächtnisnehmer sein darf und Nachvermächtnisnehmer tunlichst die Personen werden, die im Rahmen der Erbenstellung die Position der Nacherben innehalten.

c) Dauertestamentsvollstreckung

Konsequenterweise muss dieses Vorvermächtnis auch der Dauertestamentsvollstreckung 175
unterstellt werden, damit die Erträgnisse dem Behinderten zusätzlich zukommen können.

d) Aufschiebende Bedingung

Das Vermächtnis ist aufschiebend bedingt anzuordnen, weil im Zeitpunkt der Testa- 176
mentserrichtung natürlich noch keine lebzeitigen Zuwendungen, die zu einem Pflichtteilsergänzungsanspruch führen könnten, geflossen sind bzw. die Testierenden ja von einer bestimmten Vermögenslage ausgehen, auf deren Grundlage sie das Testament errichten. Die Gefahr, dass diese Vermögenssituation nachträglich verändert wird, besteht. In diesen Fällen entstehen dann Pflichtteilsergänzungsansprüche. Ob allerdings solche Zuwendungen überhaupt stattfinden, steht im Zeitpunkt der Testamentserrichtung nicht fest, möglicherweise handelt es sich auch lediglich um eine Vorsichtsmaßnahme. Wenn die Eltern ihren gesunden Kindern oder Dritten anschließend keinerlei Vermögenswerte zuwenden, läuft der hier diskutierte Anspruch ins Leere. Daher ist das Vermächtnis aufschiebend bedingt für den Fall angeordnet, dass überhaupt im Zeitpunkt des Erbfalls konkrete Pflichtteilsergänzungsansprüche vorhanden sind.

e) Höhe des Vermächtnisses

Zu diskutieren ist noch die Höhe des Vermächtnisses. Zwar ist nach der Neufassung des 177
§ 2306 BGB die Gefahr des Wegfalls der Beschränkungen nicht mehr gegeben, gleichwohl ist es sinnvoll, den Geldbetrag, den der Behinderte als Pflichtteilsergänzung vermächtnisweise erhält, proportional zum Wert der Pflichtteilsergänzung zu berechnen. Hier kommt etwa eine Quote von 110 % eines eventuellen Ergänzungsanspruchs in Frage. Denkbar ist aber auch, als Quote dieselbe zu verwenden, die für die Nachlassbeteiligung des Behinderten im Übrigen vorgesehen ist. Darüber hinaus ist anzuordnen, dass der auserkorene Nachvermächtnisnehmer verpflichtet wird, bis zur Fälligkeit des Nachvermächtnisses eine Sicherung seines Anspruchs selbst nicht zu verlangen oder durchzusetzen, da letzteres kontraproduktiv wäre.

Im Übrigen schließt § 2326 S. 2 BGB die Geltendmachung des Pflichtteilsergänzungsanspruchs aus, sobald dem Pflichtteilsberechtigen mehr als die Hälfte seines gesetzlichen Erbteils hinterlassen worden ist. Durch die hier vorgeschlagene etwas höhere Quote besteht kaum ein Risiko, dass beim Erbfall ein überleitbarer Pflichtteilsergänzungsanspruch vorhanden ist.

f) Verschaffungsvermächtnis?

178 Übersteigt der Vermächtnisbetrag den Nachlasswert, müsste das hier diskutierte Vermächtnis als Verschaffungsvermächtnis ausgestaltet werden.[170]

Diese Anordnungen haben nur dann Sinn, wenn der gesunde Teil der Familie diese Regelung akzeptiert. Bekanntlich könnte ein Verschaffungsvermächtnis damit torpediert werden, dass der Erbe seine beschränkte Erbenhaftung aufruft.

179 Die oben diskutierte Problematik, die sich bei der Anwendung der Vermächtnislösung immer ergibt und hier durch die Hintertür der Abhandlung des Pflichtteilsergänzungsanspruchs wiedererscheint, besteht darin, dass das Verhältnis zwischen dem Nachvermächtnisanspruch und dem Sozialhilferegress letztlich noch nicht geklärt ist.

Anordnen sollte man ein derartiges Vor- und Nachvermächtnis aber auf jeden Fall, um die Begehrlichkeiten des Sozialhilfeträgers insoweit auszuschließen.

3. Sonderproblem: Lebensversicherungen

180 Sind durch den/die Erblasser Lebensversicherungen abgeschlossen, wird in der Regel eine Bezugsberechtigung angeordnet. Erlebt dann der Erblasser etwa bei Kapitallebensversicherungen den Endzeitpunkt nicht mehr, kommt also der Bezugsberechtigte in den Genuss der Auszahlung. Diese erfolgt „am Nachlass vorbei“, da es sich insoweit um einen Vertrag zugunsten Dritter handelt. Damit fällt diese Zuwendung – oft von erheblichem Gewicht – nicht in den Nachlass und unterliegt nicht den Beschränkungen des Behindertentestamentes.

Um das zu verhindern, bleibt nur der Ausweg, die Versicherungsleistung direkt in den Nachlass fließen zu lassen, etwa durch Benennung des Versicherten selbst zum Bezugsberechtigten oder durch Aufhebung der Bezugsberechtigung insgesamt. Hier sollten auf keinen Fall „die Erben“ als bezugsberechtigt eingesetzt werden, da dann in der Person der Erben die Bezugsberechtigung entstünde, nicht aber – wie eigentlich gewollt – die Leistung in den Nachlass fließen würde.[171]

170 *Ruby/Schindler/Wirich*, Rn 106 am Ende.
171 Dazu auch *Hammann* Rn 224.

IV. Musterformulierung „Erbschaftslösung"

▼ 181

Muster 2.1: Formulierungsvorschlag „Erbschaftslösung"

In Bezug auf die Erbeinsetzung könnte man etwa wie folgt formulieren (das Beispiel geht von Eltern mit zwei Kindern, von denen eines behindert ist, aus:

___ Urkundskopf (übliche allgemeine Feststellungen)

I. Die Erbeinsetzung

1. Erbfolge beim ersten Erbfall

a) Miterben nach dem Erstversterbenden von uns sind der Längerlebende sowie unser Sohn ___ (Name des Behinderten).

Der Längerlebende von uns wird Erbe zu ___, unser Sohn zu ___.

oder

a) Miterben nach dem Erstversterbenden von uns sind der Längerlebende von uns sowie unser Sohn ___ (Name des Behinderten). Unser Sohn ___ (Name des Behinderten) erbt zu einer Quote von 60 % seines gesetzlichen Erbteils, im Übrigen erbt der Längerlebende von uns.

b) ___ ist jedoch nur nicht befreiter **Vorerbe**. Der **Nacherbfall** tritt mit dem Tod des Vorerben ein.

Nacherbe ist der Längerlebende von uns beiden, ersatzweise ___.

Mögliche Ergänzung:

Der Vorerbe wird von der Verpflichtung zur mündelsicheren Geldanlage (§ 2120 BGB) sowie zur Verpflichtung, Wertpapiere zu hinterlegen und einen Sperrvermerk im Schuldbuch eintragen zu lassen, ausdrücklich befreit.

c) Vorstehende Regelungen gelten unabhängig davon, wer von uns zuerst verstirbt.

2. Erbfolge beim zweiten Erbfall („Schlusserbfall")

a) Miterben nach dem Längerlebenden von uns (sog. „Schlusserben") sind unsere gemeinsamen Kinder, und zwar unsere Tochter zu ___ und unser Sohn (der Behinderte) zu ___. Dies gilt unabhängig davon, wer von uns zuerst verstirbt. Ersatzschlusserben sind jeweils die Abkömmlinge der Schlusserben zu unter sich gleichen Stammanteilen. Sind solche nicht vorhanden, tritt bei den übrigen Schlusserben Anwachsung gemäß § 2094 BGB ein.

oder

a) Miterben nach dem Längerlebenden von uns (sog. „Schlusserben“) sind unsere gemeinsamen Kinder, und zwar (Namen der gemeinsamen Kinder).

Unser Sohn (Name des Behinderten) erbt zu einer Quote von 60 % seines gesetzlichen Erbteils, im Übrigen erbt unser Sohn/unsere Tochter .

b) ist jedoch auch beim Schlusserbfall nur nicht befreiter **Vorerbe**. Der **Nacherbfall** tritt mit dem Tod des Vorerben ein. **Nacherben** sind dessen bei Eintritt des Nacherbfalles etwa vorhandene Abkömmlinge entsprechend den Regeln der gesetzlichen Erbfolge. Ersatznacherbe ist der andere Schlusserbe, wiederum ersatzweise dessen Abkömmlinge nach den Regeln der gesetzlichen Erbfolge.

II. Anordnung von Testamentsvollstreckung für beide Erbfälle

Unter der Bedingung, dass unser Sohn beim jeweiligen Erbfall Vorerbe werden sollte, ordnet ein jeder von uns eine auf dessen Nachlassbeteiligungen beschränkte

Dauertestamentsvollstreckung gemäß den §§ 2209 ff. BGB an.

Die Testamentsvollstreckung endet mit dem Eintritt des jeweiligen Nacherbfalles. Bis zu diesem Zeitpunkt nimmt der Testamentsvollstrecker auch die Rechte der/des Nacherben wahr, § 2222 BGB.

1. Ziel der Testamentsvollstreckung

Aufgrund seiner körperlichen Behinderung ist davon auszugehen, dass unser Sohn nicht in der Lage sein wird, seinen Lebensunterhalt nachhaltig und vollständig durch eigene Erwerbstätigkeit zu bestreiten.

Ziel der Dauertestamentsvollstreckung ist es deshalb, ihm aus den Mitteln seiner Nachlassbeteiligung dauerhaft einen angemessenen Lebensstandard zu ermöglichen, der über das Niveau einer staatlichen Grundversorgung, insbesondere der Sozialhilfe, hinausgeht. Die Nachlassbeteiligungen unseres Sohnes werden voraussichtlich so hohe Erträge abwerfen, dass dieses Ziel auch ohne Inanspruchnahme von Leistungen einer staatlichen Grundversorgung erreicht werden kann. Sollte dies jedoch nicht der Fall sein, kommt dem vorstehend beschriebenen Ziel Vorrang gegenüber einer Entlastung der staatlichen Träger zu.

Sollte dieses Ziel in Zukunft durch Änderungen der Rechtsprechung oder Gesetzesänderung sittlich missbilligt oder gar als gesetzeswidrig behandelt werden, sollen unsere Verfügungen im Wege der ergänzenden Auslegung angepasst werden. Stets soll dabei versucht werden, das von einem jeden von uns angestrebte Ziel, soweit es die Rechtslage dann zulässt, zu verwirklichen.

2. Aufgaben und Befugnisse des Testamentsvollstreckers

a) Der Testamentsvollstrecker nimmt anstelle unseres Sohnes dessen Rechte aus den ihm zugedachten Nachlassbeteiligungen wahr. Er hat die zugunsten unseres Kindes angeordneten Vermächtnisse zu erfüllen und zu verwalten. Die Verwaltungsaufgabe erstreckt sich auf Lebzeiten des Vorvermächtnisnehmers und darüber hinaus bis zum Übergang auf den oder die Vermächtnisnehmer (Nachvermächtnisnehmer). Die Testamentsvollstreckung erstreckt sich auch auf das weiter angeordnete bedingte Vermächtnis. Sie setzt sich an einem Surrogat fort.

b) Von den Beschränkungen des § 181 BGB ist der Testamentsvollstrecker befreit. In der Eingehung von Verbindlichkeiten ist er nicht beschränkt.

3. Anweisungen an den Testamentsvollstrecker zur Mittelverwendung

Gemäß § 2216 Abs. 2 BGB trifft ein jeder von uns folgende, für den Testamentsvollstrecker

verbindliche Anordnungen:

Die jährlichen Reinerträge aus den verwalteten Nachlassbeteiligungen sind ausschließlich so zuzuwenden, dass von ____ bezogene staatliche Leistungen, insbesondere Sozialhilfe oder bedarfsorientierte Grundsicherung, weder versagt noch gekürzt werden können.

Mit den Erträgen sollen deshalb nur solche Aufwendungen finanziert werden, für die eine staatliche Beihilfe nicht gewährt wird, derzeit also insbesondere

- Geschenke zum Geburtstag und Namenstag, zu Weihnachten, Ostern und Pfingsten;
- Zuwendungen zur Befriedigung von individuellen Bedürfnissen geistiger und künstlerischer Art sowie für die Freizeitgestaltung, insbesondere für Hobbies;
- Zuschüsse zur Finanzierung und Gestaltung von Ausflügen und Urlaub;
- Geldzuwendungen, die jedoch – wenn erstattungspflichtige Sozialhilfeleistungen oder sonstige bedarfsabhängige Sozialleistungen in Anspruch genommen werden – den Rahmen dessen nicht übersteigen dürfen, was ____ nach den einschlägigen Bestimmungen maximal zur freien Verfügung haben darf.

Bei der Mittelverwendung ist auf die Bedürfnisse und – soweit möglich – auf die Wünsche von ____ einzugehen. Der Testamentsvollstrecker ist dabei stets verpflichtet, soweit rechtlich zulässig, das oben beschriebene Ziel der Testamentsvollstreckung umzusetzen.

Welche Teile des jährlichen Reinertrages er für die einzelnen oben genannten oder andere Leistungen verwendet, steht im billigen Ermessen des Testamentsvollstreckers. Soweit die jährlichen Reinerträge nicht in voller Höhe in der oben beschriebenen Weise verwendet worden sind, hat sie der Testamentsvollstrecker gewinnbringend anzulegen. Zu einer mündelsicheren Geldanlage ist er dabei nicht verpflichtet.

Zum Erreichen dieses Ziels sollen in erster Linie die Erträge der Nachlassbeteiligungen eingesetzt werden. Wenn nach freier Überzeugung des Testamentsvollstreckers und übereinstimmender Auffassung des gesetzlichen Vertreters des Vorerben die Erträge des Nachlasses zur Erreichung dieses Ziels nicht ausreichen, darf der Testamentsvollstrecker auch die Substanz der Nachlassbeteiligung verwenden. Vorsorglich wenden wir für diesen Fall dem Vorerben vermächtnisweise einen Anspruch auf Zustimmung zu den entsprechenden Entnahmen zu. Die Zustimmung kann vom Testamentsvollstrecker als Nacherbenvollstrecker erteilt werden.

4. Erbauseinandersetzung/Übernahme

Sollte eine Erbauseinandersetzung durchgeführt werden, setzt sich die angeordnete Dauertestamentsvollstreckung auch an den unserem Sohn zugewiesenen Gegenständen fort und erstreckt sich hierauf. Gleiches gilt für etwa erhaltene Surrogate.

Der längerlebende Ehegatte hat das Recht, etwa in den Nachlass fallende Immobilien zu alleinigem Eigentum zu übernehmen. Dabei hat er alle jeweils grundbuchlich vorhandenen Belastungen zu übernehmen und den Nachlass insoweit freizustellen. Übersteigt der Wert der entnommenen Immobilie/des Anteils an der Immobilie den Wert des Erbteils des Längerlebenden, muss er die Differenz als Ausgleich an den Nachlass bzw. den verbleibenden Erben zahlen.

Auf die Auseinandersetzung besteht kein Anspruch. Ohne Zustimmung des Längerlebenden soll sie nicht stattfinden (Verbot der Auseinandersetzung nach § 2044 BGB).

5. Vergütung/Versicherung

Solange ___ oder ___ Testamentsvollstrecker sind, erhalten sie für ihre Tätigkeit keine Vergütung. §§ 2218 Abs. 1, 670 BGB (Auslagenersatz) bleiben unberührt.

Der jeweilige Testamentsvollstrecker erhält vermächtnisweise die Beträge, die er zum Abschluss und zur Unterhaltung einer in angemessener Höhe abzuschließenden Haftpflichtversicherung (Haftung des Testamentsvollstreckers gegenüber Erben und/oder Vermächtnisnehmern) nachweislich benötigt.

III. Bedingtes Vorvermächtnis (Vorausvermächtnis)

1. Vorvermächtnisanordnung

Unabhängig von der Reihenfolge unseres Ablebens beschwert ein jeder von uns seinen Erben zugunsten unseres Kindes ___ mit folgendem bedingten Vermächtnis und zwar für den Fall, dass ___ (Name des behinderten Kindes) bei dem jeweiligen Erbfall Pflichtteilsergänzungsansprüche zustehen würden. Das Vermächtnis ist ein Vorvermächtnis.

Soweit ___ wegen lebzeitiger Zuwendung des Erblassers an andere Personen Pflichtteilsergänzungsansprüche nach § 2325 BGB oder Ansprüche gegen den

Beschenkten nach § 2329 BGB zustehen würden, haben die Beschwerten an einen Geldbetrag in Höhe von 110 % dieser Ansprüche auszuzahlen unabhängig von der Höhe des verbliebenen Nachlasses.

Bei der Berechnung ist so vorzugehen, als ob der Vorvermächtnisnehmer vollständig enterbt worden wäre. Übersteigt der Vermächtnisbetrag den Nachlassanteil von , handelt es sich um ein Verschaffungsvermächtnis.

2. Nachvermächtnisanordnung

Es wird jeweils ein Nachvermächtnis angeordnet. Nachvermächtnisnehmer sind in erster Linie die Abkömmlinge unseres Kindes (Name des behinderten Kindes), ersatzweise unsere sonstigen gemeinsamen Kinder bzw. deren Abkömmlinge nach den Regeln der gesetzlichen Erbfolge.

Das Nachvermächtnis tritt mit dem Tode des Vorvermächtnisnehmers/der Vorvermächtnisnehmerin ein.

Der Vorvermächtnisnehmer/die Vorvermächtnisnehmerin ist weder für Verluste der Vermögenssubstanz noch für die von ihm bis zur Fälligkeit des Vermächtnisses gezogene Nutzung zum Ersatz verpflichtet.

Im Wege des Untervermächtnisses wird der Nachvermächtnisnehmer verpflichtet, bis zur Fälligkeit des Nachvermächtnisses eine Sicherung seines Anspruchs weder zu verlangen noch selbst durchzusetzen.

3. Erstreckung der Testamentsvollstreckung

Die unter angeordnete Testamentsvollstreckung erstreckt sich auch auf die von dem Vorvermächtnis erfassten Beträge. Die vorstehenden Anordnungen zur Testamentsvollstreckung gelten hierfür sinngemäß.

▲

H. Die sogenannte Trennungslösung

Eine etwas exotische Variante der Vor- und Nacherbenlösung bietet *Litzenburger* an.[172] **182**

Hier geht es um die gemeinsame Nachlassplanung beider Elternteile. Insoweit wird vorgeschlagen, eine Trennungslösung für den ersten Erbfall einzubauen, also nur für den Fall des Erstversterbenden der Eltern. Hier setzt der Erstversterbende den Längerlebenden zum alleinigen befreiten Vorerben ein. Die Kinder, also auch das behinderte Kind, werden zu Nacherben berufen. Das behinderte Kind ist durch eine weitere Nacherbfolge beschränkt.

172 *Litzenburger*, RNotZ 2004, 138 ff.

183 Die Beteiligung am Nachlass des Erstversterbenden besteht in diesen Fällen also ausschließlich in einem Nacherbenanwartschaftsrecht. Denn mit dem Eintritt des ersten Erbfalls wird aus der noch nicht in einem Recht verkörperten Hoffnung auf Nachlassbeteiligung ein Anwartschaftsrecht. Der Nacherbfall tritt mit dem Tode des Vorerben ein, also erst mit dem Tod des länger lebenden Ehegatten.

184 Wie bereits erwähnt, ist die Stellung des behinderten Kindes zunächst die des Nacherben, wobei diese Nacherbfolge wiederum mit einer weiteren Nacherbfolge beschwert wird, sodass der Nacherbe hier erneut nur die Stellung eines Vorerben erhält.

Auf den zweiten Erbfall wird dann die übliche Lösung angewandt: Vorerbschaft des behinderten Kindes und Nacherbeneinsetzung der gesunden Geschwister.

185 Die von *Litzenburger* vertretene Lösung unterliegt einigen Bedenken, die auch schon in der Literatur formuliert worden sind.[173]

Das Problem der hier vorgestellten Lösungsvariante ist, dass der Behinderte, da er ja nur ein Nacherbenanwartschaftsrecht erwirbt, bis zum Tode seines Vorerben nur Nacherbe ist und damit von den Nutzungen des Nachlasses völlig ausgeschlossen ist. Muss dann nicht der gesetzliche Vertreter doch ausschlagen und den Pflichtteil verlangen? Hier ist in der Literatur von einem gesteigerten Druck auf den gesetzlichen Vertreter die Rede, im wohlverstandenen Interesse des Behinderten auszuschlagen.[174]

186 Rufen wir uns die Motivationen der Eltern in Erinnerung, die ein behindertes Kind haben. Das behinderte Kind soll doch zumindest Unterstützungen erhalten, um möglichst über Sozialhilfeniveau leben zu können.

Die Zuwendungen aus den Erträgnissen der nicht befreiten Vorerbschaft sollen dazu dienen, den Lebensstandard dieses Kindes zu steigern. Gerade dieses Ziel würde aber mit der sogenannten Trennungslösung nicht erreicht, da man das Kind bis zum Tode des zweiten Elternteils von allen Nutzungen ausschließt und lediglich auf ein Anwartschaftsrecht verweist.

187 Die Entscheidung des Betreuers, hier anzunehmen oder auszuschlagen, hat also eine andere Grundlage. Welche Vorteile werden eigentlich dem behinderten Kind durch die Zubuchung eines Nacherbenanwartschaftsrechtes zugewandt? Nimmt der Betreuer die Gestaltung an, würde das betreute Kind weiterhin auf Sozialhilfeniveau verbleiben und keinerlei Vorteile vom Eintritt des ersten Erbfalls haben. Ob sich irgendwann einmal eine Verbesserung des Lebensstandards ergeben wird, hängt also nur davon ab, wann der zweite Elternteil verstirbt. Dies bringt eine erhebliche Unsicherheit mit sich. Es trifft zu, dass mit dieser Ungewissheit eine Ausschlagung ohne weiteres gerechtfer-

173 *Ruby/Schindler/Wirich*, § 3 Rn 127 ff. und *Braun*, § 2 Rn 303.
174 So auch *Kössinger/Najdecki/Zintl*, § 21 Rn 74.

tigt werden könnte. Daher ist den bereits zitierten Literaturstimmen zuzustimmen, dass von der Verwendung dieses Trennungsmodells abzuraten ist.

Anderes dürfte sich auch nicht unter Zugrundelegung eines Beschlusses des OLG Celle[175] 188
ergeben, wonach bei einer vergleichbaren Konstellation die Genehmigung für eine Ausschlagung betreuungsgerichtlich versagt wurde. Das OLG stützte die Entscheidung darauf, dass bei den zu berücksichtigenden Interessen eines Betreuten nicht allein dessen finanzielle Interessen ausschlaggebend seien, sondern alle Belange bei der Entscheidung Berücksichtigung finden müssten. Zum Wohl des Betroffenen gehöre danach auch, ihm im Rahmen der ihm zur Verfügung stehenden Möglichkeiten ein Leben nach seinen Wünschen und Vorstellungen zu ermöglichen. Das Landgericht hatte das noch anders gesehen und darauf abgestellt, dass der Betroffene die Vorteile erst im Nacherbfall erhalten werde, so dass die eigentliche Erbenstellung erheblich ausgehöhlt sei. Eine an sich schlüssige Argumentation. Das OLG stellt jedoch – letztlich im Interesse des Betreuten – darauf ab, dass immer dann, wenn ein Pflichtteilsanspruch nach dem Tode des Erstversterbenden der Eltern geltend gemacht werde, auch nach dem Tode des länger Lebenden nur der Pflichtteil anfallen werde. In beiden Fällen sei ein Rückgriff des Trägers der Sozialhilfe möglich, was faktisch dazu führe, dass dem Begünstigten jeweils nur der Schonbetrag verbleibe.

Eine wirtschaftliche Abwägung könne ergeben, dass der mögliche Erbanspruch als Nacherbe deutlich gewichtiger sei als die Ansprüche, die durch das Pflichtteilsrecht zu realisieren seien.[176]

Es handelt sich hierbei, soweit ersichtlich, um die einzige Entscheidung zu einer Testa- 189
mentsgestaltung, die nach dem Vorbild der Trennungslösung erfolgt ist. Dementsprechend kann nicht von gesicherter Rechtsprechung ausgegangen werden.

I. Die Vermächtnislösung

Neben der Gestaltung durch die Vor- und Nacherbschaft hat sich auch die sogenannte 190
Vermächtnislösung etabliert.

Darunter ist allerdings nicht zu verstehen, dass dem behinderten Kind Vermächtnisse in Form der Zuwendung eines Wohnungsrechtes oder eines Leibgedings (Altenteils) zugedacht werden. Auch das sieht man – leider – in der Praxis gelegentlich. Solche Rechte lösen Ersatzzahlungen dann aus, wenn sie nicht mehr persönlich ausgeübt werden. Ist beispielsweise das Wohnungsrecht nicht auflösend bedingt dahingehend gestaltet, dass es dann endet, wenn eine Selbstnutzung nicht mehr erfolgt, sind tatsächlich Ersatzzahlungen

175 OLG Celle BeckRS 2011, 14644.
176 OLG Celle ZEV 2009, 529.

möglich. Gerade bei behinderten Abkömmlingen ist die Gefahr der Unterbringung in einer betreuten Einrichtung oder einem Heim nicht von der Hand zu weisen. Die so kreierten Ersatzleistungen stellen sich in der Regel als überleitbar dar.

191 Unter den Begriff der Vermächtnislösung fällt vielmehr die Gestaltung, dass der behinderte Pflichtteilsberechtigte von der Erbfolge völlig ausgeschlossen wird und stattdessen ein Vermächtnis erhält, dessen Wert seinen Pflichtteil übersteigt (§ 2307 Abs. 1 S. 2 BGB).[177]

192 Eine entsprechende Größenordnung muss das Vermächtnis haben, um nicht den Pflichtteilsrestanspruch des § 2307 Abs. 1 S. 2 BGB auszulösen, denn ansonsten würde es sich hier um einen Geldanspruch handeln, der von dem Behinderten für seinen Lebensunterhalt einzusetzen wäre und damit nicht für die eigentlich vorgesehenen Zwecke „Erhöhung des Lebensstandards“ zur Verfügung stünde.

193 Die Anordnung von Vermächtnissen ist deswegen relativ riskant, weil immer dann, wenn es sich um Geldvermächtnisse handelt, nicht vorhergesagt werden kann, ob und in welchem Umfang überhaupt entsprechender Nachlass zur Befriedigung der Vermächtnisse zur Verfügung steht. Es gilt also im Zusammenhang mit der Anordnung von Geldzahlungen der allgemeine Rat, der im Übrigen auch für Geldvermächtnisse unter „normalen“ Verhältnissen zum Zuge kommen sollte, dass lediglich Quotenvermächtnisse angeordnet werden. Dem Behinderten steht nur eine bestimmte Quote vom Nettonachlasswert zu. Auf diese Weise wird verhindert, dass es zu Geldabfluss in überbordender Größenordnung kommt.

194 Der Vorteil der Vermächtnislösung liegt nun darin, dass der Vermächtnisnehmer keine Möglichkeit hat, Verfügungen des/der Erben zu verhindern.

Da das Quotenvermächtnis zunächst unberücksichtigt lässt, wie der Nachlass sich zusammensetzt, kann es zu schweren Belastungen des Nachlasses kommen, etwa dann, wenn nicht hinreichend Barvermögen im Nachlass vorhanden ist, um die Quote des Behinderten zu bedienen. Um den Erben zumindest die Möglichkeit zu geben, dem Behinderten auch Sachwerte übertragen zu können, sollte eine Ersetzungsbefugnis eingebaut werden. Der Erbe darf dann anstelle von Geld auch Sachwerte übertragen.

Darüber hinaus ist daran zu denken, dass eine Schiedsgerichtsklausel, zumindest aber eine Schiedsgutachterklausel, eingebaut wird, um nicht die Bewertungsproblematik mit einem unnötigen Prozessrisiko zu belasten.

Die aus der Erbschaftslösung bekannte Testamentsvollstreckung wird auch hier – leicht abgewandelt – eingesetzt. Nach § 2223 BGB kann ja ein Testamentsvollstrecker auch „nur“ im Zusammenhang mit Vermächtnissen berufen werden.

177 Dazu im Einzelnen: *Braun*, § 2 Rn 134 ff. und *Ruby/Schindler/Wirich*, § 3 Rn 130 ff.

I. Vorteile der Vermächtnislösung

- Ein erheblicher Vorteil der Vermächtnislösung besteht darin, dass die eben beschriebene und an sich zu vermeidende Erbengemeinschaft der gesunden Erben mit dem Behinderten vermieden wird, seien Miterben nun der länger lebende Elternteil oder seien es die Geschwister. 195
- Des Weiteren unterliegt der Erbe keinen Kontroll- und Sicherungsverpflichtungen, die bei der Vorerbschaft kraft Gesetzes eintreten.
- Schließlich ist eine Regelung im Vermächtnisrecht wesentlich variabler zu gestalten, man denke nur an die Ausnahmen vom Drittbestimmungsverbot des § 2065 BGB, insbesondere die Möglichkeit, Anordnungen nach § 2151 BGB zu vollziehen, sodass also auch ein Dritter eine bestimmende Rolle spielen kann. Regelungen über § 2151 BGB findet sich vornehmlich im Recht der Unternehmensnachfolge, sie könnten auch im hier interessierenden Bereich einmal eine sinnvolle Alternative sein.
- Wenn das Vermächtnis oberhalb der Pflichtteilsquote angeordnet wird, könnte zwar ausgeschlagen werden, ein Pflichtteilsrestanspruch ist aber nicht denkbar. Es verblieben in Anwendung von § 2307 Abs. 1 BGB wertmäßig der Pflichtteilsanspruch, der so berechnen würde, als wenn kein Nachvermächtnis und keine Testamentsvollstreckung angeordnet wäre, § 2307 Abs. 1 S. 2 BGB.
- Als vorteilhaft könnte man überdies noch werten, dass nicht nur die kurze Ausschlagungsfrist läuft. Dieser Umstand wird allerdings gelegentlich auch als Nachteil gesehen, weil der Sozialhilfeträger den Betreuer intensiv unter Druck setzen kann, was bei der Erbschaftslösung meistens nicht der Fall ist, denn bevor der Sozialhilfeträger von dem Behindertentestament erfährt, ist die kurze Ausschlagungsfrist des § 1944 BGB zumeist abgelaufen.

II. Nachteile der Vermächtnislösung

- Ein Nachteil der Vermächtnislösung dürfte darin zu sehen sein, dass es, falls man nicht ergänzende Anordnungen trifft, immer zum entsprechenden Geldabfluss kommt, sei es auch nur dahingehend, dass über bestimmte Beträge nicht mehr frei verfügt werden kann. Es ist daher zutreffend, wenn nicht nur ein Quotenvermächtnis angeordnet, sondern auch eine Ersetzungsbefugnis eingeräumt wird.[178] 196

Die Ersetzungsbefugnis bringt für den oder die Erben die Möglichkeit, statt Geld Sach- 197
werte auszukehren. Erst recht, wenn mutmaßlich im Nachlass nicht hinreichend Liquidität vorhanden ist und sich die Quote im Wesentlichen in einer Beteiligung am Immobiliennachlass niederschlagen wird, ist eine solche Ersetzungsbefugnis vorzusehen. So

178 So *Braun*, § 2 Rn 139.

wird den Erben zumindest die Möglichkeit gegeben, das Vermächtnis durch, dann freilich noch zu beschaffende, Mittel abzulösen. Letztlich hat eine solche Anordnung jedoch nur dann Sinn, wenn eine Ablösung überhaupt denkbar ist.

198 Das dem Behinderten zugedachte Vermächtnis muss so ausgestaltet werden, dass der Behinderte nur Vorvermächtnisnehmer ist und Nachvermächtnisnehmer im Sinne von § 2191 BGB wiederum andere Personen oder Institutionen werden. Der Nachvermächtnisfall tritt mit dem Tode des Vorvermächtnisnehmers ein. Auch hier müsste die nachfolgend noch zu erörternde Dauertestamentsvollstreckung angeordnet werden. Es dürfte sich auch hier nicht um verwertbares Eigentum im Sinne des § 82 SGB XII handeln,[179] wobei hier zu sozialrechtlichen Fragen keine weiteren Ausführungen gemacht werden sollen.

Was die Fälligkeit eines etwa anzuordnenden Quotengeldvermächtnisses angeht, ist darauf zu achten, dass dieses nicht etwa bis zum Ableben des überlebenden Elternteils hinausgeschoben werden darf.

199 Eine erbschaftsteuerliche Anerkennung der Belastung mit einem Vermächtnis wurde verneint, weil der Erbe wirtschaftlich tatsächlich nicht belastet ist.

Zivilrechtlich bringt die Anordnung des Vermächtnisses die Gefahr der Ausschlagung auch noch zu einem späteren Zeitpunkt mit sich, da bekanntlich die Sechswochenfrist nicht läuft.

200
- Umstritten ist nach wie vor, ob der Erbe des behinderten Vorvermächtnisnehmers dem Sozialhilfeträger gegenüber aus § 102 SBG XII auf Kostenersatz haftet. Das wird teilweise vertreten, da beide Forderungen als Eigenschulden des Behinderten zu qualifizieren seien. Hier konkurriert also der Nachvermächtnisanspruch mit dem Anspruch des Sozialhilfeträgers auf Kostenersatz. Nach dieser Auffassung ist die Folge eine quotale Verteilung des vom Behinderten hinterlassenen Vermögens zwischen beiden Gläubigern.[180]

Kommt es also zum Nachvermächtnisfall, fragt es sich, wie das Verhältnis zwischen § 2191 BGB und § 102 SGB XII ist. Besteht zwischen dem Anspruch des Nachvermächtnisnehmers und dem Kostenerstattungsanspruch des Leistungsträgers Gleichrangigkeit oder ist die eine gegenüber der anderen Verpflichtung nachrangig?

Das Problem der Vermächtnislösung liegt hier wieder einmal in dem Charakter des Vermächtnisses als Damnationslegat, es findet also keine Vindikation statt, stattdessen wird lediglich ein schuldrechtlicher Anspruch nach § 2174 BGB erworben.

201 Die Meinungen zu diesem Rangverhältnis sind recht unterschiedlich, belastbare Rechtsprechung gibt es dazu nicht. Insbesondere *Damrau*[181] vertritt die Auffassung, es

179 *Spall*, MittBayNot 2001, 249.
180 *Damrau*, ZEV 98, 1.
181 *Damrau*, ZEV 98, 1.

bestehe Gleichrang und kein Vorrang des durch die Testamentsvollstreckung erfassten Sondervermögens. Die Testamentsvollstreckung ende mit dem Nachvermächtnisfall, so dass ab dann der Zugriff des Sozialhilfeträgers nicht mehr gehindert sei.[182] Das würde bedeuten, dass beide Forderungen auch in einem etwaigen Nachlassinsolvenzverfahren gleichrangig sind und die Erfüllung des Nachvermächtnisses gegenüber den meist horrenden Forderungen der Sozialhilfeträger außerordentlich fraglich wird. Die abweichende Literaturauffassung[183] meint, das Nachvermächtnis gehe vor, denn es handele sich um eine Beschwerung im Sinne von § 2323 BGB; daher sei es Aufgabe des Testamentsvollstreckers, für die Ausführung des Nachvermächtnisses zu sorgen. Die Testamentsvollstreckung könne auch in Bezug auf die Erfüllung des Nachvermächtnisses angeordnet werden. Hier kann man der Auffassung sein, das Nachvermächtnis müsse vorgehen, da es sich um kein Vermächtnis des Vorvermächtnisnehmers handele, sondern um ein solches des Erblassers, der denselben Gegenstand verschiedenen Personen zeitlich nacheinander zuwende, indem der erste Vermächtnisnehmer bei Eintritt des vom Erblasser bestimmten Termins oder der Bedingung den Gegenstand dem zweiten Vermächtnisnehmer herauszugeben habe. Damit könnte es auch nicht unter § 327 Abs. 1 Nr. 2 InsO fallen und hat auch Vorrang vor dem Herausgabeanspruch des Sozialhilfeträgers nach § 102 SGB XII. Einzelheiten sind hier streitig.[184]

Diese rechtliche Einordnung überzeugt. Insbesondere der Blick darauf, dass das Nachver- **202**
mächtnis ja bereits vom Erblasser angeordnet ist und nicht vom Vorvermächtnisnehmer, es also mit dem Tod des Vorvermächtnisnehmers als Verbindlichkeit bereits vorhanden ist, muss konstruktiv zu einem Vorrang vor einem Kostenerstattungsanspruch führen, der sich ja letztlich „nur" als schuldrechtlicher Anspruch gegenüber dem Vorvermächtnisnehmer darstellen kann und damit nachrangig ist.

Diese Überlegungen zeigen aber, wie unsicher die Vermächtnislösung ist. Höchstrichterliche Rechtsprechung zu dem hier erörterten Rangverhältnis liegt bislang nicht vor.

Allerdings ist hier auf das Bundesteilhabegesetz[185] hinzuweisen,[186] das ab dem 1.1.2020 **203**
gilt. Das neue Recht sieht im 2. Teil SGB IX n.F. keine Kostenersatzhaftung des Erben für die erhaltenen Eingliederungshilfeleistungen mehr vor. Für gezahlte Grundsicherung im Alter und bei dauerhafter voller Erwerbsminderung nach dem 4. Kapitel SGB XII gibt es schon heute keine Kostenersatzhaftung der Erben mehr (§ 102 Abs. 5 SGB XII). So wird in der Literatur vertreten, dass durch den Wegfall der Kostenersatz der Erben des Leis-

182 Zweifelnd insoweit auch *Kössinger/Najdecki/Zintl*, § 21 Rn 102.

183 *Hartmann*, ZEV 2001, 89 ff.; *Muscheler*, ErbR 2011, 258.

184 Dazu: *Weidlich*, ZEV 2020, 136 (141).

185 BTHG (BGBl 2016 I, 3234, BGBl 2017 I, 2541, BGBl 2019 I, 473; BGBl 2019 I, 530 – Starke-Familien-Gesetz vom 29.4.2019.

186 Dazu und zum Folgenden: *Schneider*, ZEV 2019, 453.

tungsempfängers beim Behindertentestament künftig vermehrt die Vermächtnislösung eingesetzt werden könnte.[187]

Nach derzeitiger Rechtslage und Wegfall des Kostenersatzes hat der Erben ist das tatsächlich ein Argument, verstärkt zu überprüfen, ob nicht die Vermächtnislösung angezeigt ist. Allerdings ist es jederzeit möglich, dass der Gesetzgeber die Kostenersatzhaftung der Erben wieder in das SGB übernimmt. Bei Gestaltung eines Behindertentestamentes durch Vermächtnislösung muss man sich des Risikos bewusst sein, dass sich die Gesetzeslage jederzeit ändern kann. Zudem haften die Erben für Aufwendungen des gesetzlichen Betreuers.[188]

Zudem gelten für Beteiligte, die ausschließlich Leistungen der Eingliederungshilfe und keine existenzsichernden Leistungen erhalten, künftig neue Definitionen des Einkommens und Vermögens. Die Zuwendungen an den Behinderten aus den Erträgnissen des Nachlasses durch den Testamentsvollstrecker werden nicht mehr als Einkommen definiert. Direktzuwendungen des Erblassers durch Erbeinsetzung oder Vermächtnis werden ebenso wie Pflichtteilszahlungen nicht mehr unter den neuen Einkommensbegriff des § 135 SGB IX n.F. fallen, sondern stellen sofort Vermögen dar, sodass hier die Regelungen des Schonvermögens gelten.

Es kann sich mithin empfehlen, bei der Gestaltung von Behindertentestamenten auch den Rat eines Fachanwaltes für Sozialrecht hinzuzuziehen, um eine maßgeschneiderte Lösung zu konzipieren.

Dennoch gilt auch hier die klassische Anordnung der Vor- und Nacherbschaft als der sicherere Weg, zumal auch die Sozialbehörden einer Lösung über Vor- und Nachvermächtnisse regelmäßig skeptisch gegenüberstehen. Weil noch dazu höchstrichterliche Rechtsprechung zu dieser Gestaltungsvariante bislang fehlt, sollte sie nur mit Vorsicht eingesetzt werden.

III. Die Testamentsvollstreckung bei der Vermächtnislösung

204 Bei der Vermächtnislösung ist die Anordnung der Testamentsvollstreckung ganz besonders wichtig, da der Vermächtnisnehmer lediglich einen schuldrechtlichen Anspruch gegen den Erben hat, sodass er eine relativ schwache Stellung hat. Es muss daher in jedem Falle eine Verwaltungsvollstreckung angeordnet werden.

> *Achtung*
>
> Es handelt sich hierbei nicht um eine Vermächtnisvollstreckung, denn die im Gesetz vorgesehene Vermächtnisvollstreckung beschäftigt sich ausschließlich mit der

187 BeckOK-BGB/*Litzenburger,* § 2100 Rn 15; *Hammann*, ErbR 2021, 734 (739).

188 OLG Frankfurt Beschluss v. 10.11.2003 – 20 W 269/03, NJW 2004, 373 zu §§ 1836a BGB a.F.

Vollstreckung eines sogenannten Untervermächtnisses. Vorliegend geht es um die Vollstreckung des angeordneten Vermächtnisses selbst.

▼

Muster 2.2: Formulierungsvorschlag (Vermächtnislösung)

I. Die Erbeinsetzung

1. Wir setzen uns hiermit wechselseitig zu alleinigen Erben ein.

2. Unabhängig von der Reihenfolge unseres Ablebens trifft ein jeder von uns für den Fall, dass er der Längerlebende sein sollte, die nachstehenden Verfügungen. Diese gelten außerdem für den Nachlass eines jeden von uns, wenn wir – bedingt durch dasselbe Ereignis – (auch annähernd) gleichzeitig versterben sollten:

a) Zu **Schlusserben** setzen wir unsere gemeinsamen Kinder   zu gleichen Teilen ein (es folgen die Namen der gesunden Kinder). Das gilt unabhängig davon, wer von uns zuerst verstirbt.

b) Ersatzschlusserben sind die jeweiligen Abkömmlinge unserer vorgenannten Schlusserben zu unter sich gleichen Stammanteilen, wiederum ersatzweise soll Anwachsung erfolgen.

Unser Sohn/unsere Tochter   (Name des behinderten Kindes) wird ausdrücklich nicht zum Schlusserben/zur Schlusserbin eingesetzt.

II. Vermächtnisse

1. Unabhängig von der Reihenfolge unseres Ablebens beschwert ein jeder von uns seinen Erben zugunsten unseres Kindes   (Name des behinderten Kindes) mit einem sogenannten Quotengeldvermächtnis mit Ersetzungsbefugnis.

Unser Kind   erhält beim Ableben eines jeden von uns einen baren Geldbetrag in Höhe von 60 % (sechzig Prozent) seines jeweiligen gesetzlichen Erbteils.

2. Dem jeweils Beschwerten wird eine Ersetzungsbefugnis eingeräumt. Er ist berechtigt, das Vermächtnis wahlweise auch durch Übertragung von Grundbesitz, Wertpapieren oder anderen Vermögensgegenständen zu erfüllen. Diese sind in Höhe ihres seinerzeitigen Verkehrswertes auf das Vermächtnis anzurechnen. Ein Anspruch auf Ersetzung besteht nicht.

Überträgt der Beschwerte im Rahmen der Ersetzungsbefugnis Bruchteile von Vermögensgegenständen, kann er verlangen, dass ein Aufhebungsausschluss nach den §§ 749, 1010 BGB vereinbart und gleichzeitig mit Eigentumsumschreibung in das Grundbuch eingetragen wird, soweit Grundbesitz betroffen ist. Ein dem Beschwerten selbst verbleibender Immobilienanteil ist dann gleichfalls von dem Ausschluss des Aufhebungsrechtes betroffen.

III. Erweitertes bedingtes Vermächtnis (Vorvermächtnis)

Ebenfalls unabhängig von der Reihenfolge unseres Ablebens beschwert ein jeder von uns seinen Erben zugunsten unseres Kindes ___ mit folgendem bedingten Vermächtnis und zwar für den Fall, dass ___ (Name des behinderten Kindes) bei dem jeweiligen Erbfall Pflichtteilsergänzungsansprüche zustehen würden.

Soweit ___ wegen lebzeitiger Zuwendung des Erblassers an andere Personen Pflichtteilsergänzungsansprüche nach § 2325 BGB oder Ansprüche gegen den Beschenkten nach § 2329 BGB zustehen würden, haben die Beschwerten an den Begünstigten einen Geldbetrag in Höhe von 110 % dieser Ansprüche auszuzahlen.

Bei der Berechnung ist so vorzugehen, als ob der Vorvermächtnisnehmer vollständig enterbt worden wäre. Übersteigt der Vermächtnisbetrag den Nachlassanteil von ___, handelt es sich um ein Verschaffungsvermächtnis.

IV. Nachvermächtnisanordnung

Die angeordneten Vermächtnisse sind Vorvermächtnisse. Es wird jeweils ein Nachvermächtnis angeordnet. Nachvermächtnisnehmer sind in erster Linie die Abkömmlinge unseres Kindes ___ (Name des behinderten Kindes), ersatzweise unsere sonstigen gemeinsamen Kinder bzw. deren Abkömmlinge nach den Regeln der gesetzlichen Erbfolge.

Das Nachvermächtnis tritt mit dem Tode des Vorvermächtnisnehmers/der Vorvermächtnisnehmerin ein.

Der Vorvermächtnisnehmer/die Vorvermächtnisnehmerin ist weder für Verluste der Vermögenssubstanz noch für die von ihm bis zur Fälligkeit des Vermächtnisses gezogene Nutzung zum Ersatz verpflichtet.

Im Wege des Untervermächtnisses wird der Nachvermächtnisnehmer verpflichtet, bis zur Fälligkeit des Nachvermächtnisses eine Sicherung seines Anspruchs weder zu verlangen noch selbst durchzusetzen.

V. Anordnungen zur Nachlassabwicklung (Testamentsvollstreckung)

1. Anordnung von Testamentsvollstreckung für beide Erbfälle

Wir ordnen Testamentsvollstreckung unter der Bedingung an, dass unser Kind ___ den Anfall der zuvor festgesetzten Vermächtnisse erlebt. Es handelt sich um eine **Dauertestamentsvollstreckung** gem. §§ 2209 ff. BGB.

2. Aufgabe des Testamentsvollstreckers ist

- die Erfüllung des Vorvermächtnisses nach dem Erbfall,
- die dingliche Sicherung der Anwartschaft des Nachvermächtnisnehmers nach dem Erbfall,

- die dauernde Verwaltung des Vermächtnisgegenstandes auf Lebenszeit des Vorvermächtnisnehmers gemäß nachstehender bindender Verwaltungsanordnung,
- die Ausübung der Rechte und die Erfüllung der Pflichten des Nachvermächtnisnehmers bis zur Erfüllung des Nachvermächtnisses,
- die Erfüllung des Nachvermächtnisses nach den Nachvermächtnisfall (Ableben des Vorvermächtnisnehmers).

Die Testamentsvollstreckung erstreckt sich auch auf das unter Ziff. III angeordnete erweiterte bedingte Vermächtnis. Sie setzt sich an einem Surrogat fort.

3. Anordnungen für die Testamentsvollstreckung

Für die Verwaltung des Testamentsvollstreckers treffen wir folgende Anordnungen: .

(Es folgt das unter Ziff. 3 im Muster 2.1, Rdn 181 Ausgeführte.)

Mögliche Ergänzung:

Wir ordnen an, dass sämtliche Streitigkeiten aus diesem Testament/Erbvertrag auch etwaigen Streitigkeiten in Bezug auf den Wert des Nachlasses oder der zu übertragenden Gegenstände nicht vor den ordentlichen Gerichten ausgetragen werden dürfen.

Wir ordnen an, dass alle Streitigkeiten, die durch unsere Erbfälle hervorgerufen werden, unter Ausschluss der ordentlichen Gerichte der Deutschen Schiedsgerichtsbarkeit für Erbstreitigkeiten e.V. (Hauptstraße 18, 74918 Angelbachtal/Heidelberg) und ihrer jeweils gültigen Schiedsordnung unterworfen sind.

▲

J. Die sogenannte umgekehrte Vermächtnislösung

Unter diesem Stichwort wird in der Literatur eine Konstruktion bezeichnet, in der der 205
Behinderte zum Alleinerben eingesetzt wird. Die Gestaltung ist auf einen Vorschlag von *Grziwotz*[189] zurückzuführen.

Er bezeichnet diese Lösung sogar als Königsweg.[190] Das behinderte Kind wird alleiniger beschränkter Vorerbe. Diese Vorerbeneinsetzung wird mittelbar gegenständlich beschränkt dadurch, dass erhebliche Nachlassbestandteile über ein Vermächtnis den nicht behinderten Kindern zugewendet werden. Dadurch soll der Nachteil der Vor- und Nacherbenregelung (Stichwort: Erbengemeinschaft) vermieden werden.

189 *Grziwotz*, ZEV 2002, 409.
190 Vgl. aber *J.Mayer*, ZEV 2004, 299 („nicht der allein selig machende Königsweg“).

206 Zum Aufgabenbereich des Testamentsvollstreckers gehört dann auch die Erfüllung dieser Vermächtnisse. Letztlich lässt sich dadurch eine Beschränkung auf etwa dem Behinderten zugedachte Sparguthaben erreichen.

I. Vorteile der umgekehrten Vermächtnislösung

207 Zweifellos ist die Gestaltung im Hinblick auf den Zugriff des Sozialhilfeträgers unproblematisch.

II. Nachteile der umgekehrten Vermächtnislösung

208 Konstruktiv fällt hier dem Behinderten das Gesamtvermögen zunächst zu und muss vom Behinderten wiederum durch Erfüllung der Vermächtnisse weitergereicht werden.

Da zumindest aufgrund der gegenständlichen Beschränkung der Vorerbschaft, die sich rein faktisch darstellt, etwas bei dem Behinderten verbleiben muss, taucht auch hier wieder das soeben beschriebene Prognoserisiko auf. Niemand weiß doch, wie sich ein Nachlass im Zeitpunkt des Erbfalls konkret zusammensetzt.

209 Dem könnte man wiederum mit einem Quotengeldvermächtnis entgegentreten, und zwar zugunsten aller übrigen Personen, die am Nachlass teilhaben sollen. Auch hier müsste dem Beschwerten oder dem Testamentsvollstrecker wiederum eine Ersetzungsbefugnis eingeräumt werden.

210 Skepsis[191] und Sympathie[192] gegenüber dieser Lösung halten sich die Waage. In der Praxis hat sich diese Lösung, soweit das beurteilt werden kann, jedoch nicht durchgesetzt, wenngleich, das darf man sagen, einiges für die Flexibilität dieser Lösung spricht.

K. Einfache Vermächtnislösung

211 Diese besteht darin, dass die mit der Vor- und Nacherbeneinsetzung verbundenen Schwierigkeiten vermieden werden, indem auf die Anordnung eines Nachvermächtnisses verzichtet und lediglich das Vermächtnis gemäß § 2307 BGB angeordnet wird.[193]

Auch hier wird mit einer Dauertestamentsvollstreckung gearbeitet.

212 Es wird darüber diskutiert, unter anderem ein Altenteilsrecht zuzuwenden, wobei allerdings im Zusammenhang mit Leibgedingsrechten Geldersatzleistungen eine Rolle

191 *Ruby/Schindler/Wirich*, § 3 Rn 38.
192 *Braun*, § 2 Rn 151 ff.
193 *Littig*, in: Festschrift für Damrau, 195, 201.

spielen können. Möglicherweise empfiehlt es sich hier, sich tatsächlich auf die Anordnung eines reinen Wohnrechtes zu beschränken. Auch die Zuwendung einer Leibrente wird angeregt.

Dieses **Leibrentenvermächtnis**[194] beinhaltet eine von den Erben monatlich zu entrichtende lebenslange Rente kombiniert mit der üblichen Dauertestamentsvollstreckung. Ausgangswert der Rente soll der Reinwert zu einer über dem Pflichtteil liegenden Quote sein. Der so ermittelte Betrag müsste dann unter Berücksichtigung eines Rechnungszinses auf der Grundlage der geltenden Sterbetafel auf Lebzeiten des Behinderten verrentet werden.[195]

Bei kleinen bis mittleren Nachlässen kann das durchaus eine überlegungswerte Alternative sein, allerdings nur dann, wenn tatsächlich absehbar ist, dass die Höhe der zu erwartenden Rente den Extrabedarf des Kindes, für den sie bestimmt ist, nicht wesentlich übersteigt. 213

Insgesamt gesehen spricht sicher in einigen Fällen vieles für die Vermächtnislösung etwa dann, wenn eine Erbengemeinschaft unbedingt vermieden werden muss, wie das bei Unternehmen anzunehmen ist.

Auch ist denkbar, nach den beiden abzuhandelnden Erbfällen zu differenzieren. Beim Tode des erstversterbenden Elternteils ist erstes Regelungsziel die Absicherung des längerlebenden Elternteils, so dass hier eine unbeschränkte Alleinerbeneinsetzung des Längerlebenden denkbar wäre, wenn man insoweit ein entsprechendes Vermächtnis zugunsten des Behinderten einbaut. 214

Der sehr nachhaltige Vorteil der Vermächtnislösung liegt darin, dass die Erbengemeinschaft vermieden wird.[196]

Es darf jedoch nicht verkannt werden, dass die Konkurrenz der Nachvermächtnisse mit sozialhilferechtlichen Erstattungsansprüchen letztlich noch nicht geklärt ist. So bleibt der Rat, die Vermächtnislösung nur in bestimmten Fällen etwa eines überschaubaren Nachlasses oder besonderer Problematik der Erbengemeinschaft anzuwenden. 215

Wollte man das Konkurrenzproblem lösen, so könnte man die Erfüllung des Nachvermächtnisanspruchs in den Aufgabenkreis des Dauertestamentsvollstreckers einbeziehen.[197] 216

Der Erblasser verlängert so den Schutz des § 2214 BGB vor einem Zugriff von Eigengläubigern des behinderten Vorvermächtnisnehmers.[198]

194 *Spall*, MittBayNot 2001, 249, 254.
195 Dazu auch *Ruby/Schindler/Wirich*, Rn 140.
196 So auch *Baltzer*, ZEV 2008, 116.
197 So ein Gedanke von *Braun*, § 2 Rn 144.
198 So *Ruby/Schindler/Wirich*, Rn 149.

Hiergegen wird allerdings argumentiert, dass die Testamentsvollstreckung mit Eintritt des Nachvermächtnisfalles endet, so dass ein Zugriff der Eigengläubiger nicht verhindert werden kann.[199]

Das zeigt: Ein Restrisiko der Vermächtnislösung verbleibt.

L. Die Differenzierungslösung

217 Insbesondere von *Hammann*[200] wird eine Kombinationslösung vorgeschlagen, also eine Kombination von Vor- und Nacherbenmodell mit dem Vermächtnismodell.[201]

Eine Anspruchskonkurrenz zwischen Sozialhilfeträger und Nachvermächtnisnehmer setze voraus, dass im Nachvermächtnisfall überhaupt noch Vermögen vorhanden sei, so dass also bei kleineren Nachlässen auch eine wechselseitige Erbeinsetzung der Eltern auf den ersten Erbfall gerechtfertigt sein könne. Diese stellt natürlich für die Beteiligten auf den ersten Blick die einfachste und am wenigsten belastende, zudem juristisch leicht zu durchschauende Regelung dar. Bei kleinerem Vermögen könnte es sich daher sogar anbieten, sogar nach dem bewährten Berliner Modell allerdings nebst Enterbung des behinderten Abkömmlings zu verfahren, wenn der dann überleitbare Pflichtteilsanspruch ebenfalls nur geringfügig wäre. Diese Lösung scheitert aber oft an dem Willen der Beteiligten, die ihre Kinder grundsätzlich gleich behandelt wissen wollen.

Durch die von dieser Lösung präferierte wechselseitige Erbeinsetzung der Eltern wird allerdings die ansonsten gegebene Erbengemeinschaft zwischen Längerlebendem und Kind vermieden, was unstreitig ein erheblicher Vorteil dieser Variante ist.

Da die Eingliederungshilfe für diejenigen Fälle, in denen sie nach dem 1.1.2020 erstmals gewährt wird, aufgrund § 102 SGB XII keine Rolle mehr spielt, kann allerdings auch für größere Nachlässe bezogen auf den ersten Erbfall durchaus auf die Vermächtnislösung zurückgegriffen werden, was jedoch zu einer zunehmenden Regelungsdichte im Testament führt, die von manchen nicht gewollt ist.

Auch die Vertreter der Vermächtnislösung favorisieren für den zweiten Erbfall die Erbschaftslösung, da dann in der Regel größere Vermögensmassen zur Verfügung stehen.[202]

199 Damrau/*Mayer*, ZEV 2001, 293.
200 *Hammann*, Rn 249 ff.
201 Auch *Hammann*, FuS 2018, 50 (54).
202 *Hammann*, Rn 261 sowie ausf. Muster dieser Lösung Rn 397 ff.

M. Achtung: Bindungswirkung

Wenngleich die Grundkonstruktion eines Behindertentestamentes weitestgehend geklärt ist, kommt es doch immer wieder in Grenzfällen zu Entscheidungen, die die fehlerhafte Gestaltung von Behindertentestamenten zum Gegenstand haben. 218

I. Grenzfälle

1. Beispiel 1

Beispielhaft ist hier die Entscheidung des OLG Hamm[203] zu nennen. Hier wurde Folgendes entschieden: 219

> *Wenn Eltern in einer gemeinschaftlich errichteten letztwilligen Verfügung ihre Kinder gleichmäßig als Schlusserben eingesetzt haben ohne ausdrückliche Regelungen im Sinne eines sogenannten Behindertentestamentes zu treffen und bestimmt haben, dass dasjenige ihrer Kinder, das nach dem Tod des erstversterbenden Elternteils seinen Pflichtteil fordert, auch nach dem Tod des später versterbenden Elternteils auf den Pflichtteil beschränkt sein soll, dann greift diese „Pflichtteilsstrafklausel" auch ein, wenn nicht das (behinderte) Kind selbst, sondern der Träger der Sozialhilfe aus übergegangenem Recht die Pflichtteilsansprüche geltend macht.*
>
> *Die Erbeinsetzung der gemeinsamen Kinder für den Schlusserbfall ist nicht von der Pflichtteilsstrafklausel zu trennen. Ein Abweichen von der wechselbezüglich verfügten Schlusserbeneinsetzung der Kinder nach Maßgabe der Pflichtteilssanktionsklausel durch eine eigene letztwillige Verfügung ist dem überlebenden Elternteil gemäß § 2271 Abs. 2 BGB nicht gestattet.*

In dem entschiedenen Sachverhalt hatten die Eltern sich wechselseitig zu alleinigen Erben eingesetzt, die Kinder auf den Schlusserbfall zu gleichen Teilen sowie eine Pflichtteilsstrafklausel eingebaut. Nach dem Tode des Vaters machte das Sozialamt für eines der Kinder, welches Leistungsempfängerin war, aus übergegangenem Recht Pflichtteilsansprüche mit Erfolg geltend. Die längerlebende Mutter verfügte dann, dass die behinderte Tochter zwar Miterbin neben den übrigen Kindern zur gleichen Quote werden sollte, jedoch nur nichtbefreite Vorerbin. Ferner ordnete sie Dauertestamentsvollstreckung an, sie wählte also nach dem Tode des Mannes jetzt die Form des Behindertentestamentes. Nach dem Tode der Mutter erwirkten die Kinder zunächst einen gemeinschaftlichen Erbschein, in dem alle vier Kinder zu Miterben zu je ¼ ausgewiesen waren, die behinderte Tochter als Vorerbin.

203 OLG Hamm BeckRS 2013, 05749.

Das Sozialamt forderte von den übrigen drei Geschwistern daraufhin Auskünfte zum Nachlassumfang gemäß § 2314 BGB und erhob schließlich Stufenklage, in der vorrangig Pflichtteils- und Pflichtteilsergänzungsansprüche der Behinderten geltend gemacht wurden. Es wurde seitens der übrigen Geschwister geltend gemacht, dass die Pflichtteilsstrafklausel des Ehegattentestamentes nicht zur Anwendung kommen könne. Diese habe erkennbar nur den Sinn gehabt, eine Abschottung gegen einen Abkömmling vorzunehmen, der sich persönlich dem Elternwillen widersetze und seinen Pflichtteil nach dem Tode des ersten Elternteils unter Belastungen des Überlebenden verlange. Ein Verwaltungsakt des Sozialhilfeträgers, der Leistungen an ein Kind erbringe, könne hingegen nicht dieselbe Wirkung auslösen, weil ihm kein Fehlverhalten des Kindes innewohne. Gegenüber einem Sozialhilfeträger könne die Pflichtteilsklausel überhaupt keine abschreckende Wirkung entfalten. Das letzte Testament der Mutter sei auch nicht wegen Benachteiligung der behinderten Tochter unwirksam, da diese faktisch mehr erhalte als sie es bei einem ungehinderten Zugriff des Sozialhilfeträgers auf ihren im Vorgängertestament geregelten unbeschränkten Miterbenanteil erhalten hätte. Die Modifikation der Erbenstellung durch die Mutter habe im wohlverstandenen Interesse der betroffenen Tochter wie auch des vorverstorbenen Ehemannes gelegen. Diese habe eine gleichmäßige Nachlassverteilung auf die Kinder bei gleichzeitiger bestmöglicher Absicherung des behinderten Kindes gewollt. Es dürfe zur Beurteilung der Benachteiligung nicht auf rein formalistische Rechtspositionen abgehoben werden, vielmehr müsse die wirtschaftliche Interessenlage den Ausschlag geben.[204]

Die in § 2271 Abs. 2 BGB angeordnete Bindung an wechselbezügliche Verfügungen müsse vorliegend einschränkend interpretiert werden. Denn es würden durch die modifizierende letztwillige Verfügung der überlebenden Ehefrau weder schützenswerte Interessen des Erstversterbenden noch die begünstigte Tochter beeinträchtigt, die ohnehin krankheitsbedingt nie in der Lage sein werde, selbst mit ihrem Erbe umzugehen.

220 Mit dieser Argumentation hatten die beklagten Geschwister vor dem OLG Hamm keinen Erfolg.

Zunächst wurde für den klagenden Sozialhilfeträger die Befugnis festgestellt, den übergeleiteten Anspruch unabhängig davon geltend zu machen, ob die Pflichtteilsberechtigte selbst oder ihre gesetzlichen Betreuer dies billigen. Der Anspruchsübergang auf den Sozialhilfeträger habe die Folge, dass ihm auch die zur Durchsetzung des übergeleiteten Pflichtteilsanspruchs normierten Hilfsansprüche gemäß § 2314 BGB zustehen.

Die Pflichtteilsstrafklausel sei nicht in dem von den Beklagten vorgetragenen Umfang einschränkend zu interpretieren. Eine solche Einschränkung hatte der BGH in dem oben abgehandelten Urteil vorgenommen. Dem liegt jedoch die Erwägung zu Grunde, dass in den „herkömmlichen Fällen“ einer Pflichtteilssanktionsklausel die eingesetzten

204 Vgl. auch OLG Celle ZEV 2021, 759.

Schlusserben durch die Aussicht, ihren Erbteil durch die Pflichtteilsforderung im ersten Erbfall zu verlieren, davon abgehalten werden sollen, den überlebenden Ehegatten mit ihrer Pflichtteilsforderung zu belasten. Haben die Eltern eines behinderten Kindes, das neben seinen nicht behinderten Geschwistern zum Schlusserben bestimmt ist, aber über die Sicherung des überlebenden Ehegatten und Gleichbehandlung aller Kinder im Schlusserbfall hinaus durch ein sogenanntes Behindertentestament (mit Beschränkungen für den Schlusserbfall) dafür Sorge getragen, das Erbe des behinderten Kindes vor dem Zugriff des Sozialhilfeträgers im Schlusserbfall zu bewahren, dann könnte der Sozialhilfeträger bei einem unbeschränkten Eingriff der Sanktionsklausel entgegen dieser Elternintention nach dem letzten Erbfall erneut auf den Pflichtteil zugreifen.

Eine solche einschränkende Auslegung könne sich aber aus dem vorliegenden Testament nicht ergeben. Die Ehegatten hätten zu Lebzeiten eben gerade kein sogenanntes Behindertentestament errichtet. Die Testamente böten nicht den geringsten Anlass dafür, dass dem Sozialhilfeträger durch die testamentarischen Anordnungen der Zugriff auf den Erbteil der behinderten Tochter erschwert oder entzogen werden sollte. Nachdem so nirgends in den maßgeblichen letztwilligen Verfügungen auch nur angedeutet ist, dass die für den Schlusserbfall angeordnete Miterbenstellung der behinderten Tochter dem Zugriff des Sozialhilfeträgers entzogen sein sollte, ist es ohne Bedeutung, ob die testierenden Ehegatten dies tatsächlich gewollt haben oder es gewollt haben würden, wenn sie daran gedacht hätten. Der entsprechende Wille finde in dem Testament auch nicht unvollkommen eine Andeutung.

Die längerlebende Mutter war aufgrund der mit dem Tode des Ehemannes eingetretenen 221 Bindungswirkung daran gehindert, anderweitig zu testieren, soweit das spätere Testament mit dem früheren in Widerspruch stand, § 2271 BGB. Das gilt vorliegend für die mit der Pflichtteilsstrafklausel verbundene Erbeinsetzung der Töchter für den Schlusserbfall durch die Mutter, die mit der von dem vorverstorbenen Ehemann angeordneten Vollerbfolge seiner Ehefrau für den Fall seines eigenen Vorversterbens wechselbezüglich und damit verbindlich war.

Dabei ist in den Fällen der mit einer Pflichtteilsstrafklausel verbundenen Schlusserben- 222 bestimmung gemeinsamer Kinder deren Erbeinsetzung für den Schlusserbfall nicht von der Pflichtteilsklausel zu trennen. Denn sie bewirkt, dass denjenigen Kindern, die im ersten Erbfall zugewartet haben, im Schlusserbfall der Anteil solcher weiteren Abkömmlinge anwächst, die die Pflichtteilsklausel ihrerseits verwirkt hatten.[205] Weil die Pflichtteilsstrafklausel mithin in den Fällen einer zugleich erfolgten Schlusserbeneinsetzung gemeinsamer Abkömmlinge der Testierenden Auswirkungen auf die Erbeinsetzung der anderen Abkömmlinge hat, kann auch sie an der Bindungswirkung einer wechselbezüglichen Schlusserbeinsetzung in einem Ehegattentestament teilhaben.

205 OLG München ZEV 2006, 411.

223 In diesen Fällen steht der Wechselbezüglichkeit der mit der Erbeinsetzung verbundenen Pflichtteilsklausel nicht die grundsätzliche Erwägung entgegen, dass eine Pflichtteilsentziehung als solche gemäß § 2270 Abs. 3 BGB nicht wechselbezüglich sein kann.

2. Beispiel 2

224 Weiter ist auf ein Urteil des OLG Schleswig[206] hinzuweisen. Dort heißt es:

Eine gemäß § 2271 Abs. 2 BGB unwirksame Beeinträchtigung des durch eine bindende wechselbezügliche Verfügung Bedachten stellt auch dar, wenn der gebundene Überlebende nachträglich einen Nacherben bestimmt oder den Bedachten durch einen Testamentsvollstrecker belastet.

Haben Eheleute 1969 in einem Ehegattentestament ihr schwerbehindertes Kind bedacht, ist nach dem Tode des einen Ehegatten und eingetretener Bindung des Längerlebenden eine ergänzende Auslegung dahin, dass dem Längerlebenden Testamentsänderungen unter Berücksichtigung zwischenzeitlich geänderter Rechtsprechung zum sogenannten Behindertentestament gestattet sein sollen, nicht ohne weiteres möglich.

In diesem Falle hatte das zunächst zuständige Amtsgericht noch versucht, im Wege der ergänzenden Auslegung zu helfen und gemeint, dass im Zeitpunkt der Errichtung des gemeinschaftlichen Testamentes 1969 die Rechtsfigur des Behindertentestamentes noch nicht hinreichend bekannt gewesen sei. Es hat vor diesem Hintergrund angenommen, dass die Eheleute, wenn sie zum damaligen Zeitpunkt eine differenziertere Regelungsmöglichkeit für die Versorgung der schwerbehinderten Tochter gekannt hätten, vermutlich eine andere Form der Erbeinsetzung bzw. ebenfalls eine Testamentsvollstreckung vorgesehen hätten. Im vorliegenden Falle hatten die Eltern zunächst eine wechselseitige Erbeinsetzung vorgesehen und auf den Tod des Längerlebenden die Tochter A zur Nacherbin eingesetzt.

Die Mutter hatte dann nach dem Tode ihres Ehemannes versucht, die Stellung der Tochter, die ja nun die Nacherbenanwartschaft bereits erworben hatte, in eine Vorerbschaft umzuwandeln und eine Testamentsvollstreckung angeordnet.

225 Das OLG Schleswig hat die vom Amtsgericht vorgenommene ergänzende Auslegung nicht akzeptiert. Wörtlich heißt es:

Indes ist zu bedenken, dass eine ergänzende Auslegung nur dann in Betracht kommt, wenn sich unter Berücksichtigung aller Umstände bestimmen lässt, wie die jeweiligen Erblasser testiert hätten, wenn sie den ihnen im Zeitpunkt des Testierens

206 OLG Schleswig NJW-RR 2013, 906.

noch unbekannten Umstand gekannt hätten. Unbekannt musste den Erblassern hier zwangsläufig die zwischenzeitlich differenzierte Rechtsprechung des BGH zur Frage der sogenannten Behindertentestamente gewesen sein. Indes ist zu bedenken, dass ein Behindertentestament sehr unterschiedlich ausgestaltet sein kann und es dabei keine zwangsläufige und zwingende Lösung gibt. Im vorliegenden Falle spricht vieles dafür, dass die Eheleute die Wahl der Trennungslösung und ihre gegenseitige Bestimmung zu befreiten Vorerben bereits ganz bewusst als eine mögliche und letztlich auch die Beteiligte zu 1. als ihr gemeinsames Kind schützende Lösung im Hinblick auf die Behinderung der Beteiligten zu 1. gewählt haben. Da die Eheleute zutreffend den Begriff des „befreiten Vorerben" und des „Nacherben" aufgeführt und eine rechtlich plausible Lösung gewählt haben, kann nicht festgestellt werden, dass ihnen das Institut der Testamentsvollstreckung unbekannt gewesen wäre.

Im Hinblick auf den Umstand, dass die Eheleute nur ein gemeinschaftliches Kind gehabt haben und nach ihrem im Testament zum Ausdruck gekommenen Willen dieses Kind letztlich Alleinnutznießer ihres Nachlasses werden sollte, drängt sich auch keineswegs die Notwendigkeit einer Testamentsvollstreckung auf. …

Mithin bleibt es dabei, dass die einseitige Anordnung der Testamentsvollstreckung durch die Erblasserin in dem notariellen Testament aus dem Jahre 2006 gemäß § 2271 BGB unwirksam ist.

II. Feststellungen

Festzuhalten ist also: 226

- Die Bindungswirkung vorausgehender Ehegattentestamente oder Erbverträge (§§ 2270 Abs. 3 BGB bzw. § 2278 Abs. 2 BGB) kann zur Folge haben, dass der längerlebende Ehegatte eine verpasste Gestaltung des Behindertentestaments nicht mehr reparieren kann, da durch die Anordnung einer Vor- und Nacherbschaft bzw. der Dauertestamentsvollstreckung eine rechtliche Schlechterstellung des behinderten Kindes stattfindet, die diesem – und damit auch dem Sozialhilfeträger – gegenüber unwirksam ist.
- Auch bei der Gestaltung der Vermächtnislösung gilt Entsprechendes, weil damit zunächst eine Enterbung des behinderten Kindes einhergeht, die ebenfalls gegen die Bindung verstößt.
- Ist in der vorausgehenden Verfügung der Ehegatten bereits eine Testamentsvollstreckung angeordnet, ist die Auswechslung der Person des Testamentsvollstreckers nur dann möglich, wenn damit keine rechtliche Schlechterstellung des Erben eintritt.[207]

207 OLG Schleswig – 3 Wx 12/19 mit Anm. *Keim*, ZEV 2021, 129.

- Wollen Eltern dem Längerlebenden die Möglichkeit einräumen, auch später noch die Regelungen eines Behindertentestaments anzuordnen, sollten sie in ihre Verfügung einen Änderungsvorbehalt aufnehmen, der es dem Längerlebenden erlaubt, etwa eine Testamentsvollstreckung anzuordnen bzw. auf den zweiten Erbfall noch eine Vor- und Nacherbschaft zu verfügen, da diese Regelungen zweifellos gegen die Bindung verstoßen würden, der der Längerlebende ansonsten unterliegt.

§ 3 Das Bedürftigentestament

A. Allgemeines

Unter dem Begriff des Bedürftigentestamentes wird ein Testament diskutiert, das nicht zum Schutze eines Behinderten, sondern eines Bedürftigen errichtet wird und im Wesentlichen die gleichen Schutzmechanismen enthält wie das zuvor abgehandelte Behindertentestament. 1

Auch bei der Bedürftigenkonstellation stellt es keine brauchbare Alternative dar, den Bedürftigen schlicht auf den Pflichtteil zu verweisen. Beispielhaft sei auf ein Urteil des Sozialgerichts Mainz[1] hingewiesen, nach dem grundsätzlich ein Jobcenter im Falle eines Berliner Testamentes von einem Leistungsempfänger die Geltendmachung des Pflichtteilsanspruchs verlangen kann, wenn ausreichendes Vermögen vorhanden ist, um den auf den Pflichtteil gesetzten Erben auszahlen zu können, ohne dass es zu einer besonderen Härte kommt. Der Fall betraf das sogenannte Berliner Testament mit einer Pflichtteilsstrafklausel, das heißt, dass der Bedürftige, der im entschiedenen Falle Leistungen zur Sicherung des Lebensunterhalts nach dem SGB II bezog, sogar seine Stellung als Schlusserben verlor, wenn er nach dem Erstversterbenden der Eltern seinen Pflichtteilsanspruch geltend machte. 2

Davon unabhängig vertrat das Sozialgericht in Übereinstimmung mit höchstrichterlicher Rechtsprechung des BSG die Auffassung, dass die Geltendmachung des Pflichtteilsanspruchs in diesen Fällen keine besondere Härte etwa im Sinne des § 12 Abs. 3 Nr. 6 SGB II darstellte. Selbst wenn es wegen des geltend gemachten Pflichtteilsanspruchs zu familiären Unstimmigkeiten komme, sei das in Kauf zu nehmen. Im Übrigen sei nicht nachzuvollziehen, warum die Geltendmachung des Anspruchs bei tatsächlich bestehender Hilfebedürftigkeit des Pflichtteilsberechtigten innerhalb eines intakten Familienverbandes als Affront empfundenen werden könne, wenn der Betrag doch als Barvermögen unmittelbar verfügbar sei. 3

Diese Entscheidung zeigt, dass in jedem Falle eine Regelung im Sinne eines Bedürftigentestamentes erforderlich ist, um die hier aufgetretene Problematik zu vermeiden. Im Ergebnis hatte nämlich der Leistungsträger zwar die Leistungen erbracht, jedoch nur als Darlehen, weil der Pflichtteilsanspruch als verwertbares Vermögen vorhanden war. 4

I. Der Zugriff des Sozialhilfeträgers

Dass zu einem entsprechenden Schutz auch im Übrigen alle Veranlassung besteht, wird durch nach und nach bekannter werdende Rechtsprechung der Landessozialgerichte 5

1 SG Mainz, Az. S 4 AS 921/15 = BeckRS 2016, 72896.

deutlich. So hat beispielsweise das LSG Hessen[2] gemeint, dass immer dann, wenn der aufgrund eines sogenannten Behindertentestamentes eingesetzte Testamentsvollstrecker Vermögen durch Überweisung auf das Konto des behinderten Menschen freigibt, der Sozialhilfeträger nach § 19 Abs. 3 SGB XII in den Grenzen des § 90 SGB XII hierauf zugreifen kann.

6 Der Zufluss von Erbmitteln ist also auch für den Sozialbedürftigen riskant, denn er führt zur Diskussion über die Frage, ob dennoch ein Leistungsanspruch besteht.[3] Hier ist, ohne dass an dieser Stelle vertieft auf sozialrechtliche Hintergründe eingegangen werden könnte, im Wesentlichen zu differenzieren, ob der Empfänger öffentlicher Leistungen möglicherweise ausreichendes Einkommen oder ausreichendes Vermögen hat, sodass er nicht als bedürftig anzusehen ist. Das BSG hat bislang nur in Teilen die Frage entschieden, ob eine Erbschaft Einkommen oder Vermögen ist.

Daran knüpft sich auch die Beantwortung der Frage, ob bei dem jeweiligen Sozialleistungstatbestand die Hilfebedürftigkeit noch gegeben ist oder eben nicht mehr. Die Instanzenrechtsprechung ist zu den einzelnen Sozialhilfetatbeständen noch sehr unterschiedlich.

7 Die allgemeine Tendenz geht aber dahin, den Zufluss einer Erbschaft als Vermögen zu qualifizieren, wenn der Erbfall vor dem Bezug der Sozialleistungen eintritt und als einmaliges Einkommen, wenn der Erbfall während des Leistungsbezugs eintritt.[4]

Für den Fall der Einordnung als Vermögen müsste also der Sozialleistungsempfänger das geerbte Vermögen einsetzen (eine Immobilie also etwa veräußern oder beleihen).

Ein wesentlicher Unterschied bei der Einordnung einer Erbschaft als Einkommen oder Vermögen besteht im Übrigen auch darin, dass bei der Klassifizierung als Vermögen die Schonvermögensregeln des § 90 SGB XII und § 12 SGB II eingreifen, während das bei der Einordnung als Einkommen nicht der Fall ist.

8 Als störanfällig ist insbesondere der Zeitpunkt anzusehen, zu dem der Testamentsvollstrecker das Vermögen, das an sich der Zugriffssperre des Sozialhilfeträgers unterliegt, zugunsten „seines Erben" freigibt. Hier wird diskutiert, ob in diesem Moment, in dem der Testamentsvollstrecker dem Vorerben etwa Zuwendungen zur besseren Ausgestaltung einer eigenen Lebenssituation macht, der Schutzmechanismus der testamentarischen Regelungen außer Kraft gesetzt und damit den Zugriff des Sozialhilfeträgers ermöglicht wird.[5]

2 LSG Hessen Notar 2014, 20.

3 Dazu ausführlich: *Doering-Striening*, ZErb 2014, 105 ff.

4 So auch die Dienstanweisungen der BAfA zitiert bei *Doering-Striening*, ZErb 2014, 109.

5 So LG Kassel ZEV 2014, 104.

II. Der Wille des Erblassers

Diesem Urteil des Landgerichts Kassel wird vorgeworfen, sich „ohne juristische Begründung nicht an den Erblasserwillen“ zu halten.[6] In der Tat fehlt in der Entscheidung eine Begründung dafür, warum der von dem Testamentsvollstrecker ausgezahlte Betrag nicht als Surrogat und damit als dem Schonvermögen unterworfen angesehen wird. Das LG Kassel hatte eine Vermögensübertragung zu beurteilen, bei der eine Erbteilsübertragung stattfand und gemeint, das Vermögen, das ein Betroffener, der Begünstigter eines sogenannten Behindertentestamentes sei, unterfalle im Zuge einer Erbteilsübertragung wegen der damit verbundenen Aufhebung der objektiven Zweckbindung des zugewendeten Vermögens nicht dem Schonvermögen. Hier führte also die Erbteilsübertragung zu einer Aufhebung des ursprünglich gewollten Zwecks, wie das LG Kassel meint. Richtigerweise hätte die hier diskutierte Ausgleichszahlung als Surrogat der ursprünglichen Erbmasse eingeordnet werden müssen, welches ebenfalls der Vor- und Nacherbschaft sowie der Dauertestamentsvollstreckung zu unterwerfen gewesen wäre. 9

Nur diese Ansicht hätte dem Erblasserwillen entsprochen. Dazu wird man allerdings noch weitere – obergerichtliche – Rechtsprechung abzuwarten haben. In den Fällen also, in denen eine Erbteilsübertragung oder Erbauseinandersetzung vollzogen wird, wird es für die Frage, ob der Schutzmechanismus des Behindertentestamentes ausreichend ist, entscheidend sein, ob man den Erblasserwillen tatsächlich in dieser Weise feststellt und ihm auch Genüge tut. 10

Doering-Striening[7] ist der Auffassung, dass mit jeder Zahlung des Testamentsvollstreckers an den Sozialhilfebedürftigen der Schutz des Behindertentestamentes aufgegeben werde und damit durch die Freigabe des Testamentsvollstreckers freies Einkommen begründet wird, das leistungsschädlich ist und damit einen Verstoß gegen die Verwaltungsanordnung des Testamentsvollstreckers darstellt. Wäre das zutreffend, könnte ein Testamentsvollstrecker den Verwaltungsanordnungen schlechterdings nicht mehr nachkommen. Er hat aufgrund der Anordnungen die Aufgabe, seinem Erben entsprechende Leistungen zukommen zu lassen und würde den Schutz des Behindertentestamentes aufgeben, wenn er dem nachkommt. Auch der Umweg über Sachwerte wie Reisen oder Autos wird versperrt sein, wenn man diese Zuwendungen als Einkommen betrachtet. Wenn dieser Weg von den Sozialgerichten konsequent weiter gegangen wird, wird es für die Konstruktion des Behindertentestamentes zu neuen Diskussionen kommen müssen. 11

Das hier besprochene Bedürftigentestament wäre dann erst recht Gegenstand der Diskussionen, denn das Bedürftigentestament soll ja dem Sozialbedürftigen, also 12

6 *Sprinkmann*, ZEV 2014, 293.
7 *Doering-Striening*, ZErb 2014, 105 (110).

dem Leistungsempfänger, der selbst nicht behindert ist, gleichwohl den Schutz des Behindertentestamentes bringen.

III. Die Entscheidung des Sozialgerichts Dortmund

13 Das Sozialgericht Dortmund[8] hatte zu der Frage, ob der Mechanismus des Behindertentestamentes auch auf die Bedürftigensituation übertragbar ist, noch eine – allerdings relativ exquisite – Auffassung vertreten, die darin mündete, dass die Konstruktion des Behindertentestamentes bei der Bedürftigensituation überhaupt nicht zum Tragen kommen könnte.

Es lag folgender Sachverhalt zu Grunde:

> *Beispielsfall*
>
> Der alleinstehende Antragsteller A bezog bis zum 22.3.2003 Arbeitslosengeld in Höhe von 189,49 EUR wöchentlich aus der gesetzlichen Arbeitslosenversicherung. Arbeitslosenhilfe wurde ihm wegen vorhandenen Vermögens (Aktien) versagt. Am 2.12.2005 beantragte er Leistungen zur Grundsicherung nach dem SGB II und gab an, im Haus seiner Eltern zu leben, wobei der Vater allerdings im Jahr 2002 bereits verstorben war. Er bewohnte nach eigenen Angaben ein Zimmer von 12 m^2 in der 70 m^2 großen Wohnung der Eltern, für die monatliche Nebenkosten in Höhe von 189,88 EUR anfielen. Dem A wurden fortlaufend Leistungen in Höhe des Regelsatzes und der festgestellten Kosten der Unterkunft und Heizung bewilligt.
>
> Am 10.12.2008 verstarb die Mutter des A. Vorher hatte sie bereits bettlägerig vor einem Notar testamentarisch ihren einzigen Sohn A zum nicht befreiten Vorerben ihres Vermögens eingesetzt und ihren eigenen Bruder B zum Nacherben. Ferner wurde Dauertestamentsvollstreckung angeordnet. Der B wurde zum Testamentsvollstrecker ernannt. Weiter heißt es in dem Testament, der Testamentsvollstrecker habe dafür Sorge zu tragen, dass der Nachlass möglichst erhalten bleibt und der Vorerbe in den Genuss der Früchte des Nachlasses komme, ohne dass ihm öffentlich-rechtliche Zuwendungen verloren gingen. Anspruch auf die Auskehrung des Nachlasses sowie von Nachlassgegenständen und Früchten habe der Vorerbe nicht. Die Entscheidung liege allein beim Testamentsvollstrecker. Er habe die Befugnisse nach § 2207 BGB und sei von den Beschränkungen des § 181 BGB befreit. Über den Erbteil bzw. die Erbschaft selbst dürfe der jeweilige Testamentsvollstrecker nicht verfügen. Der ihrem Sohn als Vorerben hinterlassene Nachlass solle dazu dienen, es ihm zu ermöglichen, sein Leben wie bisher weiterzuführen.

8 SG Dortmund NJW Spezial 2009, 760.

Sie stelle es in das Ermessen des Testamentsvollstreckers, aus den Erträgnissen und – wenn er dies für erforderlich halten sollte – auch der Substanz des Nachlasses Sachleistungen und Vergünstigungen für den Vorerben zu erbringen, die der Testamentsvollstrecker für zweckmäßig und sinnvoll halte und die geeignet seien, dem Vorerben Erleichterungen und Hilfen zu verschaffen. Im Testament folgen dann weit reichende Verwaltungsanordnungen an den Testamentsvollstrecker, die unter anderem folgende Leistungen erlaubten:

…

cc) Geschenke zu Weihnachten, Ostern, Pfingsten und zu seinem Geburts- und Namenstag, wobei die Geschenke möglichst nach den Bedürfnissen und Wünschen meines Sohnes ausgewählt werden sollen…

dd) Zuschüsse zur Finanzierung von Urlaub und Urlaubsgestaltung, insbesondere auch der Kosten für eine etwa erforderliche Begleitperson…

ee) Zuwendungen zur Befriedigung geistiger und künstlerischer Bedürfnisse sowie zur Befriedigung der individuellen Bedürfnisse meines Sohnes in Bezug auf Freizeit, wozu insbesondere auch Hobbys und Liebhabereien zählen sowie für persönliche Anschaffungen, wie zum Beispiel Musikgeräte, Fernseher oder sonstige technische Geräte.

Im Rahmen eines Bescheides vom 31.3.2009 hob die Antragsgegnerin die Entscheidung über die Bewilligung von Leistungen zugunsten des A auf und verwies auf den Verbrauch des ererbten Vermögens. Hiergegen richtet sich der Widerspruch des A. Er trägt vor, er sei nach dem Inhalt des Testaments daran gehindert, über das Erbe seiner Mutter zu verfügen. Er habe keine rechtlich durchsetzbaren Forderungen gegenüber dem Testamentsvollstrecker.

Insbesondere dürften ihm keine Leistungen zur Bestreitung des Lebensunterhalts aus dem Nachlass zur Verfügung gestellt werden.

Nachdem die Antragsgegnerin den Widerspruch zurückgewiesen hatte, erhob der Antragsteller Klage und begehrte gleichzeitig einstweiligen Rechtsschutz.[9]

1. Die Problematik

Noch bis vor kurzem wurde in der Literatur vertreten, dass auch ein Bedürftiger ebenso geschützt werden könne wie ein Behinderter. Es bestünde immerhin ebenso wie beim Behindertentestament auch beim Bedürftigen die Gefahr, dass der Nachlass für den eigenen Lebensunterhalt des Erben aufgezehrt werde und danach Sozialhilfe bezogen werden müsse. Demzufolge könne ein Erblasser auch hier sich das Ziel setzen, dem Bedürftigen **14**

9 Sachverhalt nach SG Dortmund NJW-Spezial 2009, 760.

nur so viel Nachlassmittel zuzuwenden, dass der Lebensstandard des Bedürftigen dauerhaft über dem Niveau einer bedarfsabhängigen staatlichen Grundversorgung liege. Mithin könne man auch die Gestaltungsziele eines Behindertentestamentes auf ein Bedürftigentestament übertragen.[10]

15 Richtig daran ist, dass im Zuge der Finanzkrise die Zahl der Arbeitslosen in Deutschland rapide gestiegen ist und wegen der Zusammenführung von Sozialhilfe und Arbeitslosenhilfe die Empfänger dieser Grundsicherung vorrangig ihr eigenes Einkommen und ihr Vermögen einsetzen müssen, so dass also eine erhebliche Anzahl von ererbten Gütern eingesetzt werden muss.

16 Hier kommt wieder einmal der Subsidiaritätsgrundsatz zum Tragen, wonach ein Antragsteller zunächst sein Eigenvermögen einzusetzen hat, bevor er staatliche Leistungen beziehen kann. Insoweit ist grundsätzlich eine Vergleichbarkeit der Interessenlage und der Ausgangslage erkennbar.

2. Überlegungen zur Sittenwidrigkeit

17 Das zur Entscheidung über den einstweiligen Rechtsschutz berufene SG Dortmund fragte bei dem A nach, ob er denn selbst dauerhaft gesundheitlich eingeschränkt sei.

Daraufhin ließ der A mitteilen, das sei bei ihm nicht der Fall, ein Bedürftigentestament sei aber mit einem Behindertentestament gleichzusetzen. Das von ihm bewohnte und ererbte Haus habe eine Wohnfläche von insgesamt 125 m² und sei in zwei Wohnungen aufgeteilt. Eine mit 89 m² Wohnfläche bewohne er selbst, 45 m² seien gegen einen Mietzins von 355 EUR vermietet. Diese Miete habe ihm der Testamentsvollstrecker zunächst monatlich zur Verfügung gestellt. Im Nachlass habe sich ein Barvermögen in Höhe von etwa 40.000 EUR befunden, wovon etwa 20.000 EUR für die Beerdigung benötigt worden seien sowie für eine dringend erforderliche Reparatur der Heizung im Haus und für weitere laufende Kosten. Der verbleibende Bargeldbetrag in Höhe von 20.000 EUR sei festgelegt worden.

18 Das Sozialgericht hat sich nur mit drei Sätzen mit der rechtlichen Problematik des Sachverhaltes beschäftigt und gemeint, der Antragsteller sei gehalten, alle Möglichkeiten zur Beendigung oder Verringerung seiner Hilfsbedürftigkeit auszuschöpfen, hierher gehöre auch die Anfechtung des Testaments, weil einiges dafürspreche, dass dieses sittenwidrig sei.

Jedenfalls kann die Rechtsprechung des BGH zu den so genannten Behindertentestamenten nicht ohne weiteres auf den Antragsteller übertragen werden, denn dieser ist nicht behindert und bedürfte und bedarf nicht der besonderen Fürsorge seiner

10 *Kornexl,* Nachlassplanung bei Problemkindern, 1. Aufl. Rn 281.

Mutter. Er ist vielmehr in der Lage, für sich selbst zu sorgen und – sofern er einen Arbeitsplatz findet – seinen Lebensunterhalt durch eigene Erwerbstätigkeit zu fristen. Zwar misst der BGH der Testierfreiheit einen hohen Wert zu, dies kann jedoch nicht so weit gehen, dass dem Erben sämtliche Annehmlichkeiten (Hobbys, Reisen usw.) aus dem Nachlass finanziert werden, während für den Lebensunterhalt der Steuerzahler aufkommen muss.

Das Gericht wies den Antrag auf einstweiligen Rechtsschutz daher zurück. 19

Man muss angesichts dieser Entscheidung des Sozialgerichts Dortmund den Eindruck gewinnen, dass das Gericht im Rahmen dieses Verfahrens erstmals mit der Sonderproblematik des Bedürftigentestaments konfrontiert wurde. Die Ausführungen lesen sich so, als wenn die zugrunde liegende BGH-Rechtsprechung schlicht unbekannt war.

Die Rechtsansichten des Sozialgerichtes sind geradezu abenteuerlich und entsprechen in keiner Weise der tatsächlichen Rechtslage.[11]

Mit Urt. v. 6.2.2009 hat der BGH erneut deutlich gemacht, dass die vertragliche Regelung, 20
die als Gegenleistung für die Übertragung eines Hausgrundstücks Versorgungsleistungen vorsieht, die jedoch nur so lange geschuldet sein sollen, wie sie von dem Verpflichteten in den übernommenen Haus erbracht werden können, nicht ohne Weiteres zur Sittenwidrigkeit der vereinbarten Regelungen führt.[12]

In dem zitierten Urteil beschäftigt sich der BGH insbesondere mit Fragen der Sittenwid- 21
rigkeit nach § 138 BGB und stellt fest, dass durch die Übertragung das Hausgrundstück zwar nicht mehr zur Deckung der Kosten zur Verfügung steht, die durch die Heimunterbringung entstehen, dies sei aber kein von der Rechtsordnung missbilligter Vorgang. Schließlich habe der Hauseigentümer sein Haus auch ohne Vereinbarung von Gegenleistungen verschenken können. Auch eine solche Schenkung könne bei einer Verarmung des Schenkers dazu führen, dass er mit eigenen Mitteln (nach Ablauf von 10 Jahren) seine Unterbringung und Pflege im Alter nicht mehr bestreiten kann. Diese mögliche Folge einer Schenkung führt nach der Wertung des Gesetzgebers nicht zu der sittlichen Missbilligung der Schenkung. Auch die 10-Jahresfrist sei Teil der Wertung des Gesetzgebers. Die unentgeltliche Übertragung eines Hausgrundstücks bei beschränkter Gewährung von Kost und Logis könne daher nur bei Hinzutreten weiterer Umstände sittlich zu missbilligen sein. Den Eigentümer treffe keine Verpflichtung, über die Leistungen an die gesetzliche Rentenversicherung hinaus für sein Alter vorzusorgen. Er sei in seiner Entscheidung frei, das Haus gegen eine Gegenleistung zu übertragen, die dessen Wert nicht erreichte, er hätte es auch ohne Gegenleistung übertragen können. Parallelen zu sittenwidrigen Unterhaltsverzichten dürfte nicht gezogen werden.

11 Kritisch auch *Keim*, ZEV 2010, 56 (Urteilsanmerkung zu SG Dortmund).
12 BGH ZEV 2009, 254.

22 *Hinweis*

Im Rahmen von ehevertraglichen Unterhaltsverpflichtungen ist ständige Rechtsprechung, dass ein Unterhaltsverzicht dann sittenwidrig sein kann, wenn die Vertragsschließenden bei Vertragsschluss bewusst eine Unterstützungsbedürftigkeit zulasten der Sozialhilfe herbeiführen.[13]

Im Rahmen einer Übertragung im Wege der vorweggenommenen Erbfolge gehe es aber nicht um das Abbedingen bestehender Ansprüche oder um den Eingriff in ein gesetzliches Konzept zum Nachteil des Trägers von Sozialleistungen.

Vielmehr hätten es die Parteien eines solchen Übertragungsvertrags lediglich – allerdings ausdrücklich – unterlassen, für den Fall der Pflegebedürftigkeit des Übergebers Ansprüche auf Geldzahlungen zu begründen.

23 Diese der ständigen Vertragspraxis im Rahmen von Übertragungsverträgen sehr entgegenkommende Rechtsprechung hat auch Auswirkungen auf die hier zu beurteilende Frage der Sittenwidrigkeit eines Bedürftigentestaments.

Wenn schon der Schenker keine Rücksicht auf die eigene Versorgung bei später eintretender Hilfsbedürftigkeit nehmen muss, dann braucht erst recht der Erblasser bei der Testamentsgestaltung dem Regressanspruch des Sozialhilfeträgers keine Beachtung zu schenken, wenn der andere, nämlich der Erbe, hilfsbedürftig ist oder wird.

24 So ist nach Auffassung von *Litzenburger*[14] davon auszugehen, dass auf der Basis dieser Argumentation auch Erbfolgegestaltungen zugunsten von Personen, die bedürftig sind, also insbesondere Langzeitarbeitslosen, wohl als nicht sittenwidrig einzustufen sind.

Diese Rechtsprechung blieb dem SG Dortmund wohl verborgen.

In der Literatur wird jedenfalls davon ausgegangen, dass auch das Bedürftigentestament sich im Ergebnis nicht als sittenwidrig darstellt, weil die Wahl einer derartigen Konstruktion der Testierfreiheit entspricht.[15]

3. Ein erstes Urteil des Bundessozialgerichts

25 Ein erstes Urteil des Bundessozialgerichts vom 17.2.2015[16] gibt Veranlassung, anzunehmen, dass auch in der sozialgerichtlichen Rechtsprechung die Notwendigkeit des Schutzes durch ein Bedürftigentestament anerkannt wird. Insbesondere wurde hier entschieden, dass die im Rahmen des Bedürftigentestamentes selbstverständlich ebenfalls vorzusehende Dauertestamentsvollstreckung nicht sittenwidrig ist und daher auch

13 BGH NJW 1992, 3164.

14 *Litzenburger*, ZEV 2009, 256.

15 So *Tersteegen*, MittBayNot 2010, 105 (106); *Litzenburger*, ZEV 2009, 256.

16 BSG B 14 KG 1/14 R = ZEV 2001/14 R = ZEV 2015, 484; dazu auch *Manthey* und *Trilsch,* ZEV 2015, 618.

von dem Bedürftigen nicht zwecks Leistungsbewilligung nach dem SGB II angefochten werden muss.

Allerdings stellt diese Entscheidung wohl kaum eine Grundsatzentscheidung zur Frage der Sittenwidrigkeit des Bedürftigentestaments dar, so dass in der Gestaltung nach wie vor Vorsicht geboten ist.[17]

Für die tatsächliche Verwertbarkeit eines Erbes unter angeordneter Dauertestamentsvollstreckung kommt es ungeachtet der Einordnung als Einkommen oder Vermögen darauf an, ob eine konkrete Verwertungsmöglichkeit in absehbarer Zeit ersichtlich ist und daraus bereite Mittel zur Verfügung entstehen. Die dafür benötigte Zeit ist gegebenenfalls durch eine Prognose anhand der Dauer des Bewilligungszeitraums und den mit einer langfristigen Prognose verbundenen Unsicherheiten zu bestimmen. Hat der Erblasser im Testament angeordnet, den Stamm des Vermögens zu erhalten und kann der Erbe ein im Ermessen des Testamentsvollstreckers liegendes Zahlungsverhalten nur mittels einer Klage erzwingen, ist der Erbe weder über das gesamte Erbe verfügungsberechtigt noch hat er einen gesicherten Zahlungsanspruch gegenüber dem Testamentsvollstrecker.

Diese und andere Leitsätze hat das BSG in der genannten Entscheidung getroffen, allerdings auch Ausführungen zu Art und Umfang der Testamentsvollstreckung gemacht, die sich mit der Problematik decken, die bereits im Rahmen des Behindertentestamentes abgehandelt worden sind. Das Problem ist die jeweilige Freigabe von Mitteln durch den Testamentsvollstrecker. Wenn der Erblasser angeordnet hat, dass der Testamentsvollstrecker die Früchte des Nachlasses zum Wohl des Begünstigtsten in Form von Geldzuwendungen einsetzen soll, ist diese Anordnung verbindlich, aber für den Testamentsvollstrecker kaum schadlos umzusetzen, denn mit der endgültigen Zuwendung an den Bedürftigen durch Überweisung auf das Konto verliert der Testamentsvollstrecker sein Verwaltungs- und Verfügungsrecht mit der Folge, dass dann auch das Zugriffsverbot für Dritte endet. Das heißt, dass es durch die Freigabe des Betrages dazu kommt, dass diese Mittel als bereite Mittel einzusetzen sind. Sinnvoller wäre, dem Begünstigten in diesen Fällen aus den Früchten des Nachlasses nur Sachwerte zuzuwenden, denn dies dürfte leichter sozialhilfeunschädlich umzusetzen sein als eine Geldzuwendung. 26

Wie auch immer kommt der Testamentsvollstrecker in eine ungute Zwangslage. Wenn er sich an dem Erblasserwillen orientiert, wird er freiwillig keine Zahlungen an die Sozialhilfeträger erbringen. Dann läuft er Gefahr, von diesem verklagt zu werden. Der Sozialhilfeträger könnte sogar den Anspruch auf ordnungsgemäße Verwaltung des Nachlasses pfänden. Zahlt der Testamentsvollstrecker allerdings aus, droht ihm eine Schadensersatzpflicht gegenüber dem Erben. 27

17 Vgl. auch *Litzenburger*, FDErbrecht 2015, 372338; *Wendt*, ErbR 2016, 204, der das Urteil für „beeindruckend klar“ hält.

28 In diesem Falle geht also nichts ohne die Anordnung der nicht befreiten Vorerbschaft mit Dauertestamentsvollstreckung nebst präzisen allgemeinen Verwaltungsanweisungen (vergleiche die Erörterungen zum Behindertentestament). Das Risiko, dass der Sozialhilfeträger hier eingreift, verbleibt allerdings.

B. Unterschiede zwischen Behinderten- und Bedürftigentestament

29 Grundsätzlich kann man bei der Abfassung eines Bedürftigentestaments also zu denselben Instrumentarien greifen wie beim Behindertentestament. Insbesondere die in der Praxis bevorzugte Gestaltung über die Einsetzung von nichtbefreiten Vorerben dürfte sinnvoll sein. Dennoch, und darauf weist *Litzenburger*[18] zutreffend hin, ist in zwei Punkten bei der Gestaltung von Bedürftigentestamenten besondere Aufmerksamkeit erforderlich:

I. Einfluss des Vorerben auf die Auswahl des Testamentsvollstreckers

30 Anders als beim Behindertentestament will der Bedürftige in aller Regel erheblichen Einfluss auf die Wahl der Person des Testamentsvollstreckers haben. Der Erblasser kann die Auswahl der Person des Testamentsvollstreckers nicht nur dem Gericht oder einer dritten Person, sondern auch den mit der Testamentsvollstreckung belasteten Erben überlassen.

Das ist allgemein herrschende Meinung mit einer Ausnahme: Der Alleinerbe soll sich nicht selbst bestimmen können.

31 Allerdings ist hier *Zimmermann*[19] der Auffassung, aus dem Wortlaut des § 2198 Abs. 1 BGB (der Erblasser kann die Bestimmung „einem Dritten“ überlassen) müsse hergeleitet werden, dass das dann sinngemäß eine andere Person als der Alleinerbe sein müsse, sonst hätte der Erblasser es in der Hand, ob er die Testamentsvollstreckung wirksam werden lasse oder nicht.

32 Folgt man der herrschenden Auffassung, könnte der Erblasser allerdings anordnen, dass ein ernannter Testamentsvollstrecker auf Antrag des Erben zu entlassen ist. In diesen Fällen müsste dann allerdings der Alleinerbe einen geeigneten Nachfolger benennen, den dann das Nachlassgericht ernennen müsste (so genanntes konstruktives Abberufungsverlangen).

18 *Litzenburger*, ZEV 2009, 278.
19 *Zimmermann*, Rn 57.

▼ 33

Muster 3.1: Konstruktives Abberufungsverlangen

Das Nachlassgericht hat den jeweiligen Testamentsvollstrecker auf Antrag des Vorerben, der nicht begründet werden muss, zu entlassen. Der Vorerbe kann gemäß § 2198 Abs. 1 S. 1 BGB einen neuen Testamentsvollstrecker bestimmen. Er kann sich jedoch nicht selbst als Testamentsvollstrecker benennen. Sollte eine Bestimmung des Testamentsvollstreckers durch den Vorerben als Alleinerben unzulässig sein, soll ersatzweise ______ den neuen Testamentsvollstrecker bestimmen.[20]

▲

II. Zeitliche Begrenzung der Belastung durch Vorerbschaft und Testamentsvollstreckung

Anders als beim Behindertentestament ist beim Bedürftigentestament zu berücksichtigen, dass die Zeiträume, während derer Sozialleistungen bezogen werden, begrenzt sind. 34

Natürlich kann der Erblasser selbst bei veränderter Ausgangslage seine letztwillige Verfügung anpassen. Bei gemeinschaftlichen Testamenten oder Erbverträgen ist deswegen darauf zu achten, dass die an sich wohlmeinend zum Schutze des Bedürftigen verfügte Anordnung auch noch durch den Längerlebenden allein abgeändert werden kann, sobald sich die wirtschaftliche Situation tatsächlich geändert hat. Ansonsten besteht die Gefahr, dass der Längerlebende insoweit einer Bindungswirkung unterliegt und überhaupt nicht mehr wirksam abändern kann.

Für den Eintritt des Erbfalls (Schlusserbfalls) wird von der herrschenden Auffassung empfohlen, eine auflösend bedingte Vorerbschaft oder eine aufschiebend bedingte Vollerbschaft zu konstruieren.[21]

Andere versuchen, über ein Anfechtungsrecht dem Bedürftigen das Recht zu verschaffen, nach Wegfall der Bedürftigkeit das Testament anfechten zu können.[22] Diese Variante setzt voraus, dass das Motiv des Erblassers in das Testament aufgenommen wird.[23] 35

Ein eigener Lösungsvorschlag wird von *Litzenburger*[24] dahingehend präsentiert, dass der Bedürftige gar nicht erst zum uneingeschränkten Vollerben gemacht wird, sondern lediglich für den Fall, dass er keine Sozialleistungen mehr bezieht, die Rechtsstellung eines von allen Beschränkungen und Verpflichtungen befreiten Vorerben erhält. *Litzenburger* ist der Auffassung, in vielen Fällen entspreche der Fortbestand der Vor- und Nacherb- 36

20 Zur Ausübung des Bestimmungsrechts und zum Verfahren vgl. *Zimmermann*, Rn 59 ff.
21 *Langenfeld*, Rn 433.
22 *Limmer*, ZEV 2004, 133.
23 Vgl. dazu im Einzelnen nachfolgende Erläuterung zum Überschuldetentestament, siehe § 4 Rdn 1 ff.
24 *Litzenburger*, S. 280.

schaft auch den Intentionen des Erblassers, der ja letztlich doch den Nachlass gesichert haben möchte.

C. Musterformulierungen

I. Muster: Eröffnung der Anfechtungsmöglichkeiten

37 ▼

Muster 3.2: Eröffnung der Anfechtungsmöglichkeit

Mein Vorerbe ist derzeit bedürftig. Er bezieht Leistungen nach dem . Die Anordnung der Vor- und Nacherbfolge erfolgt daher aus dem Grund, dass ich davon ausgehe, dass diese Bedürftigkeit auch noch im Zeitpunkt meines Todes vorhanden ist. Ich will erreichen, dass dann das ererbte Vermögen dem Zugriff von Gläubigern des entzogen ist.

▲

38 Durch diese tatsächliche Motivangabe in einem Bedürftigentestament soll die Möglichkeit der Anfechtung erleichtert werden. Ist dann der im Zeitpunkt der Testamentserrichtung als bedürftig bezeichnete Erbe im Zeitpunkt des Erbfalls tatsächlich schuldenfrei, könnte er die Beschränkungen durch Anfechtung nach § 2078 Abs. 2 BGB zu Fall bringen.[25]

Diese Möglichkeit soll auch dann bestehen, wenn die Schuldenfreiheit erst danach eintritt, da auch ein Irrtum über die Entwicklung von Tatsachen nach dem Erbfall die Anfechtung begründen kann. Zu beachten wäre hier allenfalls die Jahresfrist des § 2082 BGB. Gegen diese Konstruktion werden indes Bedenken erhoben.[26]

39 Es sei der Vorrang der Auslegung zu beachten. Aus der Formulierung des Testamentes ergäbe sich bereits der tatsächlich vorhandene Wille des Erblassers, dass die Belastungen dann entfallen sollten, falls tatsächlich Schuldenfreiheit des Bedürftigen vorliegen solle. Man käme dann also wohl eher zu einer auflösenden Bedingung. Auch diese Möglichkeit wird ja durchaus diskutiert. Sie birgt allerdings die Gefahr, dass ein Gläubiger in die Anwartschaften pfänden könnte.

40 Insofern könnte man die angeordnete Testamentsvollstreckung bei Vorliegen bestimmter Voraussetzungen ersatzlos enden lassen, nämlich, wenn der Vorerbe

1. für einen ununterbrochenen Zeitraum von 12 Monaten tatsächlich weder Sozialhilfe noch den jeweils geltenden Vorschriften des SGB XII noch Grundsicherung für Arbeitssuchende nach den jeweiligen Vorschriften des SGB II erhalten hat und

25 So *Everts*, ZErb 2005, 353.
26 *Braun*, § 2 Rn 218 ff.

2. dies gegenüber dem Nachlassgericht erklärt und die Richtigkeit eidesstattlich versichert hat.

Bezieht der Vorerbe danach erneut Sozialleistungen, ändert das an den eingetretenen Rechtsfolgen nichts mehr.

II. Muster: Auflösend bedingt Vor- und Nacherbfolge

▼ 41

Muster 3.3: Auflösend bedingte Vor- und Nacherbfolge

3.3

Die Anordnung der Vor- und Nacherbschaft sowie die Anordnung der Testamentsvollstreckung sind jeweils auflösend bedingt. Sie entfallen, wenn folgende Voraussetzungen gegeben sind:

Der Vorerbe hat mindestens ein Jahr lang ohne Unterbrechung keine staatlichen Fürsorgeleistungen nach dem SGB II oder SGB XII mehr erhalten und solche auch nicht beantragt.

Er hat dies gegenüber dem Nachlassgericht eidesstattlich zu versichern.[27]

▲

Wenn allerdings mit der Bedingung die Folge verknüpft sein soll, dass sämtliche Belastungen vollständig entfallen, der Vorerbe also dadurch zum Vollerben wird, kommt es tatsächlich zur Frage, ob damit nicht die Pfändbarkeit eröffnet würde. 42

Litzenburger ist deswegen der Auffassung, dass die Vor- und Nacherbfolge fortbestehen sollte und lediglich aus der nicht befreiten eine befreite Vorerbschaft wird.[28] Dadurch, dass im Formulierungsvorschlag der ehemals Bedürftige dazu gezwungen wird, eine entsprechende eidesstattliche Versicherung dem Nachlassgericht gegenüber abzugeben, hält er es in der Hand, ob die Beschränkungen nicht doch aufrechterhalten bleiben sollen. Man muss also sorgfältig darauf achten, dass der Wegfall der Beschränkungen nicht einer Automatik unterliegt, die möglicherweise nicht gewollt ist.

Zurückkommend auf die Anfechtungsmöglichkeit sollte natürlich durch eine geeignete Formulierung verhindert werden, dass nicht auch die Anfechtungsmöglichkeit nach §§ 2078, 2079 BGB gegeben wird (Übergehen eines Pflichtteilsberechtigten). Es handelt sich hierbei um das bestimmende Motiv, allerdings nicht um eine Rechtsbedingung für die gewählte Gestaltung.

27 Zu weiteren Möglichkeiten vgl. nachfolgende Erläuterung zum Überschuldetentestament, s. § 4 Rdn 1 ff.
28 *Litzenburger*, ZEV 2009, 278.

III. Muster: Ausschluss der Anfechtung wegen Übergehen eines Pflichtteilsberechtigten

43 ▼

3.4

Muster 3.4: Ausschluss der Anfechtung wegen Übergehen eines Pflichtteilsberechtigten

Wir würden die entsprechenden letztwilligen Verfügungen auch dann treffen, falls hierbei Pflichtteilsberechtigte übergangen worden sind, die uns nicht bekannt sind oder erst in Zukunft hinzutreten.

▲

IV. Grundsätzliche Gestaltung

44 Grundsätzlich können die Gestaltungselemente des Behindertentestamentes mit einigen Ergänzungen übernommen werden, wobei bei der Wahl der Vermächtnislösung Vorsicht geboten ist. Der Bedürftige erhält hier einen schuldrechtlichen Anspruch dem Nachlass gegenüber. Sollte die auflösende Bedingung etwa auch für die Anordnung der Testamentsvollstreckung wegfallen, entsteht in der Person des Bedürftigen nach § 2218 Abs. 1 i.V.m. § 667 BGB einen Anspruch auf Herausgabe des verwalteten Vermögensgegenstandes. Dieser bedingte Anspruch kann schon vor Eintritt der Bedingung gepfändet werden.

45 Die Vermächtnislösung erweist sich damit im Rahmen des Bedürftigentestamentes als wenig tauglich.

Sinnvoller ist hier die Vor- und Nacherbenvariante. Diese ist auf ihre Vollstreckungsfestigkeit hin zu überprüfen. Hinzuweisen ist hier insbesondere auf § 2115 BGB, eine Vorschrift, die den Vollstreckungsschutz der Vor- und Nacherbschaft bewirkt. Solange die Vorerbschaft aufrechterhalten wird, ist die Vollstreckung nicht möglich. Dann allerdings, wenn der Nacherbfall endgültig etwa durch Eintreten der auflösenden Bedingung wegfällt, es also keinen Nacherben mehr gibt, würde eine ausgebrachte Pfändung voll wirksam aufrechterhalten bleiben, ebenso dann, wenn der Gegenstand endgültig aus der Nacherbschaftsbindung ausscheidet, also etwa in Folge vorzeitiger Übertragung auf den Nacherben.[29]

46 Es ist also stets möglich, dass ein Gläubiger des im Rahmen der Vor- und Nacherbschaftslösung ja als Miterben fungierenden Bedürftigen dessen Erbteil pfändet. Hier muss letztlich dagegen Vorsorge getroffen werden, dass der Erbteil frei wird (auflösende Bedingung, Potestativbedingung, also keine Automatik sowie Auseinandersetzungsverbote).

Insbesondere die genannten Auseinandersetzungsverbote mit Absicherung durch Testamentsvollstreckungen helfen hier weiter.

29 DNotI-Gutachten im DNotI-Report 2011, 17 ff.

V. Muster: Auseinandersetzungsverbot

▼ 47

Muster 3.5: Auseinandersetzungsverbot

Wir ordnen folgendes

Auseinandersetzungsverbot

gemäß § 2044 BGB an:

Die Auseinandersetzung der Erbengemeinschaft ist, auch in Bezug auf einzelne Nachlassgegenstände, nur mit Zustimmung des jeweils anderen Miterben und während der Dauer der Testamentsvollstreckung nur mit Zustimmung des Testamentsvollstreckers zulässig.

Der Testamentsvollstrecker hat die Einhaltung dieses Auseinandersetzungsverbots zu überwachen.

▲

VI. Der Einbau auflösender Bedingungen

Bei der Gestaltung eines Bedürftigentestamentes kann zunächst auf die Gestaltungsmus- 48
ter des Behindertentestamentes zurückgegriffen werden. Allerdings ist zu beachten, dass die unter vorstehender Rdn 29 ff. abgehandelten Unterschiede zwischen Behinderten- und Bedürftigentestament geregelt werden. Solange der Erblasser selbst Änderungen vornehmen kann, ergibt sich dazu nicht unbedingt eine zwingende Notwendigkeit, denkbar ist aber auch, dass der Erblasser zu einer solchen Anpassung und Änderung eben nicht mehr in der Lage ist, sodass dann ein unverrückbares Bedürftigentestament in der Form des Behindertentestamtes zu einer zu engen und langen Bindung des Bedürftigen führen würde, die ihn auch dann noch treffen würde, wenn seine Bedürftigkeit längst ad acta gelegt ist.

Zu denken ist daher an den Einbau auflösender Bedingungen.[30] Ob sich hier die Möglich- 49
keit einer Teilausschlagung oder Anfechtbarkeit bewähren würde, darf als fraglich angesehen werden, sodass wohl im Ergebnis als rechtlich sichere Gestaltung nur der Einbau einer auflösenden Bedingung in Betracht kommen.

30 *Braun*, § 2 Rn 207.

§ 4 Das Überschuldetentestament

A. Allgemeines

Um den Besonderheiten der Überschuldetensituation gerecht zu werden, müsste bei der Gestaltung von Testamenten und Erbverträgen noch eine weitere Differenzierung zwischen den Personen, die beispielsweise wegen einer körperlichen Behinderung kein ausreichendes Einkommen haben oder aus anderen Gründen dauerhaft erwerbslos sind und denjenigen, die überschuldet sind oder sein werden, wenn der Erbfall eintritt, gemacht werden. Derartige überschuldete Kinder können nämlich durchaus eigenes Einkommen erzielen. Überschreitet es die Pfändungsfreigrenzen, wird es ihnen wieder genommen. 1

Die rechtliche Ausgangslage der Überschuldeten ist eine andere[1] als bei den sogenannten Bedürftigen. Sind diese behindert, haben sie in sozialrechtlicher Hinsicht völlig andere Ansprüche als der Langzeitarbeitslose (zum Beispiel). Diese Personengruppe bezieht bedarfsabhängige Sozialleistungen. Diese unterliegen dem Nachranggrundsatz, werden also erst dann erbracht, wenn der Hilfesuchende seine finanziellen Lücken nicht anderweitig decken kann.

Anders ist die Ausgangslage bei überschuldeten Kindern oder solchen Kindern, die aufgrund einer Prognose im Zeitpunkt der Testamentserrichtung höchstwahrscheinlich zum Zeitpunkt des Erbfalls überschuldet sein werden. Auch dann ist es natürlich Motiv des Erblassers, den Zugriff seines, des Nachlassvermögens, vor Eigengläubigern seines Kindes zu sichern.

B. Grundsätzliche Reaktionsmöglichkeiten des Erblassers

I. Die vollständige Enterbung

Der Erblasser könnte ein solches Kind schlicht vollständig enterben und es damit aus den erbrechtlichen Nachlassbeteiligungen entfernen. Es verbleibt hier natürlich der Pflichtteilsanspruch. Auf die Problematik, ob ein Überschuldeter seinen Pflichtteilsanspruch geltend machen muss bzw. ob sich bereits eine Pfändbarkeit des Pflichtteilsanspruchs ergibt, obwohl er den Anspruch noch nicht geltend gemacht hat, kann hier nur verwiesen werden.[2] So ist es nach der BGH-Rechtsprechung[3] möglich, den Pflichtteilsanspruch auch schon vor Geltendmachung (allerdings auch erst nach Entstehung des Pflichtteilsanspruchs) in seiner zwangsweisen Verwertbarkeit zu pfänden. Damit ist eine Blockade 2

1 Ausführlich: *Gockel*, notar 2020, 64 ff.
2 *Kiesgen*, RNotZ 2018, 429 (431).
3 BGH IX ZB 69/15.

herbeigeführt, die allerdings weder dem Gläubiger noch dem Schuldner etwas bringt. Eine Verwertbarkeit des Pflichtteilsanspruchs ergibt sich erst dann, wenn der Schuldner, das überschuldete Kind, den Pflichtteilsanspruch tatsächlich geltend macht. Das Kind könnte aber über den Pflichtteilsanspruch nicht mehr anderweitig verfügen. Allerdings begründet auch ein tatsächliches Untätigbleiben des Kindes, also das Unterlassen der Geltendmachung des Pflichtteilsanspruchs, kein Anfechtungsrecht des Gläubigers.[4]

Ein während der Wohlverhaltensphase entstehender Pflichtteilsanspruch sollte, wenn das mit Blick auf die Verjährung möglich ist, erst nach Ablauf der Wohlverhaltensperiode geltend gemacht werden, damit es nicht zur Nachtragsverteilung nach § 203 Abs. 1 Nr. 3 InsO kommt.

Auch hier zeigt der Blick auf das Sozialrecht, dass die Ausgangslage eine andere ist. Der Sozialhilfeträger kann den Pflichtteilsanspruch unabhängig von dessen Geltendmachung auf sich überleiten.

II. Die Erbeinsetzung mit dem sogenannten gestuften Ausschlagungsrecht

3 Der Erblasser könnte sich dazu entscheiden, das „gefährdete" Kind vollständig zum Erben einzusetzen in der Hoffnung, dass dieses Kind dann notfalls entsprechende Gegenmaßnahmen ergreift, um die Verwertung durch eigene Gläubiger zu verhindern.

Diese Möglichkeit liegt in den Fällen nahe, in denen der Erblasser nur ein Gefühl dahingehend hat, dass sein Kind im Zeitpunkt des Erbfalls wohl überschuldet sein wird, aber keine sicheren Erkenntnisse diesbezüglich. Wenn dann tatsächlich die Überschuldungssituation gegeben ist, könnte das so betroffene Kind ausschlagen. Der Erblasser muss für diesen Fall dahingehend vorsorgen, dass dann ersatzweise dessen Kinder zu Vorerben berufen werden und zum Nacherben wiederum das gefährdete Kind. Die Vorerben werden dann mit einer Testamentsvollstreckung zugunsten des Nacherben belastet.

4 Eine solche Gestaltung ist zweifellos zulässig, wie sich aus § 1951 Abs. 3 BGB ergibt. Hier ist zwar nur von mehreren Erbteilen die Rede, auf die ein Erblasser einen Erben einsetzen kann. In dem hier diskutierten Fall wird ja der Erbe für den Fall der Ausschlagung zum Nacherben eingesetzt. An sich bestehen jedoch an der Zulässigkeit dieser Regelung wenig Bedenken.[5]

Einzig diskutables Problem ist hier, dass das Kind für den Fall der Ausschlagung ein Nacherbenanwartschaftsrecht erwirbt, das sich als pfändbar darstellt. Auch ist unschön, dass sich das Problemkind innerhalb von sechs Wochen zu einer Ausschlagungsentschei-

4 BGH NZI 2013,137.

5 PK-Erbrecht/*Masloff*, § 1951 Rn 2; KG FGPrax 2005, 128.

dung durchringen muss. Allein diese Überlegungen sind es, die in der Literatur dazu führen, dass diese Lösung nicht empfohlen wird.[6]

Alternativ wird diesbezüglich vorgeschlagen, das Problemkind für den Fall der Ausschlagung nicht zum Nacherben, sondern zum nicht befreiten Vorerben einzusetzen und damit wieder in das gängige Muster zurückzukehren.

Bei der – zu kurzen – Ausschlagungsfrist verbleibt es aber auch bei dieser Variante, riskant ist sie also allemal.

▼ 5

Muster 4.1: Nacherbschaft für den Fall der Ausschlagung

4.1

Ich setze meinen Sohn ___ zu meinem alleinigen unbeschränkten Erben ein.

Für den Fall, dass mein Sohn die Erbschaft ausschlägt, berufe ich dessen Abkömmling ___ zum Ersatzerben.

Dieser ist jedoch nur befreiter Vorerben. Als solcher ist er von allen Beschränkungen befreit, die nach dem Gesetz möglich sind. Zum Nacherben berufe ich in diesem Falle meinen Sohn ___. Der Nacherbfall tritt mit dem Tode des Vorerben ein (hier könnte auch ein anderer Zeitpunkt/anderes Ereignis eingefügt werden).

Ich ordne für die Dauer der Vorerbschaft eine Testamentsvollstreckung an. Der Testamentsvollstrecker hat die Aufgabe, den Nachlass während der Dauer der Vorerbschaft zu verwalten. Zum Testamentsvollstrecker benenne ich ___.

(Anordnung der Testamentsvollstreckung (siehe oben))

Zum Ersatzvorerben berufe ich ___.

Ein Ersatznacherbe wird nicht benannt.

▲

▼ 6

Muster 4.2: Vorerbschaft für den Fall der Ausschlagung

4.2

___

Für den Fall, dass mein Sohn die Erbschaft ausschlägt, ist er nur nicht befreiter Vorerbe. Nacherben sind seine eigenen Abkömmlinge nach den Regeln der gesetzlichen Erbfolge. Der Nacherbfall tritt mit dem Tod des Vorerben ein.

(*Anordnung zur Dauertestamentsvollstreckung*)

▲

6 *Braun*, § 2 Rn 220.

III. Vermächtnisanordnungen

7 Die Anordnung von Vermächtnissen hat zunächst einmal den Vorteil, dass die kurze Sechswochenfrist nicht läuft. Das Problemkind hat also reichlich Zeit zu überlegen, ob es die Vermächtnisse annimmt oder nicht, insbesondere wann es sie annimmt.

Nimmt der Vermächtnisnehmer das Vermächtnis indes während der Wohlverhaltensphase an, muss er den Erwerb zur Hälfte des Wertes an den Treuhänder herausgeben, § 295 Abs. 1 Nr. 2 InsO.

Diese Obliegenheit des Schuldners tritt erst mit der Annahme des Vermächtnisses ein, und zwar nur dann, wenn der Erbfall in der Wohlverhaltensphase liegt. Auch hier ist wieder auf den persönlichen Charakter der Ausschlagungsentscheidung hinzuweisen (ähnlich wie bei Geltendmachung des Pflichtteilsanspruchs). Der Schuldner hat allerdings die Möglichkeit, den Halbteilungsgrundsatz zu umgehen, indem er untätig bleibt und das Vermächtnis erst nach Eintritt der Restschuldbefreiung oder nach dem Wegfall der Überschuldung annimmt. Diese Untätigkeit stellt keine Obliegenheitsverletzung nach § 295 Abs. 1 Nr. 2 InsO dar.[7] Es stellt sich allenfalls eine Verjährungsproblematik.

IV. Zuwendung nicht pfändbarer Vermögensgegenstände

8 Immer in Betracht kommt natürlich, dem Problemkind vermächtnisweise Vermögensgegenstände zuzuwenden, die für den Gläubiger nicht verwertbar sind, klassischerweise ein Wohnungsrecht, welches als beschränkte persönliche Dienstbarkeit nicht übertragbar und nicht pfändbar ist (Achtung! Hier darf kein Recht der Überlassung nach § 1092 Abs. 1 S. 2 BGB eingebaut werden, denn dadurch würde die Pfändbarkeit wiederhergestellt[8]).

Ebenso tauglich wären ein Rentenvermächtnis oder sonstige fortlaufende Geldleistungen innerhalb der Pfändungsfreibeträge.

Nicht geeignet ist hier ein Nießbrauchsrecht, welches sich als pfändbar darstellt, selbst wenn die Überlassung an Dritte ausgeschlossen wird.[9]

V. Die Pflichtteilsbeschränkungen in guter Absicht (§ 2338 BGB)

9 Diese Pflichtteilsbeschränkung hat an sich schon einen fürsorglichen Charakter.[10] Sie soll die zur Verschwendung neigenden Personen schützen und solche Personen, die in solchem Maße überschuldet sind, dass der spätere Erwerb erheblich gefährdet wird. In die-

7 BGH NZI 2011, 329.
8 BGH MittBayNot 2007, 47.
9 BGH NJW 1985, 2827.
10 PK-Erbrecht/*Riedel*, § 2338 Rn 1.

sen gesetzlichen Vorgaben liegt zugleich die Schwäche der Regelung. Der Anwendungsbereich ist sehr eingeschränkt. Die Vorschrift ist überhaupt nur anwendbar auf Abkömmlinge und hat noch dazu enge weitere Voraussetzungen.

Es muss eine Überschuldung vorliegen, die sich nach den Vorgaben der Insolvenzordnung beurteilt, allerdings ist reine Zahlungsunfähigkeit unzureichend, die nach der Insolvenzordnung ebenfalls für die Eröffnung eines Insolvenzverfahrens reicht. Die Voraussetzungen müssen sowohl im Zeitpunkt der Testamentserrichtung wie auch im Zeitpunkt des Erbfalls vorliegen. Drohende Überschuldung reicht nicht. Wenn also die Überschuldung im Zeitpunkt des Erbfalls schon nicht mehr vorliegt, ist die gesamte Pflichtteilsbeschränkung unwirksam.

Die dem Erblasser möglichen Regelungen sind noch dazu stark eingeschränkt. So kann 10
der Erblasser zwar den Pflichtteilsberechtigten zum Erben einsetzen und eine Nacherbschaft anordnen, Nacherben dürfen aber nur die gesetzlichen Erben des beschränkten Pflichtteilsberechtigten sein, also alle seine gesetzlichen Erben. Das Gesetz schließt also die Einsetzung eines Teils der Abkömmlinge ebenso aus wie eine ansonsten mögliche Vermächtnislösung.

Diese doch erheblichen Einschränkungen dieser Lösung haben dazu geführt, dass der an sich gute Ansatz des Gesetzgebers in der Praxis wenig zum Tragen kommt.

▼ 11

Muster 4.3: Formulierungsbeispiel zu § 2338 BGB

Ich setze meine Kinder A und B zu meinen Erben zu gleichen Teilen ein.

Mein Sohn A hat einen Antrag auf Eröffnung eines Insolvenzverfahrens gestellt. Er ist erheblich überschuldet. Sein späterer Erwerb ist erheblich gefährdet.

Mein Sohn A ist daher nur Vorerbe. Als solcher ist er sämtlichen gesetzlichen Beschränkungen und Verpflichtungen unterworfen (nichtbefreiter Vorerbe). Nacherben sind seine gesetzlichen Erben. Das Nacherbenanwartschaftsrecht ist weder vererblich noch übertragbar.

Ferner bestimme ich, dass während der Dauer der Vorerbschaft eine Verwaltungstestamentsvollstreckung angeordnet wird. Meinem Sohn verbleiben nur Ansprüche auf den jährlichen Reinertrag.

(Es folgen Anordnungen zur Testamentsvollstreckung)

Für den Fall, dass mein Sohn A seine Erbenstellung ausschlägt und seinen Pflichtteil verlangt, gelten die gleichen Beschränkungen, die ich auch für die Erbenstellung meines Sohnes angeordnet habe.

▲

VI. Das klassische Überschuldetentestament

12 Die klassische Lösung sieht wiederum alle bekannten Regelungen vor, die schon aus dem Behindertentestament geläufig sind (nichtbefreite Vorerbschaft, Dauertestamentsvollstreckung).

Zwar hat der BGH zu diesem Konstrukt noch nicht ausdrücklich etwas sagen müssen, tendenziell wird aber davon auszugehen sein, dass auch die Überschuldetensituation auf diese Weise geregelt werden kann.[11]

Die Besonderheit liegt nun darin, dass ein so beschränkter Erbe sich unter Umständen aus den angeordneten Zwängen befreien möchte, sobald er wieder wirtschaftlich auf sicheren Beinen steht.

Dazu werden sogenannte Besserungsklauseln[12] diskutiert, die aber konstruktiv dazu führen, dass die angeordneten Beschränkungen mit einer auflösenden Bedingung verknüpft sind. Wenn dann später die Restschuldbefreiung eintritt, wird das Problemkind Vollerbe. Es liegt also eine aufschiebend bedingte Vollerbschaft vor. Wegen des damit verbundenen Anwartschaftsrechts ist das Problemkind hier wie ein Nacherbe zu behandeln,[13] das Anwartschaftsrecht dürfte abtretbar und pfändbar sein. Es gehört auch zur Insolvenzmasse.

Von solchen Besserungsklausel sollte man daher Abstand nehmen.

13 Denkbar ist, das Motiv des Erblassers aufzunehmen, also den Grund, weswegen er den Schutz des Nachlasses für notwendig erachtet hat, um dann dem Erben eine Anfechtbarkeit wegen Motivirrtums einzuräumen.

> *Formulierungsbeispiel (Motivangabe)*
>
> Die Beschränkungen meines Sohnes X durch die angeordnete Vor- und Nacherbschaft sowie Dauertestamentsvollstreckung erfolgen zu dem Zweck, den Nachlass (seine Nachlassbeteiligung) vor dem Zugriff seiner eigenen Gläubiger zu bewahren.

14 Aber auch diese Lösungsmöglichkeit ist umstritten.[14]

Letztlich bleibt es dabei, dass eine sichere Gestaltung der letztwilligen Verfügung zum Schutz eines Überschuldeten keine Hintertür mehr haben darf.

Selbstverständlich bleibt es aber möglich, eine auflösende Bedingung der angeordneten Beschwerungen für den Fall anzuordnen, dass im Zeitpunkt des Erbfalls keinerlei Überschuldungssituation mehr gegeben ist. So kann verhindert werden, dass das Problemkind ohne Not mit Beschwerungen konfrontiert wird, die sich als nicht mehr nötig darstellen.

11 *Kiesgen* a.a.O., S. 446; *Limmer*, ZEV 2004, 133 (h.M).
12 BeckOGK/*Grotheer*, BGB § 2197 Rn 40 m.w.N.
13 *J. Mayer*, MittBayNot 2012,18; DNotI-Report 2014, 177 (179).
14 *J. Mayer*, MittBayNot 2012,18; *Litzenburger*, ZEV 2009, 278.

Diese auflösenden Bedingungen sind unproblematisch, da die Bedürftigkeit der Überschuldung vor dem Eintritt des Erbfalls entfallen ist. Dann kommen die zum Schutze gewollten Anordnungen wie Testamentsvollstreckung und Nacherbeneinsetzung gar nicht erst zum Zuge. Schwierig und fast nicht mehr regelbar wird jedoch der Fall des Wegfalls. Diese Anordnungen bei Entfallen der Überschuldung erst nach Eintritt des Erbfalls.

Formulierungsbeispiel: auflösende Bedingung

Die Beschränkung des Erbteils meines Sohnes X (Vor- und Nacherbfolge, Dauertestamentsvollstreckung) ist auflösend bedingt. Die Beschränkungen entfallen mit der Folge, dass der Erbteil meines Sohnes X dann unbeschränkt ist, wenn in Bezug auf das Vermögen meines Sohnes X im Zeitpunkt des Erbfalls kein Insolvenzverfahren (mehr) läuft und eine eventuelle Restschuldbefreiung endgültig erteilt ist.

(Hier auch möglich zu regeln: ... Keine Pfändungen zulasten des Vermögens meines Sohnes (mehr) bestehen o.Ä. – die konkrete Überschuldungssituation des X kann hier aufgegriffen werden).

§ 5 Das Geschiedenentestament/Stationen am Ende einer Ehe

A. Getrenntleben der Ehegatten

Grundsätzlich hat die Trennung von Eheleuten auf die Erbfolge keinerlei Auswirkungen. 1
Haben die Ehegatten bis dahin noch kein Testament errichtet, kann selbstverständlich jeder der Ehegatten ein den anderen Ehegatten vom Erbrecht ausschließendes Testament fertigen, es bleibt dann allerdings beim Pflichtteilsanspruch des Ehepartners.

Liegt ein gemeinschaftliches Testament vor, ist der Widerruf nach § 2271 BGB möglich. Haben die Eheleute miteinander einen Erbvertrag geschlossen, in dem ein Rücktrittsrecht vereinbart worden ist, kann in der Form der §§ 2296, 2297 BGB zurückgetreten werden.

Ansonsten tritt die Auslegungsregel des § 2077 Abs. 1 S. 2 BGB nur ein, wenn zur Zeit 2
des Todes des Erblassers die Voraussetzungen für eine Scheidung gegeben waren und der Erblasser die Scheidung beantragt oder ihr zugestimmt hatte. Nach BGH-Rechtsprechung ist dies eine Prozesshandlung, die im Scheidungsverfahren dem Gericht gegenüber erklärt werden muss.[1]

Hat allerdings der andere Ehegatte die Scheidung beantragt, bleibt ihm während des Scheidungsverfahrens sein Erb- und Pflichtteilsrecht (§ 2077 BGB), eine gesetzgeberische Wertung, die wenig nachvollziehbar ist.[2]

Um das gesetzliche Erbrecht des Ehegatten im Rahmen des Scheidungsverfahrens aus- 3
zuschließen, empfiehlt es sich daher, vorsorglich ebenfalls einen Scheidungsantrag zu stellen, andernfalls könnte durch Rücknahme des Scheidungsantrags durch den Ehegatten dessen Ehegattenerbrecht bestehen bleiben. Eine Rücknahme ist erst nach dem Tod des Antragsgegners nicht mehr möglich, ebenso nicht mehr ohne Zustimmung des Antragsgegners nach dem Verhandlungstermin.[3]

Wollen nämlich beide Ehegatten die Ehe nicht mehr, ist nicht einzusehen, dass die Erbberechtigung für einen von ihnen bestehen bleibt.

> *Praxistipp* 4
>
> Sollte die anwaltliche Beratung im Rahmen eines Ehescheidungsverfahrens zum Ergebnis haben, dass der Scheidung aus welchen Gründen auch immer – derzeit – nicht zugestimmt wird oder will man von der Härteklausel des § 1568 BGB Gebrauch machen, müsste man dem Mandanten raten, zumindest eine Verfügung von Todes wegen zu fertigen.

1 BGH NJW 1995, 1082.
2 So auch *Bengel*, ZEV 1994, 360.
3 BGH FamRZ 2004, 1364.

5 Problematisch ist der Fall, dass die Ehepartner einen Erbvertrag gefertigt haben, in dem kein Rücktrittsrecht vorgesehen ist.

Anders als beim gemeinschaftlichen Testament gibt es keine gesetzlich vorgesehenen Rücktrittsmöglichkeiten beim Erbvertrag, sodass man hier über Alternativlösungen nachdenken muss, die den Zeitraum bis zum Vorliegen der Scheidungsvoraussetzungen abdecken.

Denn auch während dieses Zeitraums kann ja alle Veranlassung bestehen, dass sich einer der Ehepartner von dem Erbvertrag lösen möchte. In Betracht kommt hier allenfalls, über eine Anfechtung wegen Motivirrtums nachzudenken (§ 2078 BGB).

Die Rechtsprechung ist in den hier diskutierten Fällen zurückhaltend.[4] Wenn der Ehepartner bei Errichtung des Erbvertrages eine Scheidung nicht bedacht hat, stellt sich die Frage, ob man zu einem Anfechtungsgrund dennoch kommen könnte, wenn man zu den tatsächlichen Vorstellungen des Testators auch die Erwartungen hinzuzählt, die der Erblasser zwar nicht in sein Bewusstsein aufgenommen hat, die er aber als selbstverständlich zugrunde legt, wenn er testiert. Der BGH hat ursprünglich von sogenannten unbewussten Vorstellungen gesprochen,[5] dies aber später korrigiert und nennt das jetzt „selbstverständliche Vorstellungen".[6] Eine solche selbstverständliche Vorstellung könnte auch dann bestehen, dass der Erblasser meint, die Ehe werde harmonisch verlaufen,[7] es werde nicht zu einem Scheidungsverfahren kommen[8] (übrigens auch: die nichteheliche Lebensgemeinschaft werde in Zukunft fortbestehen[9]).

6 Dennoch ist hier Skepsis angesagt, denn es muss im Einzelfall festgestellt werden, ob das Verhalten des Erblassers oder der Inhalt der letztwilligen Verfügung den Rückschluss auf derartige selbstverständliche Vorstellungen zu lassen. In der Instanzenrechtsprechung wird hierfür ein strenger Maßstab angelegt, der sich in ebenso strengen Beweisanforderungen fortsetzt.

Lässt etwa der Inhalt der letztwilligen Verfügung erkennen, dass der Erblasser von einem möglichen Scheitern der Ehe ausgeht und dies inhaltlich berücksichtigt, ist kein Platz für die Annahme derartiger Anfechtungsrechte. Einen solchen Fall hatte das OLG München[10] zu entscheiden und gemeint, aus dem Erbvertrag ergäben sich bereits Regelungen, die für den Fall des Scheiterns der Ehe gelten sollten. Insoweit habe der Erblasser schon bei Abschluss des Erbvertrags ein mögliches Scheitern mitbedacht, sodass ein Anfechtungsrecht nicht mehr gegeben sei.

4 Ausf. MüKo-BGB/*Leipold*, § 2078 Rn 30 ff.
5 Z.B. BGH FamRZ 1983, 898.
6 BGH NJW 1994, 582.
7 BayObLG FamRZ 1983, 1275.
8 OLG Hamm BeckRS 2004, 3034 (2322).
9 OLG Celle ZEV 2003, 328.
10 OLG München NJW 2013, 3732.

Ähnlich streng urteilte das OLG Karlsruhe[11] in einem Fall, in dem der Erblasser bei Trennung keine Scheidung beantragt hatte und erst zehn Jahre danach die Erbeinsetzung des Ehegatten formungültig widerrief.

Zudem ist darauf hinzuweisen, dass ein derartiges Anfechtungsrecht nach § 2082 Abs. 2 BGB nur innerhalb der Jahresfrist ausgeübt werden könnte. Hier ist streitig, wann diese Jahresfrist zu laufen beginnt. Das wir jedenfalls dann der Fall sein, wenn der Anfechtungsgrund feststeht und die Tatsachen so zuverlässig erfahren werden, dass ein Festhalten an früheren Überzeugungen als mutwilliges Verschließen gegen bessere Einsicht erscheint. Nach überwiegender Ansicht läuft die Frist allerdings nicht an, wenn und solange der Berechtigte glaubt, die anfechtbare Verfügung sei bereits angefochten oder wirksam widerrufen worden.[12]

In der Praxis zeigt sich, dass von diesen Anfechtungsrecht so gut wie nie Gebrauch gemacht wird.

> *Hinweis* 7
> Solange die weiteren Voraussetzungen nicht vorliegen, verbleibt es nach erfolgter Anfechtung bei dem gesetzlichen Erbrecht. Selbst wenn eine letztwillige Verfügung sich anschließt, verbleibt es beim Pflichtteilsrecht des Ehepartners.

Als letztwillige Verfügung eines solchen Ehegatten kommt – bei Annahme einer entsprechenden Testierfreiheit – die direkte Erbeinsetzung gemeinschaftlicher Kinder oder die Erbeinsetzung eines Dritten in Betracht, ferner sind familienrechtliche Anordnungen nach § 1638 BGB denkbar, gegebenenfalls die Benennung eines Pflegers.[13]

Zu bedenken ist immer der verbleibende Pflichtteilsanspruch des anderen Ehegatten, sodass die Einholung eines Pflichtteilsverzichts (was allerdings in diesen Situationen meistens nicht mehr möglich ist) oder aber sonstige Reduzierungsmaßnahmen mit Blick auf das Pflichtteilsrecht in Betracht kommen.

B. Das Scheidungsverfahren (§ 1933 BGB)

Gemäß § 1933 S. 1 BGB verliert der Ehegatte sein gesetzliches Erbrecht, wenn zur Zeit 8
des Todes des Erblassers die Voraussetzungen für die Scheidung der Ehe gegeben waren und der Erblasser die Scheidung beantragt oder ihr zugestimmt hatte.

Stirbt ein Ehepartner während des Scheidungsverfahrens, erledigt sich zwar die Hauptsache, vorsorglich sollte aber der Scheidungsanwalt einen Erledigungsbeschluss beantra-

11 OLG Karlsruhe ErbR 2014, 35.
12 BeckOK-BGB/*Litzenburger*, § 2082 Rn 1.
13 *Kössinger/Najdecki/Zintl*, § 21 Rn 32.

gen. Im Hinblick auf § 1933 BGB muss der Scheidungsantrag begründet gewesen sein. Im Rahmen eines Erbscheinverfahrens wäre nämlich als Vorfrage zu klären, ob der Scheidungsantrag erfolgreich gewesen wäre.[14]

9 Hierbei gelten die allgemeinen Beweisregeln, sodass ein entsprechender Beschluss des Familiengerichts hilfreich sein kann.

Allerdings ist nach wie vor streitig, ob bei einer einverständlichen Scheidung auch eine Einigung über die Scheidungsfolgesachen notwendig ist, um die Voraussetzungen des § 1933 BGB bejahen zu können.

10 Im Gesetz ist dazu vorgeschrieben, dass das Erbrecht des überlebenden Ehegatten ausgeschlossen ist, wenn zur Zeit des Todes des Erblassers die Voraussetzungen für die Scheidung gegeben waren und der Erblasser die Scheidung beantragt oder ihr zugestimmt hatte. Die Zustimmung des Erblassers zum Scheidungsantrag seines Ehegatten ist eine Verfahrenshandlung. Sie setzt also Rechtshängigkeit gemäß § 124 S. 2 FamFG i.V.m. §§ 253 Abs. 1, 261 Abs. 1 ZPO voraus und muss gegenüber dem Gericht in prozessual wirksamer Form erklärt worden sein. Ein Schweigen gegenüber dem Antrag oder eine nur außergerichtlich erfolgte Zustimmung reichen hier nicht aus.[15]

11 Fraglich ist, ob eine solche Zustimmung in Form eines privatschriftlichen Schreibens des Erblassers an das Amtsgericht erfolgen kann.

Gemäß § 134 Abs. 1 FamFG kann die Zustimmung zu einer Scheidung auch zur Niederschrift der Geschäftsstelle oder in der mündlichen Verhandlung zur Niederschrift des Gerichts erklärt werden. Die Vorschrift des FamFG entspricht der alten Vorschrift des § 630 Abs. 2 S. 2 ZPO.

Zu dieser Vorschrift wurde die Auffassung vertreten, dass die darin enthaltene Aufzählung nicht abschließend war, sodass die in § 1933 S. 1 BGB erwähnte Zustimmung im Sinne des § 1566 Abs. 1 BGB über die darin genannten Fälle hinaus auch etwa in einem Schriftsatz eines bevollmächtigten Rechtsanwalts erfolgen kann.[16]

12 Zur aktuellen Vorschrift wird vertreten, dass die Zustimmung der Partei auch dann wirksam ist, wenn sie in einem von der Partei selbst unterzeichneten Schriftsatz an das Familiengericht enthalten ist.[17]

Natürlich müssen auch die übrigen Voraussetzungen des § 1933 S. 1 BGB gegeben sein, sodass also zum Zeitpunkt des Todes des Erblassers auch die Voraussetzungen für eine Scheidung vorliegen müssen. Fraglich ist hier, ob auch Erklärungen im Sinne des § 133 Abs. 1 Nr. 2 FamFG dem Gericht vorliegen müssen. Diese Vorschrift soll

14 BayOLG FamRZ 1992, 1149.
15 OLG Köln NJW-RR 2003, 655.
16 BayObLG FamRZ 1983, 96.
17 OLG Köln NJW 2013, 2831.

dem Gericht durch frühzeitige Unterrichtung die Möglichkeit geben, den Ehegatten gezielte Hinweise auf Beratungsmöglichkeiten zu den Fragen zu geben, über die sie sich noch nicht geeinigt haben. Der Gesetzeszweck rechtfertigt es nicht, die Erklärungen nach § 133 Abs. 1 Nr. 2 FamFG auch zu den Voraussetzungen der Scheidung nach § 1933 S. 1 BGB zu rechnen.[18]

Nach überwiegender Meinung kann es für die Annahme des § 1933 S. 1 nicht auf einen, jederzeit nachbesserungsfähigen, Verstoß gegen die in § 133 Abs. 1 Nr. 2 FamFG geregelten Vorgaben ankommen.[19] 13

Allein der Umstand, dass der Erblasser dem Scheidungsantrag seines Ehegatten nicht widersprochen hat, reicht indes für die Annahme einer Zustimmung nicht aus.[20]

Zu der Frage, ob das Nichtbetreiben eines rechtshängigen Scheidungsverfahrens über mehrere Jahre hinweg mit der Rücknahme des Scheidungsantrages gleich zu setzen ist, wird vertreten, dass beispielsweise auch ein über sieben Jahre nicht weiter verfolgtes Scheidungsbegehren nicht so einzuordnen ist, als wenn der Scheidungsantrag zurückgenommen wäre.[21] 14

Teilweise wurde hier bei Zeiträumen von 21[22] bzw. 25[23] Jahren vertreten, dass das Nichtbetreiben eines Scheidungsverfahrens über einen derart langen Zeitraum wie eine Rücknahme zu behandeln sei. Die Tendenz der Rechtsprechung geht dahin, dass diese Fiktion tatsächlich nur bei einem sehr langen Zeitraum in Betracht kommt.[24] 15

C. Nach der Scheidung

I. Gemeinschaftliches Testament

Gemäß § 2077 BGB i.V.m. § 2268 BGB ist ein Ehegattentestament nach der Scheidung seinem ganzen Inhalt nach unwirksam. Der Vorschrift des § 2268 BGB liegt der Erfahrungssatz zu Grunde, dass die Ehegatten ein gemeinschaftliches Testament nicht errichtet hätten, wenn sie mit dem Scheitern der Ehe gerechnet hätten. Demzufolge wäre ein derartiges gemeinschaftliches Testament seinem ganzen Inhalt nach unwirksam. Die Unwirksamkeit beschränkt sich dabei nicht nur auf die wechselseitigen Verfügungen. Damit wären auch Verfügungen zugunsten Dritter, die nicht wechselseitig sind, ihrem ganzen Inhalt nach unwirksam. 16

18 OLG Stuttgart FamRZ 2012, 480; anderer Auffassung: *Czubayko*, ZEV 2009, 551.
19 OLG Köln NSW 2013, 2831.
20 OLG Düsseldorf NJW-RR 2011, 1642.
21 OLG Köln FamRZ 2012, 1755.
22 OLG Saarbrücken FamRZ 2011, 760.
23 OLG Düsseldorf FamRZ 1991, 1107.
24 OLG Düsseldorf ZErb 2018,165: Das Nichtbetreiben über einen Zeitraum von 6 Jahren reicht nicht aus.

17 Dennoch müssen Ehegatten nach neuerer Rechtsprechung mit einer Fortgeltung des Ehegattentestamentes trotz Ehescheidung rechnen, wenn ein entsprechender Fortgeltungswille der Ehegatten im Sinne des § 2268 BGB bei Testamentserrichtung festgestellt werden kann.[25]

18 Um das zu verhindern, wird empfohlen, in die gemeinsame letztwillige Verfügung einen Hinweis dahingehend aufzunehmen, dass die komplette Verfügung von Todes wegen unwirksam sein und gemäß § 2268 Abs. 2 BGB nicht zur Anwendung kommen soll, wenn ein begründeter Scheidungsantrag rechtshängig ist.

19 Das OLG Düsseldorf[26] hatte einen Fall zu entscheiden, in dem Eheleute während bestehender Ehe im Jahre 1978 ein gemeinschaftliches Ehegattentestament errichteten. Im Jahre 1990 folgte die Scheidung. Ab 1998 lebte man doch wieder zusammen und heiratete im Jahre 2002 erneut. Diese zweite Ehe sollte bis zum Tode des Erblassers Bestand haben. Im Jahre 2003 adoptierte der Ehemann sogar noch die schon im ursprünglichen Testament erwähnte ersteheliche Tochter seiner Ehefrau im Wege der Erwachsenenadoption. Die Eheleute haben, bis auf das Testament aus dem Jahre 1978, keine weiteren Testamente mehr gefertigt. Nach dem Tode des Ehemannes wurde streitig, ob sich die Erbfolge nach dem Gesetz oder nach dem im Jahre 1978 errichteten Testament richten solle.

20 Überraschenderweise nimmt das OLG Düsseldorf in diesem Falle eine Fortgeltung des Testamentes aus dem Jahre 1978 an. In der Literatur wird dazu zum Teil vertreten, dass Sachverhalte der Wiederverheiratung zuvor schon einmal verheirateter geschiedener Personen von vornherein nicht nach § 2077 Abs. 1 S. 1 BGB, demzufolge mit erfolgter Scheidung derartige Testamente unwirksam werden, zu beurteilen sind. Der gesetzlichen Regelung liege der Gedanke zugrunde, dass Ehegatten bei der Errichtung eines gemeinschaftlichen Testamentes im Regelfalle vom Bestehen ihrer Ehe bis zum Tode ausgingen. Für den Fall der erneuten Heirat nach zuvor erfolgter Scheidung komme es darauf an, ob die Scheidung sich als „vorübergehende Störung" darstelle, die durch die erneute Heirat korrigiert werde, oder ob nach den Umständen des Einzelfalles ein Neubeginn anzunehmen sei. Die Frage, ob die ursprüngliche Verfügung weitergilt, solle unter Anwendung von § 2077 Abs. 3 BGB geprüft werden.[27]

21 Überwiegend wird allerdings die Auffassung vertreten,[28] dass ein einmal gemäß §§ 2268 Abs. 1, 2077 Abs. 1 BGB unwirksam gewordenes Testament nicht mit einer Wiederverheiratung wieder wirksam werden kann. Einen Fortgeltungswillen nach § 2268 Abs. 2 BGB festzustellen, ist in der Tat schwierig. Man müsste auf den Zeitpunkt der Errichtung der letztwilligen Verfügung gerichtet annehmen können, dass die Ehegatten die weiteren

25 *Kössinger/Najdecki/Zintl*, § 23 Rn 49.
26 OLG Düsseldorf ZEV 2017, 172.
27 MüKo-BGB/*Leipold*, § 2077 Rn 28.
28 BGHZ 160, 33; OLG Hamm FGPrax 2011, 83.

Entwicklungen vorausgesehen haben und bereits zu dem damaligen Zeitpunkt den Willen gehabt haben, dass eine ursprünglich getroffene Regelung dann wieder Platz greift, wenn nach erfolgter Scheidung eine erneute Verheiratung stattfindet.

Das OLG Düsseldorf meint im vorliegenden Falle, einen Fortgeltungswillen bejahen zu können, denn man habe vor der zweiten Heirat rund vier Jahre zusammengelebt, die Heirat habe ohne erkennbaren drängenden Anlass erneut stattgefunden und zwischen der Heirat und dem Tod des Erblassers hätten noch einmal drei Jahre gelegen. Keiner der beiden Ehegatten habe zwischenzeitlich anderweitig verfügt. Im Familienkreis sei man auch immer von der Fortgeltung des Testamentes ausgegangen. Schließlich spreche auch die Erwachsenenadoption für einen solchen Willen. 22

Hier wird zu Unrecht nicht auf den Zeitpunkt der Testamentserrichtung abgestellt. Man hätte prüfen müssen, ob die Beteiligten im Jahre 1978 bereits die künftigen Entwicklungen vorausgesehen haben oder ob sie die Fortgeltung gewollt hätten, wenn sie sie vorausgesehen hätten. Im entschiedenen Sachverhalt lebten die Ehegatten immerhin 12 Jahre getrennt. In der Regel sind fehlende anderweitige Verfügungen darüber hinaus nicht dafür aussagekräftig, dass ein entgegenstehender Wille der Parteien vorhanden war, sodass die Auslegungsarbeit des OLG Düsseldorf im vorliegenden Fall nicht überzeugt. 23

Dem Gestalter muss geraten werden, bei Abfassung von letztwilligen Verfügungen, um derartige Unsicherheiten zu vermeiden, möglichst präzise zu regeln, dass diese als Ehegattentestament keinen Bestand haben sollen, sobald die Voraussetzungen für eine Ehescheidung vorliegen. 24

Nach § 2268 BGB gilt § 2077 BGB dahingehend, dass das Testament seinem ganzen Inhalt nach unwirksam ist, also nicht nur in Bezug auf die Zuwendung eines Ehegatten. Anders ist das nur für den Fall der Annahme eines Fortgeltungswillens.

Achtung! Liegt ein derartiger Fortgeltungswille (Aufrechterhaltungswille) in Bezug auf eine wechselbezügliche Verfügung vor, gilt diese Verfügung also trotz Ehescheidung weiter und behält auch ihre Eigenschaft als wechselbezüglich mit der Folge, dass sie bei einem gemeinschaftlichen Testament nach § 2271 Abs. 1 BGB zu widerrufen wäre und nach § 2271 Abs. 2 BGB Bindungswirkung entfalten würde, wenn der erste Erbfall eintritt. So jedenfalls ist die Auffassung des BGH,[29] die in der Literatur allerdings kritisiert wird.[30]

Fraglich erscheint auch, welche Auswirkung die Anwendung des § 2077 BGB hat, wenn in der letztwilligen Verfügung der Ehegatten keinerlei Verfügung zugunsten des anderen Ehegatten getroffen wurde. Schon in den Beratungen der zweiten Kommission waren die Ansichten hierzu geteilt.[31] Die einen meinten, eine vollständige Unwirksamkeit des 25

29 BGH NJW 2004, 3113; ebenso etwa *Keim*, ZEV 2004, 425.

30 MüKo-BGB/*Leipold*, § 2077 Rn 36 m.w.N.

31 Dazu: *Horn*, Materialienkommentar Erbrecht, § 2268 Rn 2 ff.

gemeinschaftlichen Testamentes anzunehmen, gehe zu weit, man solle die Unwirksamkeit nur auf die korrespektiven Verfügungen beschränken, während die Mehrheit für richtig hielt, eine vollständige Unwirksamkeit des gemeinschaftlichen Testamentes anzunehmen. Damit vermeide man die schwierige Sondierung der korrespektiven von den nicht korrespektiven Verfügungen. Die Mehrheit hat also damals beschlossen, für den Fall, dass die Ehe der Erblasser anders als durch den Tod gelöst werde, die Unwirksamkeit des gemeinschaftlichen Testamentes schlechthin auszusprechen.

Dabei ist es geblieben und daran man sich auch heute zu orientieren haben, sodass von einer Gesamtunwirksamkeit des Testamentes auch für den Fall auszugehen ist, dass sich keine korrespektiven Verfügungen in dem Testament finden lassen.[32]

II. Erbvertrag

26 Über § 2279 Abs. 1 BGB findet § 2077 BGB auch bei einem Erbvertrag Anwendung. Angesichts der umfangreichen Auswirkung im Sinne einer Gesamtunwirksamkeit wird angenommen, dass auch eine vertragsmäßige Einsetzung gemeinschaftlicher Abkömmlinge als Erben des erstverstorbenen Ehegatten im Scheidungsfalle im Zweifel unwirksam wird.[33] Anderes gilt auch hier bei einem anzunehmenden Aufrechterhaltungswillen.[34]

D. Inhalt des Geschiedenentestamentes

27 Die Interessenlage bei geschiedenen Ehepartnern ist in der Regel so, dass auf jeden Fall der geschiedene Ehepartner in jeder nur denkbaren Form von einer Beteiligung am Vermögen des Erblassers ausgeschlossen werden soll.

28 Bei Vorhandensein gemeinschaftlicher Kinder besteht darüber hinaus das Problem, dass diese zumindest gesetzliche Erben eines jeden der Elternteile werden und entweder über ihre Erbberechtigung, zumindest aber über ihr Pflichtteilsrecht, am Nachlass beteiligt werden. Für den Fall der Minderjährigkeit taucht das weitere Problem der Verwaltung dieses Vermögens auf.

I. Das Vor- und Nacherbenmodell

29 In aller Regel wird das Geschiedenentestament durch eine Vor- und Nacherbschaft gestaltet. Durch die Anordnung der Vorerbschaft wird das Vermögen des Erblassers Sondervermögen, das vom Eigenvermögen des Vorerben getrennt wird. Der Vorerbe kann hierüber

32 So auch MüKo-BGB/*Musielak*, § 2268 Rn 4.
33 OLG München ZEV 2008, 290.
34 MüKo-BGB/*Leipold*, § 2077 Rn 37.

nicht eigens testieren, es fällt nicht an die Erben des Vorerben (möglicherweise geschiedener Ehepartner) und ist nicht zur Berechnung von Pflichtteilsansprüchen der pflichtteilsberechtigten Angehörigen des Erben heranzuziehen.

Der Nacherbfall wird in der Regel auf den Tod des Vorerben angeordnet. Dies entspricht der gesetzlichen Vermutung des § 2106 Abs. 1 BGB.

1. Der Vorerbe

Dadurch, dass eine Vor- und Nacherbschaft angeordnet ist, bildet der Erblasser insoweit Sondervermögen. Dieses Sondervermögen geht auf den oder die Vorerben zunächst über, der Vorerbe ist wahrer, echter Erbe.[35] Diese Erbenstellung verliert er jedoch, wenn der Nacherbfall eintritt. 30

Für den Vorerben gelten, falls nicht entsprechende Befreiungen angeordnet sind, umfangreiche Verfügungsbeschränkungen. Der Erblasser muss insoweit entscheiden, inwieweit er den Vorerben selbst bereits einschränken will. Macht er ihn zum befreiten Vorerben, sind weitestgehende Verfügungen des Vorerben möglich, mit Ausnahme von unentgeltlichen Verfügungen (§ 2113 Abs. 2 BGB). Außerdem ist auf Verlangen ein Verzeichnis der zur Erbschaft gehörenden Gegenstände mitzuteilen (§ 2121 BGB). 31

Konkret heißt das, dass der nicht befreite Vorerbe gemäß §§ 2113 bis 2115 BGB erheblichen Kontroll-, Sicherungs- und Mitwirkungsrechten des Nacherben unterworfen ist. 32

Falls der Vorerbe auch von diesen Beschränkungen befreit werden soll, handelt es sich um den so genannten „superbefreiten" Vorerben, dem durch den Erblasser weitere Vorausvermächtnisse zugebucht werden müssten.

Der befreite Vorerbe kann insbesondere von folgenden Beschränkungen befreit werden: 33

- von der Verfügungsbeschränkung über Grundstücke und Rechte an solchen nach § 2113 Abs. 1 BGB
- von der Verfügungsbeschränkung über Hypothekenforderungen, Grund- und Rentenschulden gemäß § 1214 BGB
- von der Hinterlegung bzw. Umschreibung von Wertpapieren und der Anlegung von Geld (§§ 2116–2119 BGB)
- von der Aufstellung eines Wirtschaftsplanes bei Wald und der Gewinnung von Bodenschätzen (§ 2123 BGB)
- von den Kontroll- und Sicherungsrechten des Nacherben nach den §§ 2127 bis 2129 BGB
- von dem Gebot der ordnungsgemäßen Verwaltung der Rechnungslegungsverpflichtung nach § 2130 BGB und dem Haftungsmaßstab für Vorerben nach § 2131 BGB

35 *Enzensberger*, Rn 85.

- von Wertersatz bei Raub- und Übermaßfrüchten (§ 2133 BGB)
- vom Wertersatz für eigennützige Verwendung von Erbschaftsgegenständen (§ 2134 BGB)
- von der Tragung der gewöhnlichen Erhaltungskosten nach § 2124 Abs. 1 BGB.

34 Wenn auch die Befreiung maßgeschneidert angeordnet werden kann, hat sich in der Praxis durchgesetzt, den Vorerben von allen Beschränkungen, soweit gesetzlich zulässig, zu befreien. Dessen ungeachtet wäre auch – jedenfalls nach überwiegender Auffassung – möglich, eine gegenständliche Beschränkung der Befreiung auszusprechen. So wäre beispielsweise nach § 2113 Abs. 1 BGB eine Befreiung in Bezug auf den mobilen Nachlass möglich, nicht aber in Bezug auf die Grundstücke u.Ä.

35 Nicht befreit werden kann der Vorerbe von folgenden Beschränkungen:

- Unwirksamkeit unentgeltlicher Verfügungen gemäß § 2113 Abs. 2 BGB
- Verbot der Befreiung von den Beschränkungen der Eigengläubiger des Vorerben bei Vollstreckungshandlungen und Verfügungen des Insolvenzverwalters gemäß § 2115 BGB
- Surrogationsgrundsatz gemäß § 2111 BGB
- Verpflichtung des Vorerben auf Verlangen des Nacherben den Zustand der Nachlassgegenstände feststellen zu lassen, §§ 2122 BGB
- Verpflichtung des Vorerben, die gewöhnlichen Erhaltungskosten der Nachlassgegenstände zu tragen, § 2124 Abs. 1 BGB
- Verpflichtung des Vorerben dem Nacherben auf dessen Verlangen ein Nachlassverzeichnis mitzuteilen, § 2121 BGB
- Haftung des Vorerben gegenüber dem Nacherben nach Eintritt der Nacherbfolge, wenn er entgegen des Schenkungsverbotes über den Erbschaftsgegenstand verfügt hat oder die Erbschaft in der Absicht, den Nacherben zu benachteiligen, vermindert, § 2138 Abs. 2 BGB.

36 Denkbar ist darüber hinaus, dass der Erblasser dem Vorerben durch Vorausvermächtnisse eine Befreiung auch vom Verbot unentgeltlicher Verfügungen erteilt. Damit sind dann in Bezug auf diese Gegenstände weitestgehende wirtschaftliche Handlungsfreiheiten des Vorerben gegeben, die allerdings bei der Konstellation des Geschiedenentestamentes unter Umständen nicht gewollt sind, zumal dann nicht, wenn der Fall eintreten könnte, dass die eigenen Abkömmlinge noch minderjährig sind, wenn der Erbfall eintritt.

2. Befreiung des Vorerben?

37 Die Regel ist daher, den nicht befreiten Vorerben vorzusehen, sodass zumindest schon einmal die per Gesetz vorgesehenen Beschränkungen des Vorerben bestehen bleiben.

Nach § 2112 BGB kann der Vorerbe grundsätzlich frei über die Nachlassgegenstände verfügen, sodass er auch eine Übertragung an den früheren Ehegatten des Erblassers oder andere Personen vornehmen könnte. Eine derartige Verfügung ist zunächst einmal nach außen hin wirksam. Allerdings wird in aller Regel durch eine solche Verfügung das Recht des Nacherben eingeschränkt, wobei es bei dieser Betrachtung auf eine wirtschaftliche Sichtweise ankommt.[36]

Unter eine derartige Beeinträchtigung würden auch gemischte Schenkungen fallen, die beispielsweise eine Übertragung an den Ex-Ehepartner gegen Einräumung von Nießbrauchsrechten oder Wohnungsrechten umfassen würden. Der Nacherbe hätte in den Fällen der Unwirksamkeit nicht nur einen Anspruch auf die Wertdifferenz, sondern das gesamte Rechtsgeschäft wäre rückabzuwickeln. **38**

Da dies mit erheblichem Aufwand verbunden ist, wird man gut daran tun, die Verfügungsbefugnis des Vorerben weiter einzuschränken. **39**

3. Der Nacherbe

Mit der Anordnung der Vor- und Nacherbschaft verbindet der Erblasser das Ziel, seine Vermögensgegenstände letztlich seinen eigenen Abkömmlingen zukommen zu lassen und nur für den Fall, dass sein Gestaltungsplan nicht aufgeht, zu verhindern, dass etwa über eine nicht gewollte Erbfolge nach den eigenen Abkömmlingen der Ex-Partner in den Besitz von Nachlassgegenständen kommt. Daher ist es das erklärte Ziel aller insoweit Testierenden, den Ex-Partner von jeder Einflussmöglichkeit auf den Nachlass fernzuhalten. In aller Regel geht jedoch die Betrachtung dieser Mandantschaft noch weiter. Man will nicht nur den Ex-Partner, sondern auch die einseitigen, also nicht mit dem Erblasser verwandten, Beteiligten von der Nacherbfolge fernhalten: **40**

> *Formulierungsbeispiel* **41**
>
> Ich setze mein Kind … zu meinem alleinigen Erben ein.
>
> … ist jedoch nur nicht befreiter Vorerbe.
>
> Nacherben sind die im Zeitpunkt des Eintritts des Nacherbfalls vorhandenen Abkömmlinge meines Kindes nach den Regeln der gesetzlichen Erbfolge.
>
> Die Anordnung der Nacherbfolge ist auflösend bedingt mit dem Tode meines Ehepartners, sofern keine einseitigen Abkömmlinge oder Verwandte aufsteigender Linie in diesem Zeitpunkt mehr vorhanden sind.

36 *Enzensberger*, Rn 97.

Oder:

> *Formulierungsbeispiel*
> … und entfällt, wenn beim Ableben des Vorerben weder mein früherer Ehegatte noch dessen einseitige Abkömmlinge Erben des Vorerben sind.

42 *Hinweis*

> Wenn es sich um eine Verfügung handelt, die in einem Zeitpunkt erfolgt, in dem die Abkömmlinge des Testierenden noch minderjährig sind, kann der Testierende kaum übersehen, wie sich die möglichen Abkömmlinge seiner Kinder entwickeln, wenn sie überhaupt schon vorhanden sind. Hier liegt also ein nicht unerhebliches Prognoserisiko vor. Allerdings kann und darf der Erblasser dem Vorerben nicht die eigene Bestimmung des Nacherben überlassen, da die Regelung des § 2065 BGB aufgrund des darin enthaltenen Drittbestimmungsverbotes eine solche Regelung unmöglich macht.

43 In diesem Zusammenhang ist immer wieder die Rede von der so genannten „Dieterle-Klausel“.[37]

Aufgrund dieser Klausel setzt der Erblasser diejenigen als Nacherben ein, die die gewillkürten Erben des Vorerben für dessen eigenes Vermögen werden, falls sie nicht gleichzeitig zu dem von ihm ausgeschlossenen Personenkreis gehören.

Die Zulässigkeit der Dieterle-Klausel ist umstritten. Das OLG Frankfurt[38] hat sie, allerdings ohne überzeugende Begründung, für unzulässig gehalten. Durchgreifende Bedenken gegen die Zulässigkeit der Klausel sind jedoch nicht berechtigt, sie wird von der überwiegenden Auffassung in der Literatur, aber auch in jüngerer Rechtsprechung für zulässig gehalten.[39]

44 *Braun*[40] schlägt vor, dass der Erblasser die von ihm angeordnete Nacherbfolge insgesamt unter eine auflösende Bedingung stellt. Dann entfällt sie, wenn der Vorerbe durch letztwillige Verfügung Mitglieder eines bestimmten Personenkreises als seine Erben einsetzt.

45 Die Nacherbfolge ist damit mit einer auflösenden Bedingung versehen und fällt weg, wenn im Zeitpunkt des Nacherbfalls die Gefahr, dass Dritte, hier insbesondere der Ex-Partner oder einseitige Verwandte des Ex-Partners noch Zugriff auf die Vermögensmasse haben könnten, nicht – mehr – besteht. Diese Bedingung kann nur dadurch eintreten, dass der genannte Personenkreis schlicht nicht mehr vorhanden ist oder aber auch dadurch, dass der Vorerbe durch eine eigene letztwillige Verfügung erreicht hat, dass

37 Nach *Dieterle*, BWNotZ 1971, 170 ff.
38 OLG Frankfurt ZEV 2001, 316 ff.
39 MüKo-BGB/*Leipold*, § 2065 Rn 24; *Ivo*, DNotZ 2022, 260; Grüneberg/*Weidlich*, § 2065 Rn 6; OLG Hamm ZEV 2019, 276.
40 *Braun*, § 2 Rn 312.

der Personenkreis als Erbe nicht in Betracht kommt. Die Gefahr, dass von dieser Seite bei einer letztwilligen Verfügung des Vorerben Pflichtteilsansprüche des Ex-Partners oder dessen allseitiger Verwandter bestehen bleiben könnten, ist damit allerdings nicht gebannt. Ein tauglicher Lösungsansatz ist das also nur, wenn der Vorerbe schon selbst Abkömmlinge hat, die er zu Erben einsetzt, da dann der Ex-Partner als Elternteil ohnehin aus der Erbfolge ausscheidet und Pflichtteilsansprüche ebenfalls nicht mehr geltend machen könnte.

4. Muster: Auflösende Bedingung Nacherbfolge

▼ 46

Muster 5.1: Auflösende Bedingung der Nacherbfolge

Die Anordnung der Nacherbfolge steht unter einer auflösenden Bedingung.

Sie entfällt immer dann, wenn im Zeitpunkt des Nacherbfalls weder mein Ex-Partner noch dessen einseitige, also mit mir nicht Verwandte Erben des Vorerben werden. Die auflösende Bedingung kann sowohl kraft Gesetzes wie auch durch eine eigene Verfügung von Todes wegen des Vorerben herbeigeführt werden.

Im Falle des Eintritts der auflösenden Bedingung ist der eingesetzte Vorerbe rückwirkend als Vollerbe anzusehen, so dass der Nachlass, der ihm von mir zugefallen ist, zusammen mit seinem eigenen Eigenvermögen an dessen Erben vererbt wird.

▲

5. § 2109 BGB

§ 2109 Abs. 1 S. 1 BGB beschränkt die Wirkung der Anordnung der Nacherbfolge auf die 47
Dauer von 30 Jahren nach dem Erbfall. Dann würde der Vorerbe automatisch Vollerbe. Allerdings kann die Auslegung ergeben, dass der Erblasser dem bestimmten Nacherben die Erbschaft auf jeden Fall zukommen lassen wollte und den Eintritt des Nacherbfalls lediglich so weit wie möglich zeitlich hinausschieben wollte. Für diesen Fall würde der Nacherbfall auch nach 30 Jahren noch eintreten.

Über 30 Jahre hinaus könnte die Anordnung wirksam werden, wenn der Eintritt des Nacherbfalls an ein bestimmtes Ereignis in der Person des Vorerben gebunden ist. Das wäre der Fall, wenn auf den Tod des Vorerben abgestellt wird.

6. Vererblichkeit des Anwartschaftsrechts?

Ob das Nacherbenanwartschaftsrecht vererbt werden kann oder nicht, hängt von der 48
Gestaltung ab. Sofern ein entgegenstehender Wille des Erblassers erkennbar ist, ist nicht

von der Vererblichkeit auszugehen, ansonsten wäre kraft Gesetzes von einer Vererblichkeit auszugehen (§ 2108 BGB).

Zur Vermeidung von Unklarheiten sollte in dem Testament die Vererblichkeit der Nacherbenanwartschaft ausgeschlossen werden.

Auch eine Veräußerlichkeit und Übertragbarkeit der Nacherbenanwartschaft sollte ausgeschlossen werden.

7. Ausschlagungsmöglichkeit

49 Ein Nachteil der Vorerbenlösung besteht darin, dass die Kinder des Erblassers, die als Vorerben eingesetzt werden, die Möglichkeit der Ausschlagung nach § 2306 BGB haben und dann ihren Pflichtteil verlangen können. Das infolge des Pflichtteilsanspruchs gezahlte Vermögen würde u.U. auf den geschiedenen Partner übergehen. Dem kann nur gestalterisch entgegengekommen werden, in dem es für die Kinder uninteressant ist, die Ausschlagung zu erklären. Eine sehr weite Einschränkung der Verfügungsmöglichkeiten der Abkömmlinge führt hier wohl eher zu einer Ausschlagung, als wenn man dem Vorerben wirtschaftlich Spielraum lässt.

50 Besteht aber nicht die Gefahr, dass eine Ausschlagung durch einen von der Vermögensverwaltung ausgeschlossenen Elternteil erfolgt, der dann die vorbeugenden Maßnahmen des vorverstorbenen Elternteils leicht konterkarieren könnte?

Der durch Verfügung von Todes wegen angeordnete Ausschluss der elterlichen Vermögensverwaltung für vom Kind ererbtes Vermögen, der noch zu erörtern sein wird (§ 1638 BGB), umfasst allerdings auch die Befugnis zur Ausschlagung der Erbschaft. Die in einem solchen Falle von einem ausgeschlossenen Elternteil im Namen des Kindes erklärte Ausschlagung ist mangels Vertretungsmacht unwirksam.[41]

In der dazu ergangenen BGH-Entscheidung ging es um die Frage, wer für die Ausschlagung zuständig ist, wenn es darum geht, dass für einen Minderjährigen ausgeschlagen werden soll und der Elternteil von der elterlichen Vermögensverwaltung ausgeschlossen ist.

Im entschiedenen Sachverhalt hatte der Erblasser seine Schwester und seinen Sohn zu Erben zu je $^1/_2$ eingesetzt und ordnete Testamentsvollstreckung an. Ferner bestimmte er, dass die Mutter des Sohnes von der Verwaltung sämtlicher Vermögensgegenstände, die der Sohn aufgrund des Testamentes an dem Nachlass des Erblassers erwirbt, ausgeschlossen sein sollte, falls der Sohn beim Tod des Erblassers noch nicht volljährig sein sollte. Während der Minderjährigkeit des Sohnes verstarb der Erblasser. Die Mutter erklärte im Namen des Sohnes die Ausschlagung der Erbschaft. Diese wurde familiengerichtlich genehmigt.

41 BGH, Beschl. v. 29.6.2016 – XII ZB 300/15 – juris.

Der BGH meint dazu, dass nach § 1909 Abs. 1 BGB a.F. (jetzt § 1809 BGB) derjenige, der unter elterlicher Sorge stehe, für Angelegenheiten, an deren Besorgung die Eltern verhindert seien, einen Pfleger erhalte. Er erhalte insbesondere einen Pfleger zur Verwaltung des Vermögens, das er von Todes wegen erwirbt, wenn der Erblasser durch letztwillige Verfügung bestimmt habe, dass die Eltern das Vermögen nicht verwalten sollten. Nach § 1638 Abs. 1 BGB erstrecke sich die Vermögenssorge nicht auf das Vermögen, welches das Kind von Todes wegen erwirbt, wenn der Erblasser durch letztwillige Verfügung bestimmt habe, dass die Eltern das Vermögen nicht verwalten sollen. 51

Das Oberlandesgericht habe zutreffend darauf hingewiesen, dass § 1638 BGB auch den Pflichtteil umfasse und der Erblasser demzufolge insoweit die Möglichkeit habe, das elterliche Sorgerecht zu beschränken.

Im vorliegenden Falle sei jedoch ein Pflichtteilsanspruch des Kindes mangels wirksam erklärter Ausschlagung nicht entstanden. Der Mutter habe, aufgrund der testamentarischen Anordnung des Erblassers, die gesetzliche Vertretungsmacht für die Ausschlagung gefehlt. Zwar werde nach überwiegender Meinung in Rechtsprechung und Literatur die Ausschlagung der Erbschaft von der Beschränkung der Vermögenssorge in § 1638 Abs. 1 BGB nicht erfasst. Nur eine Mindermeinung in der Literatur sei der Auffassung, die Anordnung nach § 1638 Abs. 1 BGB erfasse auch die Vermögenssorge hinsichtlich des Erbens insgesamt, sodass der Elternteil insoweit von der gesetzlichen Vertretung ausgeschlossen sei und nur ein Pfleger das Erbe für den Minderjährigen ausschlagen könne. Dieser Mindermeinung ist der BGH nunmehr gefolgt. Gesetzliche Folge einer beschränkten elterlichen Sorge sei, dass die Vermögenssorge einschließlich der gesetzlichen Vertretung für das von Todes wegen erworbene Vermögen insgesamt ausgeschlossen sei. Daher fehle es im Falle des § 1638 Abs. 1 BGB bei jeglichen auf das ererbte Vermögen bezogenen Willenserklärungen die elterliche Vertretungsmacht. Das Ausschlagungsrecht sei wie die Erbschaft vermögensrechtlicher Natur und unterfalle § 1638 Abs. 1 BGB. Das lasse sich nicht mit der Begründung anders sehen, die Ausschlagung habe einen starken persönlichen Bezug und sei ein dem Erben zustehendes persönliches Recht. Damit lasse sich das Ausschlagungsrecht nicht der Personensorge zuordnen. 52

II. Das Vermächtnismodell

Grundsätzlich sind die gesetzlichen Regelungen im Zusammenhang mit Vermächtnissen weniger einengend als die Vorschriften im Zusammenhang mit der Vor- und Nacherbschaft, sodass also durchaus vertreten wird, dass die so genannte Vermächtnislösung reizvoller ist. Auch die gerade beschriebenen konstruktiven Schwierigkeiten, die es im Zusammenhang mit der Vor- und Nacherbschaft gibt, führen oft dazu, eher zur so genannten Vermächtnislösung zu greifen. 53

1. Kein Sondervermögen

54 Der Nachlass geht zunächst grundsätzlich auf den Vollerben, den Abkömmling, über.

Hier wird bereits der erste **Nachteil** der Vermächtnislösung deutlich: Das Vermögen bildet in der Hand des Abkömmlings kein Sondervermögen. Der Erbe ist lediglich mit einem aufschiebend befristeten schuldrechtlichen Vermächtnisanspruch beschwert.

Der Vermächtnisnehmer könnte allenfalls von dem beschwerten Erben Schadensersatz verlangen, wenn seine Rechte während der Schwebezeit beeinträchtigt würden.

55 Grundsätzlich könnte also auch der Erbe, der frei über den Nachlass verfügen kann, den Nachlass oder Teile davon auf den unerwünschten Personenkreis übertragen. Hier wäre also die nachfolgend noch dargelegte Testamentsvollstreckung unabdingbar.

2. Auflösende Bedingung

56 Das Herausgabevermächtnis steht unter einer auflösenden Bedingung. Es entfällt, wenn und soweit die von dem Vermächtnis erfassten Gegenstände beim Tod des Abkömmlings nicht an den Ex-Partner oder dessen einseitige Verwandte fallen würden.

Danach fällt das Vermächtnis sofort im Zeitpunkt des Erbfalls an, was Bedeutung für den Fall hat, dass gegenüber dem Kind etwa Pflichtteilsansprüche nach dessen Ableben geltend gemacht werden. Das Herausgabevermächtnis wäre als Nachlassverbindlichkeit zu berücksichtigen.

3. Vermächtnis auf den Überrest

57 Gegenstand des Vermächtnisses sind hier wiederum alle Vermögenswerte, die aus dem Nachlass des Erblassers stammen. In der Zeit zwischen dem Anfall des Vermächtnisses und seiner Erfüllung darf der Erbe die Früchte ziehen, muss aber auch die Kosten tragen. Der Erblasser kann hier allerdings Anderes anordnen.

Dem Interesse des Erblassers entspricht es in aller Regel, dem Vermächtnisnehmer eine Ersatzpflicht für Verluste der Vermögenssubstanz nicht aufzuerlegen, sodass also das Herausgabevermächtnis sich nur auf den „Überrest" erstreckt.

▼

Muster 5.2: Formulierungsvorschlag Vermächtnis auf den Überrest

5.2 Sofern Gegenstände aus meinem Nachlass im Wege der Erbfolge an meinen geschiedenen Ehegatten, dessen einseitige Abkömmlinge oder Verwandte aufsteigender Linie fallen sollten, vermache ich hiermit alle Vermögensgegenstände, die aus meinem Nachlass noch vorhanden sind, zu gleichen Teilen an ______.

Dieses Vermächtnis gilt auch für eventuelle Surrogate unter entsprechender Anwendung von § 2111 BGB.

Die Vermächtnisse fallen erst mit dem Tode des/der Beschwerten an und werden dann fällig. Eine Vererblichkeit der Vermächtnisse schließe ich aus.

Die Vermächtnisse sind auflösend bedingt mit dem Tode meines Ehepartners, sofern keine einseitigen Abkömmlinge oder Verwandte aufsteigender Linie in diesem Zeitpunkt mehr vorhanden sind.

Die Herausgabepflicht beschränkt sich auf den bei dem Anfall des Vermächtnisses vorhandenen Bestand. Eine Verpflichtung zur ordnungsgemäßen Verwaltung oder eine sonstige Beschränkung besteht für meinen Sohn/meine Tochter nicht.

▲

4. Die Person des Vermächtnisnehmers

Die Person des Vermächtnisnehmers kann vom Erblasser selbst ausgesucht werden (namentliche Bezeichnung), der Erblasser kann aber auch ganz allgemein die Abkömmlinge des Erben als Vermächtnisnehmer benennen. Hier besteht allerdings, anders als bei der Nacherbschaft, auch die Möglichkeit, dass der beschwerte Erbe die Auswahl des Vermächtnisnehmers übernimmt. Das Vermächtnisrecht ist hier großzügiger als das Recht im Zusammenhang mit der Erbeinsetzung. Gemäß § 2151 BGB ist es möglich, dass der Erblasser mehrere alternative Personen mit einem Vermächtnis bedenkt, wobei der Beschwerte oder ein Dritter bestimmen können, wer von den Genannten das Vermächtnis erhalten soll (Bestimmungsvermächtnis). 58

Voraussetzung für die Wirksamkeit ist, dass der Erblasser zumindest den Personenkreis, aus dem der Bedachte ausgewählt werden soll, hinreichend bestimmt. Weitere materielle Auswahlkriterien muss er jedoch nicht benennen.[42]

5. Vor- und Nachvermächtnis?

Schließlich wird noch vorgeschlagen, den Vermächtnisnehmer dahingehend zu binden, dass er nur Vorvermächtnisnehmer wird, um zu verhindern, dass das ihm letztlich zugewandte Vermögen unter Umständen zur Berechnung von Pflichtteilsansprüchen dient, die ihm gegenüber geltend gemacht werden könnten. Der Erblasser bestimmt in diesen Fällen, dass der Vermächtnisgegenstand zunächst dem Vorvermächtnisnehmer zugewendet wird und nach Eintritt des vom Erblasser bestimmten Zeitpunkts oder Ereignisses dem Nachvermächtnisnehmer. 59

42 *Enzensberger*, Rn 204.

60 ▼

Muster 5.3: Formulierungsvorschlag Vor- und Nachvermächtnis

Im Wege des Vermächtnisses setze ich meinen Sohn ___ zum Vorvermächtnisnehmer ein. Nachvermächtnisnehmerin ist meine Tochter ___. Das Nachvermächtnis fällt mit dem Tode des Vorvermächtnisnehmers an. Das Anwartschaftsrecht meiner Tochter ___ ist nicht vererblich, nicht verpfändbar und auch nicht übertragbar.

Ersatznachvermächtnisnehmer sind die Abkömmlinge meiner Tochter zu unter sich gleichen Teilen.

▲

6. Die Gefahr lebzeitiger Verfügungen

61 Im Ergebnis ist also die Konstruktion über die Vermächtnislösung variabler, allerdings können lebzeitige Verfügungen des Erben zugunsten der ausgeschlossenen Personen nicht gänzlich verhindert werden. Der mit dem Vermächtnis Bedachte muss seinen Anspruch geltend machen, sodass kein Automatismus eingebaut ist. Unterlässt er das, und erfolgt keine freiwillige Erfüllung des Vermächtnisses, könnten die ausgeschlossenen Personen in den Genuss der Nachlassgegenstände kommen. Allerdings ist hervorzuheben, dass der Vermächtnisnehmer keinen dinglichen Beschränkungen unterworfen ist.

III. § 1638 BGB

1. Allgemeines

62 Da die Teilhabe der Abkömmlinge am Nachlass unter Umständen zu einem Zeitpunkt eintritt, zu dem diese noch minderjährig sind, muss Vorsorge dahingehend getroffen werden, dass nicht etwa der Ex-Ehepartner über die elterliche Sorge die Verwaltung des Nachlasses an sich zieht.

Die elterliche Vermögenssorge umfasst grundsätzlich auch die Verwaltung eines Nachlasses.

Hier gehören Regelungen nach § 1638 BGB in das Geschiedenentestament. Danach kann der Erblasser dem Inhaber der elterlichen Sorge das elterliche Vermögenssorgerecht für die Vermögensteile entziehen, die aus seinem Nachlass stammen. Es handelt sich um eine familienrechtliche Anordnung, die in der Form der letztwilligen Verfügung zu erfolgen hat.[43] Die Norm wurde durch das Gesetz zur Reform des Vormundschafts- und Betreu-

43 *Kössinger/Najdecki/Zintl*, Rn 1050.

ungsgesetzes vom 4.5.2021[44] mit Wirkung zum 1.1.2023 um den Fall erweitert, dass das Kind das Vermögen durch unentgeltliche Zuwendung auf den Todesfall erlangt hat.

Seitdem ist auch in § 1811 BGB n.F. ausdrücklich die „Zuwendungspflegschaft" für den Fall vorgesehen, dass der Erblasser durch letztwillige Verfügung bestimmt hat, dass die Eltern oder der Vormund das zugewendete Vermögen nicht verwalten sollen.

2. Fragen zur elterlichen Sorge

Das gesamte Vermögen eines Kindes unterliegt grundsätzlich ohne Rücksicht auf die Vermögensherkunft der elterlichen Vermögensverwaltung. Den Eltern steht die Sorge über dieses Vermögen zu. Ihrer Verwaltung unterliegt dagegen nicht dasjenige Vermögen, von dem sie durch Entzug der Vermögenssorge oder weil ihre Vermögenssorge ruht, ausgeschlossen sind. Gleiches gilt für Vermögen, das durch Bestellung etwa eines Pflegers oder der Anordnung einer Testamentsvollstreckung der Verwaltung durch Dritte unterliegt (§§ 1630 Abs. 1, 2205 BGB). 63

Die gesetzliche Regelung sieht grundsätzlich die elterliche Sorge beider Elternteile vor, daher wird der Minderjährige regelmäßig auch von beiden Elternteilen vertreten (§§ 1626 Abs. 1, 1629 Abs. 1 BGB). Bei nicht miteinander verheirateten Paaren ist eine übereinstimmende Sorgeerklärung nach §§ 1626a Abs. 1 BGB möglich, andernfalls wäre die nichteheliche Mutter allein sorgeberechtigt und damit auch allein vertretungsberechtigt. 64

Beim Tod eines Elternteils steht die elterliche Sorge grundsätzlich dem überlebenden Elternteil zu (§ 1680 Abs. 1 BGB). Auch wenn dem verstorbenen Elternteil die elterliche Sorge etwa nach §§ 1626a Abs. 3 oder 1671 BGB allein zustand, hat das Familiengericht die elterliche Sorge dem überlebenden Elternteil zu übertragen, wenn das dem Kindeswohl nicht widerspricht (§ 1680 Abs. 2 BGB). Das gilt selbst dann, wenn diesem die elterliche Sorge zuvor nach § 1666 BGB entzogen war.[45]

Die Regelung des § 1638 BGB spielt daher im Zusammenhang mit einem Geschiedenentestament eine große Rolle. 65

Da die Teilhabe der Abkömmlinge am Nachlass unter Umständen zu einem Zeitpunkt eintritt, zu dem diese noch minderjährig sind, muss Vorsorge getroffen werden, dass nicht etwa der Ex-Ehepartner über den zuvor aufgezeigten Umweg der elterlichen Sorge die Verwaltung des Nachlasses an sich zieht. Wie dargestellt, würde nämlich die elterliche Vermögenssorge grundsätzlich auch die Verwaltung eines Nachlasses erfassen.

Nach § 1638 BGB kann nun der testierende Elternteil dem Inhaber der elterlichen Sorge, das ist dann in diesen Fällen der Ex-Partner, das elterliche Vermögenssorgerecht für die 66

44 BGBl I 2021 S. 882.
45 BeckOK-BGB/*Veit*, § 1680 Rn 7.

Vermögensteile entziehen, die aus seinem eigenen Nachlass stammen. Hierbei handelt es sich um eine familienrechtliche Anordnung.

Die Ausschließung ist auch unter den Eltern selbst möglich, insbesondere nach Scheidung.[46] Der Ausschluss muss sich auf die Vermögensverwaltung beziehen.[47]

67 Die Anordnung muss durch letztwillige Verfügung erfolgen, braucht aber nicht ausdrücklich erwähnt zu werden.[48]

Regelungen, die etwa die Bitte um eine Pflegerbestellung oder die Anordnung der Verwaltung durch einen anderen Miterben beinhalten, können hierzu ausreichen. Ebenso wurde angenommen, dass die Enterbung von Sohn und Tochter eine Anordnung gemäß § 1638 BGB hinsichtlich der dann gesetzlich eintretenden Erbfolge der Enkelkinder enthalten kann.[49]

68 Fraglich ist allerdings, ob allein die Anordnung der Testamentsvollstreckung auch eine Anordnung nach § 1638 Abs. 1 BGB beinhaltet.

Allein die Anordnung einer Testamentsvollstreckung dürfte für die Annahme einer Anordnung nach § 1638 BGB nicht ausreichen, sie kann aber je nach den Umständen des Einzelfalls als Anhaltspunkt für eine solche Bestimmung in Betracht kommen. Ein solcher weiterer Anhaltspunkt kann vorliegen, wenn der Erblasser nicht nur die Testamentsvollstreckung anordnet, sondern daneben seinen Ehegatten enterbt, ohne dass die Ehe geschieden ist.[50]

69 Dann liegt wohl „im Regelfall" ein weiterer Anhaltspunkt dafür vor, dass er den Ehegatten von der Verwaltung des den Kindern zugewendeten Vermögens ausschließen will. Bei zutreffender Einordnung dieser Rechtsprechung wird man ihr zustimmen können. Es geht letztendlich nicht darum, dass die Anordnung einer Testamentsvollstreckung auch die Anordnung nach § 1638 Abs. 1 BGB beinhalten könnte, sondern vielmehr, dass die Gesamtschau der letztwilligen Verfügung durch ergänzende Auslegung hinreichende Anhaltspunkte dafür enthält, dass eine solche Anordnung nach § 1638 Abs. 1 BGB gewollt gewesen ist. Folgt man der Auffassung, die Bitte um eine Pflegerbestellung könne dafür ausreichen, lässt sich der hier entschiedene Sachverhalt zwanglos subsumieren. Die angeordnete Testamentsvollstreckung ist indes nur eines von mehreren Indizien dafür, dass eine solche Anordnung impliziert ist.

3. Sonderfall Lebensversicherung

70 Es ist dringend darauf zu achten, dass die Regelungen des § 1638 BGB wörtlich zu nehmen sind. Sie erstrecken sich tatsächlich nur auf den Erwerb von Vermögen durch das

46 BayOLG FamRZ 1989, 1342.
47 BeckOK-BGB/*Veit*, § 1638 Rn 8.
48 *Kössinger/Najdecki/Zintl*, Rn 1050.
49 BayObLG FamRZ 1964, 522.
50 BayObLG FamRZ 2004,1304.

Kind von Todes wegen und sind nicht etwa entsprechend auf einen Erwerb unter Lebenden anwendbar. So ist also festzuhalten, dass der Sonderfall der Lebensversicherungen in aller Regel davon nicht erfasst ist. Soweit in dem Lebensversicherungsvertrag ein Bezugsberechtigter benannt ist, erfolgt dessen Erwerb am Nachlass vorbei als Vertrag zugunsten Dritter, da es sich um einen schuldrechtlichen Anspruch aus dem Versicherungsvertrag selbst handelt. Folgt hier also keine ergänzende Regelung, wird der länger lebende Ex-Partner die Vermögenssorge über die Versicherungssumme erhalten. Dieses Ergebnis wird von den Beteiligten als kontraproduktiv angesehen. Bei entsprechenden Beratungen ist festzustellen, dass diese Besonderheit den Beteiligten nicht geläufig ist, es besteht hier also dringender Beratungsbedarf durch den Notar – wenngleich eine Regelung durch ihn gar nicht möglich ist. Es wäre also beispielsweise nicht möglich, in Erweiterung der Anwendung des § 1638 BGB anzuordnen, dass sich die Vermögenssorge auch auf das Lebensversicherungsguthaben erstreckt. Vielmehr ist auf der Ebene des Versicherungsvertrags vorzusorgen. Hier ist der Begünstigte des Lebensversicherungsvertrages in den Blick zu nehmen.

In den Fällen, in denen im Versicherungsvertrag „die Erben“ bezugsberechtigt sind, fällt **71** die Versicherungssumme allerdings ebenfalls nicht in den Nachlass, vielmehr werden die Erben bezugsberechtigt und zwar ebenfalls außerhalb des Nachlasses nach den §§ 328 ff. BGB, § 167 VVG.[51]

Es gibt eigentlich nur zwei Möglichkeiten, zu verhindern, dass der Ex-Partner die Ver- **72** mögensverwaltung über die Lebensversicherungssumme erhält:

Entweder es wird überhaupt kein Bezugsberechtigter benannt oder der Versicherungsnehmer, also der Testierende, beruft sich selbst als bezugsberechtigt.

In beiden vorgenannten Fällen fällt die Versicherungssumme dann in den Nachlass, so dass sich der Entzug des Verwaltungsrechts gemäß § 1638 BGB auch auf die Versicherungssumme erstreckt.

4. Rechtsfolgen des Entzugs

Sobald das Verwaltungsrecht entzogen worden ist, ist ein Ergänzungspfleger zu bestellen. **73**

Der Erblasser hat das Recht, die Person des Pflegers durch letztwillige Verfügung zu benennen, wobei er sicherstellen kann, dass nur eine Person seines Vertrauens in diese so wichtige Stellung nachrückt. Es handelt sich um eine sog., Zuwendungspflegschaft (§ 1811 BGB).

Festzuhalten ist also, dass sich durch diese Anordnung die Vermögenssorge auf Seiten des begünstigten Kindes aufteilt. Nur bezüglich des Vermögens, das das Kind von den

51 *Braun,* § 3 Rn 246.

Testierenden von Todes wegen erwirbt, wird die Vermögenssorge einem Dritten übertragen. Ansonsten verbleibt es bei der Vermögenssorge des länger lebenden Elternteils.

5. Die Person des Ergänzungspflegers

74 Die durch den verfügten Entzug der Vertretungsmacht entstehende Lücke kann zunächst nicht allein durch das Einsetzen eines Testamentsvollstreckers mit dem Aufgabenkreis „Vermögenssorge" geschlossen werden, da eine Personenidentität zwischen Testamentsvollstrecker und Ergänzungspfleger die rechtliche Handlungsfähigkeit der Erben gegenüber dem Testamentsvollstrecker gefährden würde.[52]

75 Wenn zudem der allein verwaltende Elternteil zugleich Testamentsvollstrecker ist, liegen die Voraussetzungen für die Anordnung einer Ergänzungspflegschaft grundsätzlich vor. Entsprechendes gilt beim Ausschluss des überlebenden Elternteils bei der Verwaltung des ererbten Kindesvermögens.[53]

Eine solche Ergänzungspflegschaft wird allerdings regelmäßig nur dann angeordnet, wenn konkrete Anhaltspunkte dafür bestehen, dass die berufene Person (also der verwaltende Elternteil) als Ergänzungspfleger des Minderjährigen dessen Belange in Bezug auf den Nachlass nicht ordnungsgemäß wahrnehmen will.[54]

76 Sinnvollerweise sollte also ein Dritter als Zuwendungspfleger eingesetzt werden.

Ihm gegenüber ist die Vermögenssorge des länger Lebenden für das dem Kind zugewendete Vermögen insgesamt ausgeschlossen, es besteht nicht einmal mehr ein Anspruch auf Auskunft über Art und Bestand des zugewendeten Vermögens gegen ihn, jedenfalls dann, wenn der Erblasser verfügt hat, dass der Inhaber der elterlichen Sorge von der Zuwendung keine Kenntnis erlangen soll.[55]

77 Der Erblasser sollte von der Möglichkeit Gebrauch machen, die Person des Zuwendungspflegers zu benennen (§ 1811 Abs. 2 Ziff.1 BGB). Der Erblasser kann grundsätzlich rechtswirksam verfügen, dass der Testamentsvollstrecker zugleich auch Zuwendungspfleger für den minderjährigen Erben in Bezug auf das ererbte Vermögen sein soll. Die Bestellung als Zuwendungspfleger scheidet nur dann aus, wenn konkrete Anhaltspunkte dafür bestehen, dass die berufene Person als Pfleger des Minderjährigen dessen Belange in Bezug auf den Nachlass nicht ordnungsgemäß wahrnehmen will.

78 Insoweit wird teilweise in der Rechtsprechung eine gegenteilige Auffassung vertreten.[56] Allerdings hat das OLG Hamm überzeugend dargelegt, dass der Elternteil, der

52 OLG Schleswig ZFE 2007, 440.

53 FA Kommentar Erbrecht/*Tschichoflos,* § 1638 Rn 8.

54 OLG Hamm, Beschl. v. 15.7.2017 – 7 WF 240/16, n.v.

55 LG Bonn FamRZ 1995, 1433.

56 Etwa OLG Schleswig 8 WF 191/06 = NJW-RR 2007, 1597.

wirksam zum Testamentsvollstrecker berufen worden ist, nicht an der Ausübung der elterlichen Sorge für den Minderjährigen in Bezug auf das ererbte Vermögen gehindert ist und in derartigen Fällen nicht immer ein erheblicher Gegensatz zwischen den Interessen des minderjährigen Erben einerseits und denen des gesetzlichen Vertreters/Testamentsvollstreckers andererseits besteht. Damit können die Aufgaben von der gleichen Person wahrgenommen werden. Das gilt – so auch der BGH – insbesondere dann, wenn aufgrund der bisherigen Erfahrungen des engen persönlichen Verhältnisses der Beteiligten kein Anlass zu der Annahme besteht, der Vertreter werde, unbeschadet seiner eigenen Interessen, die Belange des Erben/Vertretenen nicht im gebotenen Maße wahren und fördern.[57]

Der über 14 Jahre alte Minderjährige kann allerdings der Bestellung der vom Erblasser als Zuwendungspfleger berufenen Person widersprechen (§ 1783 Abs. 1 Ziff.3 BGB). Das steht jedoch einer Bestellung dieser Person grundsätzlich nicht entgegen, es entfällt aber die Bindung des Gerichts an die Benennung durch den Erblasser,[58] so dass dem Gericht ein Ermessen bei der Auswahl des Zuwendungspflegers einzuräumen ist.[59] 79

6. Der Erwerb unter Lebenden

Beim Vermögenserwerb unter Lebenden ist die Ausschließung nur möglich, wenn es sich um eine unentgeltliche Zuwendung, z.B. eine Schenkung oder auch die ohne Verpflichtung versprochene und gewährte Ausstattung gemäß § 1624 BGB handelt und die Ausschließung zusammen mit der Zuwendung erfolgt.[60] 80

Ein nachträglicher Ausschluss wäre unwirksam. Unentgeltlichkeit ist nur anzunehmen, wenn das Kind keine Gegenleistung zu erbringen hat. 81

IV. Die Testamentsvollstreckung

1. Allgemeines

Wie soeben dargestellt, kann der länger lebende Elternteil durch die Regelung des § 1638 BGB von der Verwaltung über das dem Kind hinterlassene Vermögen wirksam ausgeschlossen werden. 82

Dennoch ist die zusätzliche Anordnung einer Verwaltungs- oder Dauertestamentsvollstreckung sinnvoll.[61]

57 BGH XII ZB 2/07 = BGH NJW-RR 2008, 963.
58 BeckOK-BGB/*Bettin*, § 1783 Rn 1.
59 OLG Hamm a.a.O.
60 BeckOK-BGB/*Veit*, § 1638 Rn 4.
61 *Enzensberger*, Rn 307.

83 Zu denken ist insbesondere an den Umstand, dass die Anordnung der Ergänzungspflegschaft nach § 1638 BGB mit Vollendung des 18. Lebensjahres ausläuft. Eine darüber hinausgehende Einschränkung der Verfügungsgewalt des Kindes ist über die Vertretungsregelungen nicht möglich. Würde man sich mithin auf die Anordnung des § 1638 BGB beschränken, bekäme das Kind mit Vollendung des 18. Lebensjahres unbeschränkten Zugriff auf das ererbte Vermögen.

84 Hier ist zum einen die berechtigte Sorge der testierenden Elternteile festzustellen, dass Kinder in einem Alter von 18 Jahren noch nicht so entwickelt sind, dass sie souveräne Vermögensentscheidungen treffen könnten, zum einen weil das der Entwicklungsstand eines 18-Jährigen eigentlich gar nicht zulässt, zum anderen aber auch, weil – möglicherweise auch dadurch bedingt – die Einflussmöglichkeiten des geschiedenen Partners auf ein Kind in diesem Alter noch so erheblich sind, dass die gewünschte Sperrwirkung durch eine isolierte Anordnung gemäß § 1638 BGB nicht zu erzielen ist.

85 Die empfohlene Dauertestamentsvollstreckung, die zeitlich befristet werden kann, hält das Vermögen zusammen und verhindert eine zu frühe Verfügung durch den Abkömmling.

2. Dauertestamentsvollstreckung neben § 1638 Abs. 1 BGB

86 Es wird allenthalben zu Recht empfohlen, sowohl eine Anordnung nach § 1638 BGB als auch eine Verwaltungsvollstreckung vorzusehen.

Die isolierte Anordnung einer Testamentsvollstreckung schließt nämlich, wenn dem länger lebenden Ehepartner über § 1638 Abs. 1 BGB die Vermögenssorge entzogen worden ist, ansonsten die auftretenden Vertretungslücken nicht vollständig.

Dem Testamentsvollstrecker würde kein „richtig vertretener" Erbe gegenüberstehen, der z.B. seine Entlassung beantragen könnte. Der Ergänzungspfleger kontrolliert schließlich den Testamentsvollstrecker, der Pfleger seinerseits unterliegt der Aufsicht des Familiengerichts.[62]

87 Eine etwa angeordnete Personenidentität zwischen Testamentsvollstrecker und Ergänzungspfleger führt dazu, dass die rechtliche Handlungsfähigkeit nicht mehr gegeben ist. Die Vertretungsgewalt des länger lebenden Ehepartners erstreckt sich, wie bereits dargelegt, nicht auf die Wahrnehmung der Rechte gegenüber dem Testamentsvollstrecker. Der länger lebende Elternteil könnte daher, wie dargelegt, nicht gemäß § 2227 BGB die Entlassung des Testamentsvollstreckers beantragen und hätte auch keine Kontrollbefugnisse, weder als gesetzlicher Vertreter, noch aus eigenem Recht.

88 Innerhalb der als gesetzliches Schuldverhältnis ausgestalteten Rechtsbeziehung zwischen Testamentsvollstrecker und Erbe müsste der Testamentsvollstrecker sich selbst gegen-

62 *Zimmermann*, Rn 106.

über rechtsgeschäftliche Erklärungen abgeben, was gegen § 181 BGB verstieße und sich selbst kontrollieren, was den Vermögensinteressen der Erben zuwiderliefe.

Ein Erbe kann daher nicht mit bindender Wirkung bestimmen, dass ein Testamentsvollstrecker zugleich Ergänzungspfleger sein soll.[63]

V. Kombinationslösung

Nachfolgend ist auch das Muster der sog. Kombinationslösung[64] enthalten. 89

Darin wird berücksichtigt, dass es dem Testierenden vor allem darauf ankommt, den geschiedenen Ex-Partner herauszuhalten, so dass auf die Lebenszeit dieses Ex-Partners das Vor- und Nacherbenmodell Anwendung findet. Die Gefahr durch Halbgeschwister oder weitere Verwandte wird oftmals als deutlich geringer eingeschätzt, zumal hier auch keine Pflichtteilsproblematik mehr droht. Daher wird für diese Variante die Vermächtnislösung als die weniger einschneidende bevorzugt.

VI. Gesamtmuster

1. Formulierungsvorschlag (Geschiedenentestament (Vor-/Nacherbeneinsetzung))

▼ 90

Muster 5.4: Gesamtmuster des Geschiedenentestamentes, Variante Vor- und Nacherbeneinsetzung

Urkundseingang

§ 1 Vorerbeneinsetzung

Hiermit setze ich meine beiden Kinder A. und B. zu gleichen Teilen zu meinen nicht befreiten Vorerben ein.

oder:

Die Vorerben sind von allen Beschränkungen befreit, von denen sie nach dem Gesetz befreit sein können.

Ersatzerben sind die nachfolgend benannten Nacherben.

Die Nacherbfolge tritt mit dem Tode des jeweiligen Vorerben ein.

63 Schleswig-Holsteinisches OLG ZErb 2007, 264.

64 Zurückgehend auf *Nieder* ZEV 1994, 159.

§ 2 Nacherbeneinsetzung

Nacherben meiner vorgenannten Kinder A. und B. sind jeweils diejenigen Personen, die die Vorerben zu ihren gewillkürten Erben einsetzen, und zwar im gleichen Anteilsverhältnis wie sie selbst ihre Erben einsetzen.

Meine geschiedene Ehefrau, deren Abkömmlinge, soweit sie nicht mit mir gemeinschaftlich sind, und ihre Verwandten aufsteigender Linie sind aber als Nacherben ausgeschlossen.

Wenn und soweit sie zum Zuge kommen würden oder die Vorerben von ihrer Testierfreiheit keinen Gebrauch machen sollten, sind Nacherben jeweils in folgender Reihenfolge:

a) Die Abkömmlinge des betreffenden Vorerben, untereinander nach den Regeln der gesetzlichen Erbfolge erster Ordnung,

b) meine übrigen Abkömmlinge, untereinander nach den Regeln der gesetzlichen Erbfolge erster Ordnung,

c) diejenigen Personen, die meine gesetzlichen Erben wären, wenn ich im Zeitpunkt des Eintritts des Nacherbfalls ohne Hinterlassung von Abkömmlingen gestorben wäre, untereinander nach den Regeln der gesetzlichen Erbfolge.

Die Nacherbenanwartschaften sind zwischen Erbfall und Nacherbfall nicht vererblich und nicht übertragbar.

§ 3 Weitere Nacherbeneinsetzungen

Soweit gemeinschaftliche Abkömmlinge von mir und meiner geschiedenen Ehefrau Nacherben werden, sind jeweils die in entsprechender Anwendung unter Ziff. 2. bestimmten Personen deren weitere Nacherben auf ihren Tod.

§ 2109 BGB bleibt hinsichtlich der zeitlichen Schranke unberührt.

§ 4 Wegfall der Nacherbfolge

Die Nacherbfolge entfällt insgesamt mit dem Tode meines geschiedenen Ehegatten, sofern Abkömmlinge, soweit sie nicht zugleich mit mir verwandt sind, und seine Verwandten in aufsteigender Linie nicht mehr leben. Die Nacherbfolge entfällt des Weiteren, wenn der ausgeschlossene Personenkreis aufgrund eines Erbverzichts seine Erbberechtigung verloren hat.[65]

§ 5 Entzug der Vermögensverwaltung

Soweit die Kinder von mir zur Zeit meines Todes noch minderjährig sind, entziehe ich meiner geschiedenen Ehefrau gemäß § 1638 BGB das Recht, den Erwerb von Todes

65 Angelehnt an *Sammet*, Beck'sche Online-Formulare Vertrag, 5.1.3.1., dort unter Ziff. 3.

wegen zu verwalten. Zum Zuwendungspfleger für das Vermögen, das meine Kinder von Todes wegen erwerben, bestimme ich .

§ 6 Testamentsvollstreckung

Für die Zeit, bis das jüngste meiner Kinder das 25. Lebensjahr vollendet hat, schließe ich die Auseinandersetzung meines Nachlasses aus und ordne Dauertestamentsvollstreckung an. Das gilt auch für den Fall des Todes eines Miterben. Der Testamentsvollstrecker soll in der Eingehung von Verbindlichkeiten für den Nachlass nicht beschränkt sein. Der Testamentsvollstrecker ist gleichzeitig Nacherbentestamentsvollstrecker gemäß § 2222 BGB bezüglich aller Nacherben.

Dies soll er auch nach der Volljährigkeit des jüngsten meiner Kinder für die Dauer von Vorerbschaften bleiben.

Ich ernenne zum Testamentsvollstrecker mit dem genannten Aufgabenkreis . Er ist befugt und verpflichtet, bei Annahme seines Amtes einen Nachfolger zu benennen. Sollte er das Amt nicht annehmen wollen oder können und auch keinen Nachfolger benennen, ersuche ich das Nachlassgericht um Benennung eines geeigneten Testamentsvollstreckers.

Der Testamentsvollstrecker soll eine angemessene Vergütung[66] erhalten. Er ist von den Beschränkungen des § 181 BGB befreit.

▲

2. Formulierungsvorschlag (Geschiedenentestament (Vermächtnislösung))

▼ 91

Muster 5.5: Die Vermächtnislösung

§ 1 Vermächtnis

Sofern Gegenstände aus meinem Nachlass im Wege der Erbfolge an meinen geschiedenen Ehegatten, dessen einseitige Abkömmlinge oder Verwandte aufsteigender Linie fallen sollten, vermache ich hiermit alle Vermögensgegenstände, die mein Sohn/meine Tochter aus meinem Nachlass erworben hat, und die sich im Zeitpunkt seines Todes noch in seinem Vermögen befinden, an   und   zu gleichen Teilen.

Diese Vermächtnisse fallen erst mit dem Tode des Beschwerten an und werden dann fällig. Die Vererblichkeit der Vermächtnisse wird ausgeschlossen.

66 Bei Testamentsvollstreckern aus dem engeren Familienkreis kann darauf verzichtet werden, bei fremden Testamentsvollstreckern sollte die Vergütung näher geregelt werden (etwa nach den Richtlinien des Deutschen Notarvereins in der zum Zeitpunkt des Erbfalls geltenden Fassung o.ä.).

Die Vermächtnisse sind auflösend bedingt mit dem Tode meines geschiedenen Ehepartners, sofern keine einseitigen Abkömmlinge oder Verwandte aufsteigender Linie in diesem Zeitpunkt mehr vorhanden sind.

▲

3. Formulierungsvorschlag (Geschiedenentestament (Kombinationslösung))

92 ▼

Muster 5.6: Die Kombinationslösung

§ 1 Erbeinsetzung

1. Zu meinen alleinigen Erben setze ich hiermit meine Abkömmlinge und nach den Regeln der gesetzlichen Erbfolge ein. Ersatzerben sollen deren Abkömmlinge zu unter sich gleichen Stammanteilen sein, wiederum ersatzweise soll Anwachsung erfolgen.

2. Sofern bei meinem Tod mein geschiedener Ehegatte noch lebt, sind die Kinder aus meiner Ehe mit ihm befreite Vorerben.

oder

... nicht befreite Vorerben

Nacherben sind die eigenen gesetzlichen Erben der jeweiligen Vorerben entsprechend ihren Erbteilen nach ihnen mit Ausnahme meines geschiedenen Ehegattens, seiner Abkömmlinge aus anderen Verbindungen und seinen Verwandten aufsteigender Linie.

3. Die vorstehenden Nacherbeneinsetzungen entfallen mit dem Tode meines geschiedenen Ehegatten. Stirbt einer der Vorerben ohne Hinterlassung von Abkömmlingen, soll er von vornherein Vollerbe gewesen sein. Das Nacherbenanwartschaftsrecht ist zwischen Erbfall und Nacherbfall weder vererblich noch übertragbar. Wenn der Nacherbfall in Bezug auf einen Vorerben eintritt und ein Abkömmling von mir Nacherbe wird, so unterliegt die Erbschaft bei ihm auch erneut der für seinen Vorerben angeordnet bedingten Nacherbfolge.

§ 2 Bedingtes Herausgabevermächtnis

1. Sofern die zuvor angeordnete Nacherbschaft durch den Tod meines geschiedenen Ehegatten entfallen ist, Gegenstände aus meinem Nachlass aber nach dem Tod eines meiner Abkömmlinge durch gesetzliche oder gewillkürte Erbfolge oder auch durch Vermächtnis an einen oder mehrere Abkömmlinge meines geschiedenen Ehegatten, die nicht zugleich mit mir verwandt sind, oder an seine Verwandten aufsteigender Linie fallen, vermache ich alle diejenigen Vermögensgegenstände, die der verstorbene Abkömmling von mir aus meinem Nachlass erworben hat und die noch im Zeitpunkt des Vermächtnis-

anfalls in seinem Vermögen vorhanden sind, an seine eigenen Erben, ausgenommen mein geschiedener Ehegatte, die Abkömmlinge meines geschiedenen Ehegatten aus anderen Verbindungen und seine Verwandten aufsteigender Linie, und zwar zu Miteigentumsanteilen, die den gesetzlichen Erbteilen entsprechen.

Surrogate nach § 2111 BGB gelten als mitvermacht, soweit sich diese im Nachlass meines Abkömmlings befinden.

2. Der Vermächtnisanspruch ist dadurch beschränkt, dass der Beschwerte berechtigt ist, über einzelne oder alle Vermächtnisgegenstände oder Surrogate bis zum Zeitpunkt des Vermächtnisanfalls entgeltlich oder unentgeltlich lebzeitig zu verfügen, so dass der Vermächtnisanspruch ersatzlos entfällt, wenn kein Surrogat im Nachlass vorhanden ist. Bis zum Anfall des Vermächtnisses stehen dem Beschwerten die Nutzungen zu. Dem Beschwerten steht kein Anspruch auf Ersatz von Verwendungen oder Aufwendungen bis zu Vermächtnisanfall zu. Dem Bedachten steht bis zum Vermächtnisanfall kein Anspruch auf Erhaltung und Abrechnung zu. Der Beschwerte ist jedoch verpflichtet, nach meinem Erbfall ein Verzeichnis über den Bestand der Nachlassgegenstände (§ 260 BGB) jedoch ohne Wertermittlung nach § 2314 Abs. 1 BGB zu erstellen.

3. Diese Vermächtnisse fallen erst mit dem Tode des Beschwerten an und werden dann fällig. Ein vererbliches und übertragbares Anwartschaftsrecht soll für diese Vermächtnisse nicht bestehen. Der Bedachten des Herausgabevermächtnisses steht kein Anspruch auf Sicherung vor Vermächtnisanfall zu, insbesondere kein Anspruch auf Eintragung einer Vormerkung im Grundbuch.

Gegebenenfalls:

Für diese aufschiebend bedingten Vermächtnisse ordne ich jeweils ab dem Erbfall Testamentsvollstreckung an .

▲

§ 6 Patchworkgestaltungen

A. Die Ausgangslage

I. Bindung des/der neuen Partner?

War einer der Beteiligten bereits verheiratet und ist verwitwet, ist zu prüfen, ob in erster Ehe bindende Verfügungen von Todes wegen errichtet wurden, die den Längerlebenden nunmehr daran hindern, anderweitig zu verfügen. Solche Bindungen können sich nur aus Erbverträgen oder Ehegattentestamenten mit dem ersten Partner ergeben, wobei ein bindender Erbvertrag nicht einmal voraussetzt, dass im Zeitpunkt der Errichtung die Ehe schon bestand. Die Frage nach Bestehen etwaiger Bindungen sollte ernsthaft und unter Erläuterung der Voraussetzungen der Bindung gestellt und diskutiert werden. Der Notar sollte sich nicht auf eine einfache Auskunft der Beteiligten verlassen, wenn diese ihm aus dem Gedächtnis heraus den Inhalt früherer Testamente darlegen, hier ist unabdingbar, sich selbst durch einen Blick in alte Verfügung zu vergewissern, dass tatsächlich keine Bindung gegeben ist, da die Problematik den Beteiligten oft nicht oder nur unzureichend bekannt ist. 1

1. Anfechtung nach § 2079 BGB

Das Gesetz gibt dem Erblasser die Möglichkeit, seine frühere – etwa zugunsten gemeinsamer Kinder – bindende letztwillige Verfügung anzufechten, wenn er einen „zur Zeit des Erbfalls vorhandenen" Pflichtteilsberechtigten übergangen hat (§ 2079 Abs. 1. S. 1 BGB). Hierbei handelt es sich um den Spezialfall eines Motivirrtums.[1] Die Anfechtung ist nur binnen Jahresfrist möglich (§ 2082 BGB) und setzt natürlich voraus, dass ein zweiter Ehegatte vorhanden ist, denn nur ein solcher hätte ein eigenes Pflichtteilsrecht. 2

> *Achtung!*
>
> Mit einer solchen Anfechtung verliert auch der Anfechtende alle Vorteile aus der zugrunde liegenden letztwilligen Verfügung.[2] Gegebenenfalls kommen ältere letztwillige Verfügungen des Erstversterbenden wieder zur Geltung oder aber es tritt die gesetzliche Erbfolge nach dem erstversterbenden Ehegatten ein. Meistens ist dieser Effekt nicht gewollt.

Die Berufung auf einen Motivirrtum scheitert allerdings in den Fällen, in denen festgestellt wird, dass der Erblasser bei Abschluss der bindenden Verfügung bereits bedacht

1 Damrau/Tanck/*Seiler-Schopp/Rudolf*, § 2079 Rn 1.
2 H.M.: BayObLG NJW-RR 2005, 91; OLG Schleswig ZEV 2016, 263; OLG Stuttgart ErbR 2018, 529.

hat, dass etwa infolge späterer erneuter Eheschließung diese Ehefrau als neue Pflichtteilsberechtigte hinzutreten könnte. Ob bei dieser Prüfung nur auf den hypothetischen Willen des überlebenden Ehegatten[3] oder auch auf denjenigen des erstversterbenden Ehegatten[4] abzustellen ist, ist streitig.

2. § 2077 BGB bei vorausgegangener Ehescheidung

3 Geht der zweiten Ehe eine Ehescheidung voraus, bestimmt § 2077 BGB, dass grundsätzlich von einer Unwirksamkeit der in erster Ehe errichteten letztwilligen Verfügungen auszugehen ist. Aber auch hier ist darauf hinzuweisen, dass die Verfügung bestehen bleibt, wenn ein entsprechender Aufrechterhaltungswille des Erblassers anzunehmen ist (§ 2077 Abs. 3 BGB).

3. Beseitigung bestehender Bindungen durch Zuwendungsverzicht

4 Ergibt sich aus einer mit dem ersten Ehegatten getroffenen bindenden Verfügung eine Schlusserbenstellung der gemeinschaftlichen Abkömmlinge (klassischerweise beim Berliner Testament) und sind diese Kinder bereit, auf diese verbindliche Schlusserbenstellung – etwa zugunsten des neuen Partners des Längerlebenden ihrer Eltern – zu verzichten, eröffnet § 2352 BGB die Möglichkeit, dies durch einen – notariell abzuschließenden – Zuwendungsverzicht zu erreichen.

5 Aus der Fülle der mit einem solchen Verzicht sich ergebenden Probleme sollen hier nur folgende Gesichtspunkte erörtert werden:

a) Verzichtet nur eines der in der Schlusserbenstellung vorhandenen Kinder auf diese Stellung, während das andere eine Mitwirkung verweigert, droht eine Anwachsung nach § 2094 BGB. Nach unwidersprochener Rechtsprechung erstreckt sich die Bindungswirkung der Schlusserbeneinsetzung für den überlebenden Ehegatten im Zweifel auch auf den Erbteil, der dem anderen Kind infolge Zuwendungsverzichts anwächst.[5] Das Problem der Anwachsung lässt sich wohl nur dadurch lösen, dass auch das zweite Kind an der Aufhebung der Bindung mitwirkt, dann aber sogleich erneut zum Schlusserben eingesetzt wird, so dass dessen Stellung unverändert bleibt. Wirkt das zweite Kind an einer solchen Lösung nicht mit, ist der Ausweg über § 2352 BGB versperrt.

b) Nach fraglicher Rechtsprechung[6] hat der von einem Stiefkind gegenüber dem neuen Ehegatten abgegebene Zuwendungsverzicht keine Erstreckungswirkung auf dessen

3 So MüKo-BGB/*Leipold*, § 2079 Rn 24; OLG München ZEV 2024, 817.

4 So OLG Hamm RPfl 1978, 179.

5 So OLG Hamm ErbR 2015, 507 mit Anm. *Gockel*.

6 So OLG Celle MittBayNot 2024, 480 mit abl. Anm. *Kaiser*.

Abkömmlinge, selbst wenn die Erklärung ausdrücklich eine solche erwähnt, da es nicht im Belieben des Erklärenden steht, eine Erstreckungswirkung herzustellen, die es kraft Gesetzes nicht gibt. §§ 2352, 2349 BGB sehen diese Erstreckungswirkung lediglich bei Abgabe der Erklärung durch einen Abkömmling vor, eine sich anbietende analoge Anwendung der Vorschrift wurde abgelehnt.

II. Ist Längerlebender nur Vorerbe?

Schließlich ist die Prüfung anzustellen, ob auf Seiten des einen oder anderen Ehegatten möglicherweise nur eine Vorerbenstellung gegeben ist, sodass er über dieses Vermögen selbst nicht disponieren könnte. 6

B. Die unterschiedlichen Gestaltungsziele[7]

Sind die Beteiligten diesbezüglich ungebunden und frei, wird man mit ihnen zunächst die gesetzliche Erbfolge besprechen müssen, die bei den unterschiedlichen Patchworksituationen durchaus auch unterschiedlich ist. Die Erfahrung zeigt, dass bei der Anwendung und Erläuterung der gesetzlichen Erbfolge gelegentlich Fehler gemacht werden, sodass hier nur zu großer Sorgfalt geraten werden kann. 7

Gibt es auf der einen oder anderen oder auf beiden Seiten ersteheliche Kinder, so tritt nach erfolgter Wiederverheiratung kraft Gesetzes eine Erbengemeinschaft ein, die eigentlich niemand will. Dies gilt es zu vermeiden. 8

Die Ausgangslage stellt sich hier allerdings sehr unterschiedlich dar, je nachdem, ob es nur auf der einen oder auf beiden Seiten ersteheliche Kinder, möglicherweise auch gemeinschaftliche Kinder in der zweiter Ehe gibt In der Praxis ist häufig anzutreffen, dass sich auf der einen oder anderen Seite die erstehelichen Kinder von ihrem Elternteil abgewendet haben, nachdem dieser ein zweites Mal geheiratet hat, sodass diese Kinder von der weiteren Erbfolge ausgeschlossen werden sollen.

Anhand dieses kurzen Überblicks ergibt sich schon, dass die planerische Ausgangslage sehr genau zu ermitteln ist und sich Patentlösungen kaum bieten lassen, da hier jeder Einzelfall eine maßgeschneiderte Lösung braucht.

I. Die kinderlose Zweitehe

In der Praxis häufig anzutreffen ist eine Zweitehe im Alter. Hier geht es oft auch um die Versorgung des zweiten Ehegatten. 9

7 Ausf. dazu *Grziwotz/Zwiesel*, ErbR 2018, 62 ff.

Ob dies dadurch erreicht werden sollte, dass man – Testierfreiheit unterstellt – den zweiten Ehegatten zum alleinigen Erben einsetzt und somit die erstehelichen Kinder übergeht oder ob dem zweiten Ehegatten vermächtnisweise Geldvermögen oder andere Vorteile überlassen werden, ist wiederum eine Frage des Einzelfalls.

Die Berechtigungsebene des zweiten Ehegatten kann sich höchst unterschiedlich ausgestalteten.

- Die stärkste Stellung erlangt der zweite Ehegatte durch eine Einsetzung zum alleinigen Vollerben. Sind Pflichtteilsverzichte der erstehelichen Kinder für diesen Fall nicht erreichbar, muss hier mit der Geltendmachung von Pflichtteilsansprüchen gerechnet werden. Außerdem ist zu beachten, dass durch die Vollerbeneinsetzung die sogenannte Einheitstheorie zur Anwendung gelangt, sämtliches Vermögen des Erblassers wird nach dessen Ableben uneingeschränktes Vermögen des Erben, bildet also eine Einheit.[8]

10 *Achtung!*

Haben die Ehegatten in zweiter Ehe jeweils ersteheliche Kinder und wird der Wunsch vorgetragen, dass zwar der zweite Ehegatte zunächst eine vollständige Berechtigung erlangen soll, aber schlussendlich dann doch die eigenen Kinder des Erstversterbenden nachfolgen sollen, eröffnet sich die Gefahrenquelle eines Pflichtteilsanspruchs der erstehelichen Kinder des erbenden Ehegatten bei dessen Nachversterben. Dieser Pflichtteilsanspruch ist zwar immer gegeben, das Volumen erhöht sich aber unnötigerweise um das Vermögen des Erstversterbenden, das bei dieser Lösung als Eigenvermögen des Längerlebenden eingestuft wird.

Hier ist sinnvoll, die Trennungstheorie anzuwenden, den längerlebenden Ehegatten also nur zum Vorerben einzusetzen und sodann die erstehelichen Kinder des Erstversterbenden zum Nacherben. Dann bleiben die Vermögensmassen rechtlich getrennt. Im Fall des Todes des längerlebenden Ehepartners tritt der Nacherbfall ein, das Kind des Längerlebenden hätte einen Pflichtteilsanspruch nur unter Zugrundelegung des eigenen Vermögens des längerlebenden Ehepartners, seines Elternteils.

Auf diese Weise könnten also Immobilien „in der Familie gehalten" werden, ohne dass Kinder des zweiten Ehegatten hierauf auch nur im Rahmen eines Pflichtteilsanspruchs wertmäßig zugreifen könnten. Da es in diesen Fällen im Wesentlichen auf die Abwehr von Pflichtteilsansprüchen ankommt, empfiehlt sich hier die Anordnung einer befreiten Vorerbschaft.

11 - Soll es nicht zu einer Nachfolge auf Erbenebene kommen, könnte man dem längerlebenden Ehepartner beispielsweise ein Nießbrauchsvermächtnis hinterlassen, welches

8 Tanck/Krug/Süß/*Tanck*, § 19 Rn 8.

ihm die Möglichkeit einräumt, die lebzeitig gemeinsam genutzte Immobilie dann auch alleine weiter nutzen zu können. Das ist für Abkömmlinge des längerlebenden Ehepartners pflichtteilsrechtlich irrelevant, da es sich um ein nicht vererbliches Recht handelt (§ 1061 BGB). Diese Regelung setzt voraus, dass der Testator sofort seine eigenen Kinder zu Erben einsetzt.

- Wem die Regelung über ein Nießbrauchsrecht noch zu weit geht, der mag zu einem Wohnungsrecht (§ 1093 BGB) oder gar nur zu einem Wohnrecht (§ 1090 BGB) greifen, welches dem längerlebenden Ehepartner hinterlassen wird.

Welche Kategorie richtig ist, ist Frage des Einzelfalls und kann nicht allgemein beantwortet werden.

II. Gestaltungsziel: Gleichbehandlung aller Kinder

Es ist ein gelegentlich anzutreffender Wunsch der Beteiligten einer Patchworksituation, 12
dass schlussendlich alle Kinder, also die jeweils einseitigen, ggf. aber auch die gemeinschaftlichen Kinder, gleichbehandelt werden sollen.

Diesen Wunsch in die Tat umzusetzen, ist bei fehlender Mitwirkung oder auch nur mangelnder Mitwirkungsmöglichkeit (Minderjährigkeit) der Kinder schon schwieriger.[9]

Man spricht hier auch von der „gefestigten" Patchworkfamilie.

1. Wenn alle mitwirken

Zunächst ist festzuhalten, dass immer dann, wenn Kinder bereits volljährig sind und sie 13
den Verteilungsplan der „Eltern" akzeptieren, eine Regelung relativ einfach zu handhaben ist. Man kehrt zu den Grundsätzen des Berliner Testamentes zurück, wonach eine wechselseitige Erbeinsetzung der Eheleute vorgesehen ist, und setzt zu Schlusserben alle, nicht nur die gemeinschaftlichen, Kinder zu gleichen Teilen ein.

Wenn dann entsprechende Pflichtteilsverzichte der jeweiligen Kinder erfolgen, die ggf. 14
unter die Bedingung gestellt werden, dass die gleichförmige Schlusserbeneinsetzung auch verbleibt, ist relativ schnell eine befriedigende Lösung gefunden. Denkbar wäre beispielsweise eine auflösende Bedingung des Pflichtteilsverzichts, in der geregelt ist, dass der Verzicht immer dann entfällt, wenn die Eltern den Erbvertrag oder das Testament später zum Nachteil der zunächst verzichtenden Kinder ändern.

In diesem Zusammenhang ist auf die gemäß § 195 BGB drei Jahre laufende Verjährungs- 15
frist zu achten.

9 Nach *Grziwotz* a.a.O. (67) sogar unmöglich.

Zwar würde für den Fall, dass die auflösende Bedingung eintritt, der Pflichtteilsanspruch rückwirkend auf den Zeitpunkt des ersten Erbfalls entstehen, er könnte aber bereits verjährt, und nicht mehr durchsetzbar, sein.

Es ist daher unabdingbar, den Verzichtenden in die Lage zu versetzen, den Pflichtteilsanspruch trotz der möglicherweise eingetretenen Verjährung noch durchzusetzen, so dass also der Verzicht auf die Einrede der Verjährung durch die beteiligten Eltern abgegeben werden sollte.[10]

16 *Aber Achtung!*

Der Verzicht auf die Einrede der Verjährung kann nur von dem jeweiligen Stiefelternteil erklärt werden. Man muss also in diesen Fällen auch den Stiefelternteil an dem Pflichtteilsverzicht gegenüber dem leiblichen Elternteil beteiligen, denn nur so kommt ein wirksamer Verzicht auf die Einrede der Verjährung zu Stande.

17 Wenn ein Erbvertrag zusammen mit dem Pflichtteilsverzicht beurkundet wird, sollte dringend klargestellt werden, dass die Kinder nur als Verzichtende, und nicht als Erbvertragspartner, mitwirken, denn andernfalls könnte die erbvertragliche Bindung wohl nur mit Zustimmung aller Beteiligten, also der Ehegatten und sämtlicher Kinder, überwunden werden, wenn man alle Beteiligten als am Erbvertrag Beteiligte einstuft.[11]

18 Kritisch zu hinterfragen ist, ob ein solcher einmal abgegebener Pflichtteilsverzicht nachträglich wieder aufgehoben werden könnte.

Nach überwiegender Auffassung ist aber von einer grundsätzlichen Aufhebbarkeit eines solchen Pflichtteilsverzichts jedenfalls bis zum Tode des Erblassers auszugehen.[12]

19 Anders kann das allerdings sein, wenn ein solcher Pflichtteilsverzicht sich etwa als Teil eines Gesamtpaketes darstellt, an dessen Beurkundung auch der Schlusserbe teilgenommen hat. Dann wird man unter Umständen ein Vertrauen des Schlusserben dahingehend annehmen dürfen, dass seine Rechte nicht nachträglich durch eine Aufhebung des Pflichtteilsverzichts beeinträchtigt werden. In einem solchen, vom OLG Karlsruhe[13] entschiedenen Sachverhalt, hatten der Erblasser, seine künftige Ehefrau und die Vertragserbin gemeinsam einen auf eine abschließende Regelung der Erbfolge gerichteten Vertrag geschlossen, in dem ein wechselseitiger Pflichtteilsverzicht erklärt und die verzichtende Ehefrau für ihren Verzicht mit Vermächtnissen bedacht wurde. Das OLG hat gemeint, es sei mit dem Vertragswerk eine von allen Beteiligten erstrebte umfängliche und abschließende Regelung gewollt gewesen. Der Notarvertrag sei als ein einheitlicher Vertrag zu sehen, der nicht in einen eherechtlichen und einen erbrechtlichen Teil gespalten wer-

10 *Braun*, § 2 Rn 245.

11 So jedenfalls OLG Hamm ZEV 2012, 266 mit Anm. *Gockel*; *Keim*, RNotZ 2012, 496.

12 PK Erbrecht Damrau/Tanck/*Kurze*, § 2351 Rn 4.

13 OLG Karlsruhe ZEV 2000, 108.

den könne. Der Verzicht der einen Partei auf die Rechte aus dem Erbvertrag korrespondiere mit dem Pflichtteilsverzicht auf der anderen Seite. Der Pflichtteilsverzicht sei also nicht ohne Mitwirkung aller Beteiligten aufzuheben gewesen.[14]

Es stellt sich also als die bessere Lösung dar, Erbvertrag und Pflichtteilsverzichte getrennt zu beurkunden. Die Klammer kann durch entsprechende – auflösende – Bedingungen der Verzichte hergestellt werden, die also entfallen, wenn es nicht zu der in Aussicht genommenen Schlusserbeneinsetzung der Kinder kommt, etwa weil die Erbvertragsparteien diesen später wieder aufheben oder abändern.

Denkbar ist die Einordnung des Aufhebungsvertrages nach § 2351 BGB als Verfügung von Todes wegen, dessen Abschluss nach § 2289 Abs. 1 BGB unwirksam wäre. Ob man allerdings einen Pflichtteilsverzicht und/oder einen Erbverzicht als Verfügung von Todes wegen betrachten darf, ist in der Literatur umstritten und meines Erachtens auch unzutreffend. Vielmehr sollten ein Erbverzicht und der Aufhebungsvertrag als Rechtsgeschäft unter Lebenden qualifiziert werden.[15] 20

Als sicherer Weg bietet sich die Möglichkeit, eine lebzeitige Verpflichtung vorzusehen, den Pflichtteilsverzicht nicht ohne Zustimmung des jeweils Verzichtenden aufheben zu können. 21

2. Fehlende Mitwirkung aller vorhandenen Abkömmlinge

Lässt sich allerdings ein Pflichtteilsverzicht der Abkömmlinge nicht erreichen, ist also eine Regelung ohne Mitwirkung der Kinder angezeigt, etwa weil das Verhältnis zu den Kindern, oder einem von ihnen, gestört ist oder weil Minderjährigkeit vorliegt, ist es die Aufgabe des Gestalters, die Geltendmachung des Pflichtteilsanspruchs durch einen der Abkömmlinge und deren Auswirkungen auf den Verteilungsplan einzukalkulieren. 22

Dazu bieten sich mehrere Varianten:

a) Das bedingte Quotenvermächtnis

Ausgangspunkt ist auch hier die wechselseitige alleinige Erbeneinsetzung der Ehegatten. Die beiderseitigen Kinder werden zu Schlusserben zu gleichen Teilen eingesetzt, wobei gestalterisch die Frage auftaucht, ob sie nach gleichen Kopfteilen eingesetzt werden oder aber zu zwei gemeinschaftlichen Erbteilen (2093 BGB). Im letzteren Fall müsste die Ersatzerbeneinsetzung (2098 Abs. 2 BGB) und die Anwachsung (§ 2094 Abs. 1 S. 2 BGB) vorrangig innerhalb der jeweiligen Erbengruppe erfolgen.[16] 23

14 *Schindler*, DNotZ 2004, 824.
15 So auch Staudinger/*Schotten*, Einleitung zu §§ 2346 ff., Rn 21.
16 *Kössinger/Najdecki/Zintl*, § 21 Rn 24.

Die Schlusserbeneinsetzung wird unter die auflösende Bedingung gestellt, dass das Kind, welches beim Tod des jeweils leiblichen Elternteils einen Pflichtteilsanspruch geltend macht, aus der Schlusserbfolge entfernt wird.

Da diese Lösung aber keinen Schutz dagegen bietet, dass auf das Ableben des Längstlebenden dessen leibliche Abkömmlinge den Pflichtteil nach ihm fordern, weil der größer ist als der mit den anderen Abkömmlingen gleiche Erbteil, kommt hier die Lösungsmöglichkeit über das bedingte Quotenvermächtnis ins Spiel.

24 Mit einem solchen Quotenvermächtnis[17] wird der längerlebende Ehepartner beschwert. Begünstigt werden die leiblichen Kinder des Erstversterbenden. Mit diesen Vermächtnissen wird der Längerlebende verpflichtet, das ererbte Vermögen entweder vollständig oder in Höhe der jeweiligen gesetzlichen Erbquote der Kinder bei seinem eigenen Ableben an die leiblichen Kinder des Erstversterbenden herauszugeben. Das Vermögen des Längerlebenden ist schon nach dem Tod des Erstversterbenden mit diesen Vermächtnissen beschwert, sodass sie nach § 2311 BGB abzuziehen sind.[18] Der Nachlass, der den Kindern des Längstlebenden zur Berechnung ihres eigenen Pflichtteilsanspruchs nach dessen Tod zur Verfügung steht, ist um die dann fällig werdenden Vermächtnisse reduziert.

25 Nicht ganz einheitlich wird die Frage beantwortet, was man denn den eigenen leiblichen Kindern vermächtnisweise zuwenden solle. Fraglos kann es sich hier nur um ein Geldvermächtnis handeln, und zwar ein Vermächtnis mit einer bestimmten Quote des vorhandenen Geldes zugunsten der eigenen leiblichen Kinder. Damit hat ein solches Quotenvermächtnis den weiteren Effekt der Reduzierung des Nachlasses des Letztversterbenden, § 2311 BGB, der ja um das vom Erstversterbenden Ererbte erhöht ist, sodass auch die Kinder des Letztversterbenden nur eine reduzierte Bemessungsgrundlage für ihre eigenen Pflichtteilsansprüche vorfinden.

So wird zum Teil vertreten,[19] das Quotenvermächtnis in Höhe der gesetzlichen Erbquote anzuordnen, welche den leiblichen Kindern des Erstversterbenden zugestanden hätte.

26 Zum Teil[20] wird gemeint, die Höhe des Geldvermächtnisses solle sich nach dem Reinwert des Nachlasses des Erstversterbenden bemessen, geteilt durch die Zahl der Vermächtnisnehmer.

Diese Vermächtnisse verpflichten den Längerlebenden bei seinem Ableben zur Herausgabe der ererbten Vermögenswerte an die Vermächtnisnehmer. Er ist bereits beim Tod des Erstversterbenden entsprechend beschwert, sodass tatsächlich eine Berücksichtigung im Rahmen des § 2311 BGB erfolgt.

17 Dazu *Braun*, § 2 Rn 249; *Enzensberger*, § 3 Rn 19; *Kappler/Kappler*, Kapitel 4 Rn 217.
18 Wie bei einem Herausgabevermächtnis, so *Hölscher*, ZEV 2011, 568; *Mayer*, ErbR 2014, 42 (48) m.w.N.
19 Siehe *v. Olshausen*, DNotZ 1979, 707.
20 *Kappler/Kappler*, § 2 Rn 219; wohl auch *Braun*, § 1 Rn 13 und 15.

Die Vermächtnisse sollten mit auflösenden Bedingungen versehen werden, die die Regelungen enthalten, die sich auf den Nachlass gefährlich auswirken können. Ist es beispielsweise dem Erstversterbenden möglich, mit den Kindern noch einen Pflichtteilsverzicht abzuschließen, erübrigt sich ein derartiges Vermächtnis. Gleiches gilt für den Zeitraum nach dem Tode des Erstversterbenden für einen entsprechenden Erlassvertrag mit dem Längerlebenden.

Darüber hinaus muss sichergestellt werden, dass der Längerlebende nicht mit Pflichtteils- 27
ansprüchen konfrontiert wird, die ja von den leiblichen Abkömmlingen bei Ausschlagung der Vermächtnisse geltend gemacht werden könnten. Auch insofern sind die Vermächtnisse mit entsprechenden Bedingungen zu versehen.

In der Literatur wird darauf hingewiesen, dass der Effekt, nämlich die Verminderung der Bemessungsgrundlage für Pflichtteilsansprüche der Abkömmlinge des Längerlebenden dann nicht ins Gewicht fällt, wenn dieser das weitaus größere Vermögen besitzt. Dies deshalb, weil ansonsten der Nachlass des Erstversterbenden durch die Vermächtnisanordnung überschuldet wäre und daher bei der Berechnung des Pflichtteilsrestanspruchs der Abkömmlinge des Längerlebenden nur mit „Null“ angesetzt werden könnte, nicht aber mit einem negativen Wert. Das vom ersten Erblasser kommende Vermächtnis kann dann nicht mit dem vom zweiten Erblasser herrührenden Vermögen verrechnet werden, weil die Schlusserben die Möglichkeit der Haftungsbeschränkung nach § 1992 BGB hätten.[21] Auch wird gemeint, dass die Regelung nur dann sinnvoll ist, wenn der Ehegatte mit der größeren Anzahl von Kindern seinen Ehepartner entsprechend belastet.

Bei der Anordnung der Vermächtnisse ist schließlich noch zu prüfen, ob diese in erbvertraglich verbindlicher Weise vereinbart werden (also keine Abänderung durch den Längerlebenden mehr möglich sein soll) oder ob insoweit keine erbvertragliche Bindung eintreten soll.

▼ 28

Muster 6.1: Patchworkfamilie (hier: Bedingtes Quotenvermächtnis) 6.1

Für den Fall, dass (der Ehegatte mit der größeren Anzahl Kinder) als erster verstirbt und von (dem Ehegatten mit der geringeren Anzahl Kinder) beerbt wird, beschwert er seine Erben mit folgenden Vermächtnissen zugunsten (der Kinder des Ehegatten mit der größeren Anzahl Kinder) und zugunsten (der einseitigen Kinder des Ehegatten mit der geringeren Anzahl Kinder):

Die Vermächtnisnehmer erhalten jeweils einen Geldbetrag, dessen Höhe zu ermitteln ist, indem der Reinwert des Nachlasses des Erstversterbenden durch die Anzahl der Vermächtnisnehmer geteilt wird. Für die Ermittlung des Nachlasswertes gilt § 2311 BGB entsprechend.

21 *Mayer*, a.a.O.; *v. Olshausen*, DNotZ 1979, 707 (717).

oder:

Die Vermächtnisnehmer erhalten jeweils einen Geldbetrag, der der Höhe ihrer gesetzlichen Erbteile entspricht.

Die Vermächtnisse fallen mit dem Tode des Erstversterbenden an, sind jedoch erst beim Tode des längerlebenden Ehegatten fällig und bis dahin nicht zu verzinsen.

Die jeweiligen Vermächtnisnehmer können eine Sicherung ihres Vermächtnisanspruchs nicht verlangen.

Sämtliche Vermächtnisse sind nur für den Fall angeordnet, dass (der Ehepartner mit der größeren Anzahl von Kindern) der Erstversterbenden sein sollte.

Die Vermächtnisse sind auflösend bedingt angeordnet. Sie entfallen jeweils, wenn (der Ehepartner mit der kleineren Anzahl von Kindern) der länger Lebende von uns gewesen ist und feststeht, dass keiner seiner Abkömmlinge bei seinem Tod gegen dessen Willen Pflichtteilsansprüche oder Pflichtteilsergänzungsansprüche wegen etwaiger Zuwendungen des länger Lebenden an seinen zuerst verstorbenen Ehegatten geltend gemacht hat. Davon ist auszugehen, wenn die Berechtigten formgerecht einen umfassenden Pflichtteilsverzicht abgegeben haben, nach Eintritt des Erbfalls mit dem Längerlebenden schriftlich einen Erlassvertrag bezüglich aller in Betracht kommenden Ansprüche geschlossen haben oder ihre Pflichtteils- und Pflichtteilsergänzungsansprüche verjähren lassen.

▲

29 Möglich: Regelungen zu der Frage, wann die auflösende Bedingung eintreten soll (beispielsweise Geltendmachung eines etwaigen Pflichtteilsrestanspruchs (§§ 2305, 2307 BGB), möglich auch schon die Verfolgung des Wertermittlungsanspruchs nach § 2314 Abs. 1 S. 2 BGB), in der Regel ausgenommen jedoch die Geltendmachung eines Auskunftsanspruchs nach § 2314 Abs. 1 S. 1 BGB.

Beispiel

Darüber hinaus ist jedes Einzelvermächtnis auflösend bedingt. Es entfällt, wenn der jeweilige Vermächtnisnehmer in Verzug begründender Weise gegen den Willen des Längerlebenden seinen Pflichtteilsanspruch geltend macht. Gleiches gilt für Pflichtteilsergänzungsansprüche, die wegen etwaiger Zuwendungen an den jeweils anderen Ehegatten eingefordert werden.

Mit Eintritt der Bedingung tritt eine Erhöhung der Quoten der übrigen Vermächtnisnehmer ein.

b) Einfache Pflichtteilsstrafklauseln & Jastrow'sche Klausel

30 Diese beiden Instrumente stehen ebenfalls zur Verfügung, bringen aber nicht den gewünschten Effekt. Insbesondere bewirken sie einen Ausschluss der einseitigen Abkömmlinge, die

nach dem ersten Erbfall ihren Pflichtteil geltend machen. Wenn also die Kinder nach ihrem leiblichen Vater nicht zuwarten können, sondern ihren Pflichtteilsanspruch durchsetzen, ist damit eine Enterbung auch auf den Schlusserbfall verbunden. Einen zweiten Pflichtteilsanspruch haben diese Kinder dann nach dem Tode der Ehefrau ihres Vaters nicht mehr. Die Erbquote wächst den verbleibenden Schlusserben im Verhältnis ihrer Erbteile an.

Das zeigt auch, dass die Pflichtteilsstrafklausel nur gegen das Pflichtteilsverlangen im ersten Erbfall schützt, genauso wie die Jastrow'sche Klausel. Mit ihr wird denjenigen Kindern, die beim ersten Erbfall keinen Pflichtteilsanspruch geltend machen, beim Schlusserbfall ein zusätzliches Vermächtnis aus dem Nachlass des Erstversterbenden zugewendet. Damit aber wird die Ungleichbehandlung zugunsten des einzigen Kindes des Letztversterbenden noch verstärkt. 31

Die beiden Gestaltungen taugen daher nur für geringfügige und überschaubare Nachlässe, bei denen Pflichtteilsansprüche kaum entsprechenden Wert hätten. 32

III. Gestaltungsziel: Ausschluss des Stiefkindes

1. Allgemeines

Wie bereits dargelegt, bilden die Kinder aus erster Ehe oder nichteheliche einseitige Kinder bei der Nachlassplanung mitunter einen Störfaktor. Hier ist insbesondere das unumstößliche Pflichtteilsrecht der Kinder ein Stolperstein. Bekanntlich bildet das Pflichtteilsrecht die Untergrenze der wertmäßigen Teilhabe des Kindes am Nachlass seines Elternteils. 33

Der testierende Elternteil kann zwar versuchen, über Zuwendungen an dieses Kind die Geltendmachung des Pflichtteilsanspruchs uninteressant zu machen (beispielsweise durch das bereits erläuterte Quotenvermächtnis), er kann an erstinstanzliche Kinder auch unabhängig von dem Quotenvermächtnis Zuwendungen machen, wobei jedoch darauf Acht zu geben ist, dass die Pflichtteilsquote des jeweiligen Kindes nicht unterschritten werden sollte. Handelt es sich um eine vermächtnisweise Zuwendung, besteht das Risiko, dass Art und Umfang des zugewendeten Gutes nicht dem Pflichtteil entsprechen, sodass ein Pflichtteilsrestanspruch die Folge ist. Alle Beschränkungen und Beschwerungen öffnen den Zugang zu § 2306 BGB. 34

Der so planende Elternteil tut also gut daran, mit diesen Kindern möglichst in guten Zeiten einen Pflichtteilsverzicht – meist mit der Verpflichtung zur Erbringung von Gegenleistungen – zu vereinbaren. 35

2. Der Königsweg: Pflichtteilsverzicht

Ein solcher notarieller Pflichtteilsverzicht bringt in aller Regel Ruhe in die Planung. Allerdings wird dieser Verzicht in den allermeisten Fällen nicht ohne entsprechende 36

Gegenleistungen des Testierenden zu erlangen sein, selbst wenn diese „nur“ in einer entsprechenden erbrechtlichen Stellung dieses Kindes auf den Schlusserbfall zu erblicken sind (Bedingung). Handelt es sich hierbei um mehrere Kinder, ist häufig genug nur die Zustimmung eines der Kinder zu erzielen, während das andere Kind bzw. die anderen Kinder nicht mitspielen.

37 Auf die Problematik, die mit einer möglichen Verjährung des Pflichtteilsanspruchs verbunden ist, und die mit einem Verzicht auf die Einrede der Verjährung des nichtbeteiligten Stiefelternteils gelöst werden könnte, wurde bereits hingewiesen.

Ebenso darf noch einmal drauf hingewiesen werden, dass eine nachträgliche Aufhebung eines derartigen Pflichtteilsverzichts kaum möglich sein dürfte.

3. Die Anordnung der Vor- und Nacherbschaft

38 Auf der Gegenseite ist hier gestalterisch zu beachten, dass der Stiefelternteil, der seinen Partner, den leiblichen Elternteil des hier diskutierten Kindes, bedenken will, dies nur durch Anordnung einer Vor- und Nacherbfolge oder der Zuordnung von vorübergehenden Rechten tun sollte, um nicht das Vermögen dieses Elternteils durch eine Vererbung zu erhöhen und somit den Pflichtteilsanspruch des „unwilligen“ Kindes auch noch zu vergolden.

4. Aufschiebend bedingtes Herausgabevermächtnis

39 Wenn der Erblasser das Ziel verfolgt, die Weitervererbung an unerwünschte einseitige Kinder zu verhindern, nicht aber den überlebenden Partner in seiner Verfügungsfreiheit einzuschränken, kommt als weitere Gestaltungsmöglichkeit das auf den Tod des Partners aufschiebend befristete Herausgabevermächtnis in Betracht.[22]

40 Bei dieser auch „Herausgabevermächtnislösung“ genannten Variante ist natürlich der Nachteil zu beachten, dass der Vermächtnisnehmer, also das hier begünstigte Kind, in Konkurrenz zu anderen Nachlassgläubigern tritt. Daher wird allenthalben zutreffend darauf hingewiesen, dass die Variante über die Vor- und Nacherbfolge die sicherere Lösung ist.[23]

41 Es werden in diesen Fällen nur diejenigen Gegenstände vermacht, die im Zeitpunkt des Vermächtnisanfalls noch im Vermögen des Erblassers vorhanden sind.

Bei Anordnung eines derartigen Vermächtnisses scheidet ein Schutz des Vermächtnisnehmers durch Schadensersatzansprüche, prozessuale Sicherungsmittel oder Nachlassverwaltung denknotwendigerweise aus.[24]

22 *Reimann*, MittBayNot 2002, 4 ff.; *v. Olshausen*, DNotZ 1979, 716.
23 *Enzensberger*, Rn 219.
24 *Hölscher*, ZEV 2009, 213, 216.

Andernfalls würden in der Zeit zwischen dem Erbfall und dem Anfall des Vermächtnisses gemäß § 2179 BGB die Vorschriften Anwendung finden, die bei einer Leistung unter einer aufschiebenden Bedingung gelten. Danach könnte insbesondere der Vermächtnisnehmer nach § 160 BGB Schadensersatz verlangen, wenn sein Recht in der Schwebezeit vereitelt oder beeinträchtigt würde.

Darüber hinaus ist umstritten, ob derartige Vermächtnisanordnungen pflichtteilsresistent 42
sind.

Auch stellt sich die Frage, ob dieses Vermächtnis bei der Bewertung des Nachlasses nach § 2311 BGB als vollwertige Nachlassverbindlichkeit überhaupt in Abzug gebracht werden kann, es sich also um eine bereits beim Tod des Beschwerten vorhandene Erblasserschuld handelt.[25] Auch die steuerliche Einordnung als Nachlassverbindlichkeit beim Längerlebenden ist fraglich.

Zudem ist zu bedenken, dass die eigenen Abkömmlinge gegebenenfalls Pflichtteilsansprüche geltend machen, sodass für diesen Fall eine auflösende Bedingung vorzusehen ist. Ob die Abkömmlinge dadurch davon abgehalten werden, ihren sofort fälligen Pflichtteilsanspruch nach ihrem Elternteil geltend zu machen, ist allerdings fraglich. Die Erfüllung des Vermächtnisses jedoch zusätzlich von der Verjährung denkbarer Ansprüche abhängig zu machen, wird in der Praxis wohl kaum akzeptiert. Diese Lösung ist daher im Ergebnis wohl zu kompliziert.

Zum Teil wird vertreten, diese Bedenken seien nicht stichhaltig, allerdings gibt es höchst- 43
richterliche Rechtsprechung dazu nicht. Der sicherste Weg dürfte darin also nicht zu sehen sein.

Im Vergleich zu der Vor- und Nacherbenregelung ist darauf hinzuweisen, dass weder Surrogationsvorschriften noch ein Nacherbenvermerk vorhanden sind,[26] sodass hier möglicherweise doch Streit vorprogrammiert ist.

▼

Muster 6.2: Formulierungsvorschlag Herausgabevermächtnis auf den Überrest

Zu regeln ist zunächst die wechselseitige Erbeinsetzung der Ehegatten und die Schlusserbeneinsetzung gemeinschaftlicher oder bestimmter einseitiger Kinder. 6.2

Sodann folgt die Vermächtnisanordnung:

Wir beschweren den Längerlebenden von uns mit dem folgenden aufschiebend bedingten Herausgabevermächtnis auf den Überrest:

Gegenstand des Vermächtnisses ist das Vermögen des Erstversterbenden von uns, das beim Tode des Längerlebenden noch vorhanden ist. Hierzu gehören alle Surrogate im Sinne

25 *J. Mayer*, ZEV 2000, 1, 9.
26 *Enzensberger*, Rn 224.

von § 2111 BGB. Verbindlichkeiten, die auf diesen Vermögensgegenständen lasten, sind von dem Vermächtnisnehmer mit befreiender Wirkung für den Erben zu übernehmen.

Das Vermächtnis fällt bereits beim Tode des Erstversterbenden an und wird beim Tode des Längerlebenden fällig.

Der Längerlebende von uns ist in der Verfügung über den Nachlass des Erstversterbenden nicht beschränkt. Der Vermächtnisnehmer kann weder ein Nachlassverzeichnis verlangen, noch kann er Sicherheiten im Zusammenhang mit der Vermächtniserfüllung verlangen.

Zu Vermächtnisnehmern bestimmen wir die Kinder , ersatzweise deren Abkömmlinge nach den Regeln der gesetzlichen Erbfolge.

Das Vermächtnis entfällt (*bei mehreren Vermächtnisnehmern:* für den jeweiligen Vermächtnisnehmer), wenn dieser gegen den Längerlebenden in Verzug begründender Weise Pflichtteils- oder Pflichtteilsergänzungsansprüche geltend macht.

Die auflösende Bedingung entfällt, wenn der oder die Vermächtnisnehmer rechtswirksam einen umfangreichen Pflichtteilsverzicht abgegeben haben oder mit dem Längerlebenden schriftlich einen entsprechenden Erlassvertrag geschlossen haben.

▲

IV. Gestaltungsziel: Ausschluss des geschiedenen Ehepartners

44 Hierzu darf auf die Erörterungen im Rahmen des Geschiedenentestamentes verwiesen werden. Insbesondere sind folgende Punkte zu beachten:

Ein Pflichtteilsrecht des geschiedenen Ehegatten gibt es nicht mehr.

Ein Hineinregieren des geschiedenen Ehegatten durch die elterliche Sorge ist nicht ausgeschlossen (Achtung: Lebensversicherungen).

Anordnungen nach § 1638 BGB sind daher unabdingbar.

45 In den Fällen der Patchworkfamilie wird häufig der übereinstimmende Wunsch der Beteiligten geäußert, dass der jeweilige neue Partner die elterliche Sorge erhalten soll.

Hierbei ist zunächst auf die Regelungen des § 1687a BGB (oder des § 9 Abs. 1 LPartG) zu verweisen. Dieses sog. kleine Sorgerecht regelt die personenrechtlichen Beziehungen des Stiefelternteils zum Stiefkind. Damit wird dem Umstand entsprochen, dass der Stiefelternteil oder Lebenspartner in der Regel Aufgaben der Pflege und Erziehung des Kindes mit übernimmt, sodass auch eine entsprechende rechtliche Anerkennung und Absicherung erforderlich ist. Es handelt sich allerdings nur um Angelegenheiten des täglichen Lebens, die im Einvernehmen mit dem anderen sorgeberechtigten Elternteil geregelt werden können.[27]

27 *Kappler/Kappler*, § 2 Rn 111.

Der Gesetzgeber wollte hier offensichtlich kein „umfangreiches“ Sorgerecht begründet wissen. Eine Lösung für den Fall des Vorversterbens im Rahmen der Patchworkfamilie ist das in aller Regel nicht. 46

So bleibt es also dabei, dass gegenüber der Ausübung der elterlichen Sorge zumindest die Anordnung nach § 1638 BGB erfolgen muss.

Anderes könnte nur gelten, wenn nach § 1682 BGB auf Antrag des Stiefelternteils – womöglich auch von Amts wegen – entschieden wird, dass das Kind beim Stiefelternteil verbleiben kann, allerdings nur, wenn aus Gründen der Kontinuität das Kind dort zunächst die besseren Entwicklungsmöglichkeiten hat.[28] 47

Voraussetzung dafür ist, dass das Kind mit dem Ehegatten eines Elternteils seit längerer Zeit in häuslicher Gemeinschaft lebt. Das ist dann der Fall, wenn ein familiärer Verband zwischen ihm, dem Elternteil und dem Stiefelternteil besteht, so dass das Kind in dieser Familie seine Bezugswelt gefunden hat.[29] 48

Hierfür ist eine gemeinsame Haushaltsführung erforderlich, die beim Kind das Empfinden eines Familienlebens hervorruft. 49

Wann das Merkmal der „längeren Zeit“ erfüllt ist, ist abhängig vom Alter des Kindes. Je jünger das Kind ist, umso länger wird ihm die Zeitspanne erscheinen und umso länger ist auch die Zeit in Beziehung zur Dauer seines bisherigen Lebens, so dass es schon einen recht langen Zeitraum darstellt, wenn ein einjähriges Kind seit einem halben Jahr in einer Pflegefamilie gelebt hat.[30]

Natürlich steht über allem das Kindeswohl, bei dessen Gefährdung auch ansonsten die Zuordnung der elterlichen Sorge zu dem Stiefelternteil möglich ist.[31]

28 MüKo-BGB/*Hennemann*, § 1682 Rn 1.
29 BT-Drucksache 13/4899, S. 104.
30 BayObLG FamRZ 1991, 1080.
31 *Kappler/Kappler*, § 2 Rn 159 ff.

C. Anhang: Übersicht Vor- und Nacherbschaft

50 *Übersicht: Vor- und Nacherbschaft*

a) Regelungsziel:
Bei der Trennungslösung ist die Folge, dass das Vermögen des erstversterbenden Ehegatten nicht zum Eigenvermögen des länger Lebenden wird, also dort nicht zu einer Einheit verschmilzt, sondern nach wie vor getrenntes Vermögen bleibt. Der Normalfall der Trennungslösung besteht darin, dass jeder Ehegatte den anderen als seinen (meist befreiten) Vorerben einsetzt und die Endbedachten also etwa die Abkömmlinge, als seine Nacherben und zugleich Ersatzerben für den Fall seines Überlebens.
Die Durchführung der Trennungslösung eignet sich für die Fälle, in denen auf das Ableben der Eheleute voraussichtlich unterschiedliche Pflichtteilsberechtigte vorhanden sind (klassischer Ausgangsfall der Patchwork-Familie) und verhindert werden soll, dass die des Längstlebenden indirekt am Nachlass des Erstversterbenden teilhaben.

b) Person des Vor- und Nacherben
Sind mehrere Personen auf der Vor- oder Nacherbenebene vorhanden, sind die Quoten festzulegen, es ist festzulegen, ob eine Ersatzerbeneinsetzung gewollt ist. Ist also die Benennung eines Ersatzvorerben gewollt? Soll es einen Ersatznacherben geben?

c) Soll die Anordnung der Vor- und Nacherbschaft unter einer aufschiebenden oder auflösenden Bedingung oder Befristung erfolgen (Wiederverheiratung?)?

d) Wann soll der Nacherbfall eintreten?
Ist keine Regelung enthalten, dann tritt der Nacherbfall mit dem Tode des Vorerben ein (§ 2106 Abs. 1 BGB).

e) Ist Befreiung des Vorerben von den gesetzlichen Beschränkungen nach § 2136 BGB gewollt?
Eine Befreiung kann zwar erfolgen von Verfügungsbeschränkungen über Grundbesitz, aber nicht von Beschränkungen bei unentgeltlichen Verfügungen (Schenkungsverbot des Vorerben).
- Eine Befreiung ist denkbar von Kontroll- und Sicherungsrechten
- Vom Gebot ordnungsgemäßer Verwaltung von der Rechnungslegungspflicht
- Vom Einsatz für Übermaßfrüchte
- Zu bedenken ist, dass auch eine teilweise Befreiung möglich ist (etwa vom Gebot der mündelsicheren Anlage von Geldvermögen gem. § 2119 BGB).

f) Was geschieht mit dem Nacherbenanwartschaftsrecht?
Sobald der Erbfall eingetreten ist, also der Erblasser verstorben ist, erstarkt das Recht des Nacherben zu einem Anwartschaftsrecht (bis dahin ist es lediglich eine nicht geschützte Erberwartung).
Soll das Nacherbenanwartschaftsrecht vererblich sein oder nicht (gesetzl. Vermutung gem. § 2108 Abs. 2 BGB!)?
In der Praxis wird empfohlen, die Vererblichkeit immer auszuschließen, wenn der Nachlass im Familienbesitz erhalten bleiben soll.
Soll das Nacherbenanwartschaftsrecht veräußerlich sein?
Auch hier sollte in der Regel die Veräußerlichkeit ausgeschlossen werden.

g) Soll der Vorerbe über bestimmte Dinge frei verfügen können, also ohne die Belastung der Vorerbschaft (zu denken ist hier an Barvermögen, Hausrat, Pkw usw.)? Wenn ja, müsste ein Vorausvermächtnis festgelegt werden, da es eine gegenständlich beschränkte Vorerbschaft nicht gibt!

h) Muss eine Testamentsvollstreckung festgesetzt werden?
Achtung! Bei der Vor- und Nacherbschaft gibt es unterschiedliche Möglichkeiten, eine solche Testamentsvollstreckung anzuordnen. Es könnte eine Testamentsvollstreckung zur Verwaltung der Vorerbschaft eingerichtet sein (klassisch beim Behindertentestament), es kann eine Nacherbentestamentsvollstreckung angeordnet sein, diese kann auf bestimmte Zeit beschränkt sein oder auf Dauer.

Stichwortverzeichnis

fette Zahlen = Paragrafen, magere Zahlen = Randnummern

Abschmelzung **2** 169
Amtspflichten Notar
- Abgrenzung Testierfähigkeit/Geschäftsfähigkeit **1** 44 ff.
- Abgrenzung zur Beglaubigung **1** 8 ff.
- Beteiligung Behinderter **1** 2 ff.
- Kostenanspruch **1** 11 ff.
- Nachforschungspflicht **1** 14 ff.
- Prüfung Geschäftsfähigkeit **1** 2 ff.

Anfechtung **5** 26
Anordnung Vor-/Nacherbschaft
- Abgrenzung zum Nießbrauch **2** 72 f.
- Ausschlagung **5** 49
- Bedingung, auflösende **5** 46
- befreite/unbefreite **2** 76 ff.
- Befreiung im Geschiedenentestament **5** 37 ff.
- Begrenzung, zeitliche **3** 34 ff., **5** 47
- Behindertentestament **2** 70 ff.
- Geschiedenentestament **5** 29 ff., 90
- Kombinationslösung **2** 217
- Nacherbe **2** 87 ff., **5** 40 ff.
- Patchworkgestaltung **6** 38
- Quote Vorerbe **2** 85
- Surrogationsprinzip **2** 72
- Trennungslösung **2** 182 ff.
- Übersicht Vor-/Nacherbschaft **6** 50
- Vererblichkeit Anwartschaftsrecht **5** 48
- Vorerbe **5** 30 ff.
- Vorerbe, superbefreiter **5** 31 ff.

Auseinandersetzungsverbot **3** 47
Ausschlagung
- Behindertentestament **2** 34 ff.
- Betreuer **2** 185 ff.
- Erklärung Betreuer **2** 34 f.
- Überleitungsrecht Sozialhilfeträger **2** 38 ff.
- Vorerben **5** 49

Bedingung, auflösende
- Anordnung Vor-/Nacherbschaft **5** 46
- Bedürftigentestament **3** 48 f.
- Nacherbe **5** 46
- Vermächtnismodell **5** 56

Bedingung, aufschiebende
- Vorausvermächtnis **2** 176

Bedürftigentestament **3** 1 ff.
- Abgrenzung Einkommen/Vermögen **3** 5 ff.
- Auseinandersetzungsverbot **3** 47
- Bedingung, auflösende **3** 48 f.
- Begrenzung, zeitliche Vorerbschaft/Vollstreckung **3** 34 ff.
- Einfluss auf Auswahl Testamentsvollstrecker **3** 30 ff.
- Erbauseinandersetzung **3** 9 ff.
- Eröffnung Anfechtungsmöglichkeit **3** 37 ff.
- Gestaltung, grundsätzliche **3** 44 ff.
- Mittelfreigabe **3** 26
- Sittenwidrigkeit **3** 17 ff.
- Übergehen Pflichtteilsberechtigter **3** 43
- Übertragung Behindertentestament **3** 13 ff.
- Unterschiede zum Behindertentestament **3** 29 ff.
- Wille Erblasser **3** 9 ff.
- Zugriff Sozialhilfeträger **3** 5 ff.

Behindertentestament **2** 1 ff.
- Abschichtungsvereinbarung **2** 159 ff.
- Abschmelzung **2** 169
- Anordnung Vor-/Nacherbschaft **2** 70 ff.
- Ausschlagung **2** 34 ff.
- Bindungswirkung/Grenzfälle **2** 218 ff.
- Erbauseinandersetzungen **2** 159 f.
- Erbschaftslösung **2** 171 f.
- Erbteilsübertragung **2** 159 ff.
- Geschäftsfähigkeit, erforderliche **1** 19 ff.
- Gestaltungselemente **2** 70 ff.
- Nachlass, sehr kleiner/sehr großer **2** 57 ff.
- Pflichtteilsstrafklausel **2** 6 ff.
- Pflichtteilsverzicht **2** 25 ff.
- Schenkung, lebzeitige **2** 168 ff.
- Surrogation **2** 159 ff.
- Testamentsvollstreckung **2** 118 ff.
- Trennungslösung **2** 182 ff.
- Unterschiede zum Bedürftigentestament **3** 29 ff.
- Vereinbarung Betreuer/Längstlebender **2** 51 ff.
- Vermächtnislösung **2** 190 ff.
- Vorausvermächtnis **2** 171 ff.

Beteiligung Behinderter **1** 1 ff.
- Amtspflichten Notar **1** 2 ff.
- Behindertentestament **2** 1 ff.
- Ehevertrag **1** 101 f.
- Erbvertrag **1** 101 ff.
- Geschäftsfähigkeit **1** 2 ff.
- Hör-/Sprach-/Sehbehinderung **1** 52 ff.
- Schreibunfähiger **1** 91 ff.
- Vorname, falscher **1** 94

Dieterle-Klausel **5** 43 ff.

Ehevertrag **1** 101 f.
Erbfreiheit, negative **2** 25 ff.
Erbschaftslösung
- Vorausvermächtnis **2** 171 f.

Erbvertrag **1** 101 ff.
– Geschiedenentestament **5** 26
– Getrenntleben **5** 5 f.
Ergänzungspfleger **2** 102 ff., **5** 74 ff.

Geschäftsfähigkeit
– Abgrenzung zur Testierfähigkeit **1** 44 ff.
– Bedeutung Feststellung **1** 30 ff.
– Beteiligung Behinderter **1** 2 ff.
– erforderliche **1** 10, 19 ff.
– Feststellung Notar **1** 23 ff.
– Intervall, luzides **1** 49 ff.
– Krankheit, schwere **1** 38 ff.
– Nebenakten **1** 43
– Tatsachenbescheinigung **1** 41 f.
– Vermerke Notar **1** 36 ff.
– Zweifel **1** 33 ff.
Geschäftsunfähigkeit
– Kostenanspruch **1** 11 ff.
Geschiedenentestament **5** 1 ff.
– Anfechtung **5** 26
– Ausschluss Ehepartner, geschiedener **6** 44 ff.
– Dieterle-Klausel **5** 43 ff.
– Erbvertrag **5** 26
– Erwerb unter Lebenden **5** 80 f.
– Inhalt **5** 27 ff.
– Kombinationslösung **5** 92
– Lebensversicherung **5** 70 ff.
– Scheidungsverfahren **5** 8 ff.
– Testament, gemeinschaftliches **5** 16 ff.
– Testamentsvollstreckung **5** 82 ff.
– Vermächtnismodell **5** 53 ff., 91
– Vermögenssorge, elterliche **5** 62 ff.
– Vor-/Nacherbschaftsmodell **5** 29 ff., 90
– Vorerbe **5** 30 ff.
Getrenntleben **5** 1 ff.

Herausgabevermächtnis **6** 39 ff.
Hör-/Sprach-/Sehbehinderung **1** 52 ff.
– Beispielsfall **1** 84
– Ehevertrag **1** 101 f.
– Einzelheiten **1** 56 ff.
– Erbvertrag **1** 101 ff.
– Folgen Verstoß **1** 83
– Hörbehinderter **1** 97
– Hörbehinderung **1** 56
– Sehbehinderung **1** 63, 96
– Sprachbehinderung **1** 57
– Testament durch Wimpernschlag **1** 84 ff.
– Unmöglichkeit Verständigung, schriftliche **1** 74 ff.
– Verfügung, letztwillige **1** 78 ff., 96 ff.
– Verzichtsvermerk **1** 69 ff.
– Zeuge/Notar, zweiter **1** 64 ff.

Intervall, luzides **1** 49 ff.

Jastrow'sche Klausel **6** 30 ff.

Kombinationslösung **2** 217, **5** 92

Lebensversicherung **5** 70 ff.
Leibrentenvermächtnis **2** 211 ff.

Nacherbe **2** 87 ff.
– Bedingung, auflösende **5** 46
– Eintritt Erbfall, erster **2** 99 ff.
– Geschiedenentestament **5** 40 ff.
– Heim als – **2** 88 ff.
– Person **2** 95 ff.
– Schutz **2** 108 ff.
– Testament, stilles **2** 90 f.
– unbefreiter **2** 108 ff.
– Wegfall **2** 98
Nießbrauchsrecht **2** 72 ff.
Notar
– Feststellung Geschäftsfähigkeit **1** 2 ff.
– zweiter **1** 64 ff.

Patchworkgestaltung **6** 12 ff.
– Anordnung Vor-/Nacherbschaft **6** 38
– Ausschluss Ehepartner, geschiedener **6** 44 ff.
– Ausschluss Stiefkind/-er **6** 33 ff.
– Bindung des/der neuen Partner? **6** 1
– Gestaltungsziele **6** 12 ff.
– Gleichbehandlung Kinder **6** 12 ff.
– Herausgabevermächtnis, aufschiebend befristetes **6** 39 ff.
– Jastrow'sche Klausel **6** 30 ff.
– Kinder, volljährige **6** 13 ff.
– Längerlebender nur Vorerbe? **6** 6
– Mitwirkung, fehlende **6** 22 ff.
– Pflichtteilsstrafklausel **6** 30 ff.
– Pflichtteilsverzicht **6** 36 f.
– Quotenvermächtnis, bedingtes **6** 23 ff., 28
Pflichtteilsberechtigter **3** 43
Pflichtteilsergänzungsanspruch **2** 169 f.
Pflichtteilsstrafklausel **2** 6 ff.
– bei Schlusserbeneinsetzung, offener **2** 6 ff.
– bei Schlusserbeneinsetzung, verbindlicher **2** 12 ff.
– einfache **6** 30 ff.
– Patchworkgestaltung **6** 30 ff.
Pflichtteilsverzicht
– Behindertentestament **2** 25 ff.
– Patchworkgestaltung **6** 13 ff., 36 f.

Quotenvermächtnis, bedingtes **6** 23 ff., 28

Scheidungsverfahren
- Erforderlichkeit Vorliegen Voraussetzungen **5** 8 ff.
- Nebenentscheidungen **5** 8 ff.
Schenkung, lebzeitige **2** 168 ff.
Schlusserbeneinsetzung
- offene **2** 6 ff.
- verbindliche **2** 12 ff.
Schreibunfähiger **1** 91 ff.
- Erbvertrag **1** 101 ff.
- Testamentserrichtung **1** 95
Sozialhilfeträger **2** 1 ff., **3** 5 ff.
- Ausschlagung **2** 38 ff.
- Pflichtteilsstrafklausel **2** 6 ff.
- Pflichtteilsverzicht **2** 25 ff.
- Überleitungsrecht **2** 6 ff., 25 ff., 38 ff.
Surrogationsprinzip **2** 72, 111

Testament, stilles **2** 90 f.
Testamentsvollstrecker
- Abberufungsverlangen, konstruktives **3** 32 f.
- Auswahl **3** 30 ff.
Testamentsvollstreckung
- Art **2** 122 ff.
- Außerkraftsetzen der Anordnungen **2** 130 ff.
- Bedürftigentestament **3** 30 ff.
- Befugnisse **2** 153 ff.
- Begrenzung, zeitliche **3** 34 ff.
- Behindertentestament **2** 118 ff.
- durch Andere **2** 147 ff.
- durch Betreuer/Vertreter **2** 147 ff.
- durch Notar **2** 143 ff.
- durch Rechtsanwalt **2** 140 ff.
- Genehmigung, betreuungsgerichtliche **2** 153 ff.
- Geschiedenentestament **5** 82 ff.
- Person **2** 140 ff.
- Verfügung, unentgeltliche **2** 153
- Vergütung **2** 166 f.
- Vermächtnislösung **2** 204
- Verwaltungsanordnungen **2** 125 ff.
- Vorausvermächtnis **2** 175
Testierfähigkeit
- Abgrenzung zur Geschäftsfähigkeit **1** 44 ff.
Trennungslösung **2** 70 ff., 182 ff.
- Bedenken **2** 185 ff.

Überschuldetentestament **4** 1 ff., 12 ff.
- Pflichtteilsbeschränkung **4** 9 ff.
- Vermächtnisanordnungen **4** 7
- vollständige Enterbung **4** 2

Vermächtnis
- Herausgabevermächtnis, aufschiebend befristetes **6** 39 ff.
- Quotenvermächtnis, bedingtes **6** 23 ff., 28
- Verschaffungsvermächtnis **2** 178 f.
- Vorausvermächtnis **2** 171 ff.
Vermächtnislösung
- Vorausvermächtnis **2** 173
Vermächtnismodell/-lösung **2** 190 ff.
- Bedingung, auflösende **5** 56
- Bestimmungsvermächtnis **5** 58
- einfache **2** 211 ff.
- Gefahr Verfügung, lebzeitige **5** 61
- Geschiedenentestament **5** 53 ff., 91
- Kombinationslösung **2** 217
- Nachteile **2** 196 ff., 208 ff.
- Person **5** 58
- Sondervermögen, kein **5** 54 f.
- Testamentsvollstreckung **2** 204
- umgekehrte/-s **2** 205 ff.
- Vermächtnis auf den Überrest **5** 57
- Vor-/Nachvermächtnis **5** 59 ff.
- Vorteile **2** 195, 207
Vermögenssorge, elterliche **5** 62 ff.
- Ergänzungspfleger **5** 74 ff.
- Lebensversicherung **5** 70 ff.
- Rechtsfolgen Entzug **5** 73
Vor-/Nachvermächtnis **5** 59 ff.
Vorausvermächtnis
- als Vorvermächtnis **2** 174
- bedingtes **2** 171 ff.
- Bedingung, aufschiebende **2** 176
- Behindertentestament **2** 171 ff.
- Höhe **2** 177
- Testamentsvollstreckung **2** 175
- Verschaffungsvermächtnis **2** 178 f.
Vorerbe
- Haftung **2** 109 ff.
- Verfügung, unentgeltliche **2** 113 ff.

Weitere auflösende Bedingung
- Patchworkgestaltung **6** 29

Zeuge
- Hör-/Sprach-/Sehbehinderung **1** 64 ff.
- Schreibzeuge **1** 64 ff.
- Verstoß gegen Mitwirkungsverbot **1** 66 ff.

Benutzerhinweise für den Download

Zur Nutzung des PDF-Musterverzeichnisses benötigen Sie einen **lokal installierten PDF-Reader**, da die Funktionalität über das reine Anzeigen einer PDF-Seite hinausgeht.

Den Download-Link (URL) finden Sie auf der Seite 4 (IV) des Werks (Impressum). Über diesen Link stellen wir Ihnen sämtliche im Werk enthaltenen Muster und Formulierungsbeispiele zur Verfügung. Zur Nutzung der Muster/Formulierungsbeispiele gehen Sie auf den Download-Link und laden die dort abgelegte zip-Datei auf Ihr Laufwerk herunter. Um den Ordner zu entpacken, klicken Sie mit der rechten Maustaste auf die Datei, wählen „**Alle extrahieren**" und folgen dann den Anweisungen. Die Nutzung der Muster ist unabhängig vom Betriebssystem Ihres Rechners.

Durch das Extrahieren werden ein **PDF-Musterverzeichnis** sowie die **Worddateien** der jeweiligen Muster auf dem von Ihnen gewählten Laufwerk Ihres Rechners abgelegt.

Zur Nutzung des PDF-Musterverzeichnisses benötigen Sie einen kostenlosen PDF-Reader. Das Musterverzeichnis gibt Ihnen einen Überblick über die enthaltenen Muster und erleichtert Ihnen den Zugang zu den Mustertexten. Beim Anklicken des gewünschten Musters in dem PDF-Musterverzeichnis öffnet sich der Text direkt in Microsoft Word oder in dem bei Ihnen eingesetzten Textverarbeitungsprogramm. Dann können Sie die Word-Datei direkt bearbeiten und unter einem neuen Dateinamen abspeichern. Bei Nutzern von Microsoft Word können Sicherheitshinweise auf dem Bildschirm erscheinen. Dort müssten Sie die Nutzung ggf. zulassen. Dies wird in den verschiedenen Wordversionen und Textverarbeitungsprogrammen unterschiedlich gehandhabt. In den einzelnen Word-Dateien sind keine Makros o.ä. eingebunden. Damit die Navigation über das PDF-Musterverzeichnis funktioniert dürfen der Ordner „Muster-Doks" und die ursprünglich gelieferten Dateien nicht umbenannt werden. Speichern Sie die bearbeiteten Worddateien daher stets unter einem neuen Dateinamen ab.

Die in einigen Word-Mustertexten vorhandenen **Formularfelder** können Sie markieren und überschreiben. Sie können sich die Bearbeitung erleichtern, indem Sie diese Formularfelder mit dem Default-Tastaturkürzel Ihres Textbearbeitungsprogrammes ansteuern. Für Microsoft Word ist dies i.d.R. das Tastaturkürzel F11, um zum nächsten Feld zu springen und „UMSCHALT+F11", um zum vorherigen zu springen. Diese Tastaturkürzel werden von der Arbeitsumgebung Ihres Textverarbeitungsprogramms und nicht durch die bereitgestellten Word-Muster-Dateien definiert. Daher können die Tastaturkürzel in alternativen Betriebssystemen und/oder Textbearbeitungsprogrammen (z.B. LibreOffice Writer) abweichen.

Bearbeiten der Muster/Formulierungsbeispiele mit einer anderen Textverarbeitung und/oder einem anderen Betriebssystem

Wenn Sie kein Microsoft Word, sondern ein anderes Textverarbeitungsprogramm auf Ihrem Rechner installiert haben, können Sie die Dateien trotzdem aufrufen und bearbeiten. Gehen Sie dazu direkt auf das gewünschte Muster in dem abgelegten Ordner „Muster-Doks“. Über diesen Weg können Sie auch auf die Word-Dateien zugreifen, wenn Sie nicht über das mitgelieferte PDF-Musterverzeichnis navigieren möchten. Jedem Mustertext ist eine Nummer zugewiesen, die in dem Download-Symbol neben dem jeweiligen Formular/Mustertext im Buch abgedruckt ist. Über den Dateinamen (p = Paragraf und m = Muster) lässt sich die gewünschte Mustertext-Datei auffinden.